国家社科基金面上项目
"风险冲击视角下规模性返贫预警、阻断与长效治理研究"
（21BJL060）

高质量脱贫的政治经济学

贺立龙　朱方明　曾钰婷◎著

中国社会科学出版社

图书在版编目（CIP）数据

高质量脱贫的政治经济学/贺立龙，朱方明，曾钰婷著．
—北京：中国社会科学出版社，2023.5
ISBN 978-7-5227-1769-2

Ⅰ.①高⋯　Ⅱ.①贺⋯ ②朱⋯ ③曾⋯　Ⅲ.①扶贫—研究—中国　Ⅳ.①F124.7

中国国家版本馆 CIP 数据核字（2023）第 059226 号

出 版 人	赵剑英
责任编辑	戴玉龙
责任校对	周晓东
责任印制	王　超

出　　版	中国社会科学出版社
社　　址	北京鼓楼西大街甲 158 号
邮　　编	100720
网　　址	http://www.csspw.cn
发 行 部	010-84083685
门 市 部	010-84029450
经　　销	新华书店及其他书店
印　　刷	北京明恒达印务有限公司
装　　订	廊坊市广阳区广增装订厂
版　　次	2023 年 5 月第 1 版
印　　次	2023 年 5 月第 1 次印刷
开　　本	710×1000　1/16
印　　张	13.75
插　　页	2
字　　数	209 千字
定　　价	98.00 元

凡购买中国社会科学出版社图书，如有质量问题请与本社营销中心联系调换
电话：010-84083683
版权所有　侵权必究

前　言

2016—2020年，受上级部门及单位委托，我先后四次带队前往四川南充市、宜宾市、甘孜州、凉山州等地开展脱贫攻坚第三方评估及高质量脱贫退出成效考核工作。不仅如此，2014—2022年，每年寒暑假我都会带领自己的课题组或学生调研团队到精准帮扶一线开展农村入户访谈，足迹遍及四川各类型脱贫地区，乃至湖南湘西等其他省份的脱贫乡村。近十年的村户实地调研经历，不只是大量问卷及案例的采集，更是脱贫实践感性认知和思考的累积。我们一方面亲眼目睹和真切感受到，党领导全国人民发挥社会主义制度优势，运用发展脱贫和精准帮扶科学方略，解决绝对贫困问题的奋斗过程和历史壮举；另一方面也在观察和思考：各地区在大规模集中性脱贫退出之后，是否有一些脱贫基础薄弱区域或脆弱人口群体存在返贫风险或隐患，如何识别和度量这种脱贫不稳定性或返贫风险，通过精准监测和分类帮扶，消除这种规模性返贫风险隐患，提升脱贫质量和巩固拓展脱贫攻坚成果。

在党的集中统一领导下，我国历史性地解决了困扰中华民族几千年的绝对贫困问题，实现了现行标准下贫困人口全面脱贫和贫困县全面摘帽这一全面建成小康社会的底线目标，彰显出中国特色社会主义制度的强大优势与显著效能，证明了中国特色反贫困理论与道路的科学性、先进性。但是，"脱贫摘帽不是终点"，全面脱贫目标的实现并不意味着我国扶贫治贫事业的结束。在全面建设社会主义现代化强国的新时代新征程中，消除潜在的脱贫质量短板和隐患，巩固拓展脱贫攻坚成果，防止发生规模性返贫，成为下一阶段贫困治理的重要主题。因此，怎样正确认识和深刻理解高质量脱贫内涵？如何科学度量脱贫质量，系统评估巩固拓展脱贫成果的实践成效？如何进一步提升脱贫质量、巩固脱贫成果，守住不发生规模性返贫的底线？这是我们需要集中思考和研究解决的新问题。

经济研究灵感往往源自经济现实观察，但经济研究本身必须回到严谨的理论解析和方法运用轨道上。在中国开启精准帮扶之初，我申请获批了国家社科基金青年项目"精准扶贫的瞄准机制与施策效率研究"（15CJL057），此后数年聚焦帮扶精准性与施策效率展开研究，在一些成果中，基于调研数据，运用 AF 及 MPI 等多维贫困方法对一些地区精准帮扶成效进行多维评估与比较。这些多维减贫度量研究尽管以"两不愁三保障"等中国式维度替换了"健康、教育与生活水平"等国际惯用维度，但从度量指标选择到剥夺阈值设计仍都未摆脱一般多维贫困范式的拘囿，特别是对脱贫质量缺少足够关注。2021年，我国脱贫攻坚战取得全面胜利，我主持的国家社科青年项目结项，当年即申请并获批了国家社科基金一般项目"风险冲击下的规模性返贫预警、阻断与长效治理研究"（21BJL060）。从精准帮扶到规模性返贫防范，国家治贫战略重心的转移，个人学术视域的拓展，推动我及课题组着力思考新发展阶段巩固拓展脱贫成果这一前沿命题，而基于高质量脱贫概念探讨如何巩固脱贫、防止返贫正是问题研究的关键。

应当讲，高质量脱贫不是传统意义的学术概念，尚未形成独立、严谨的理论分析范式，也缺乏直接的文献基础，但这些问题的存在并不能遮蔽对这一问题研究的必要性和紧迫性。我们认为，对脱贫质量与高质量脱贫的研究应置于中国特色社会主义反贫困理论创新的大背景下推进。由此我们尝试从巩固拓展脱贫攻坚成果政策语境与内在要求出发，进行脱贫质量与高质量脱贫的政治经济学解析与评估。脱贫质量的政治经济学释义可以解析为脱贫层次与稳定性、脱贫实效与真实性、脱贫动能与人本性、脱贫能力与多维性、脱贫结构与协调性五个涵义向度，据以建构中国特色的脱贫质量多维动态评估框架，用于巩固拓展脱贫成果后评估时期不同区域脱贫质量的测度与比较。具体而言，我们借鉴联合国开发计划署（UNDP）和牛津大学的多维贫困指数（MPI）范式，突破了 MPI 的三维度设定，以"两不愁三保障"为主线，重新构造反映中国特色的脱贫质量多维测度框架，通过观察其值变化以衡量动态脱贫质量成效。

著作的撰写与修改是一个艰辛打磨创造甚至再创作的过程。在初稿完成后，我们进行了长时间的修改，从题目到架构，从理论到实证，从指数设计到数据计算，从文献述评到结论启示，都做了重要调整甚至改变。应当指出，最终出版的成果不再只是几位作者的"专属物"，而是全体创作参与者的"心血结晶"，从选题到写作，从调研到计算，从修改到成稿，从编辑到排版，我们感谢这一"创作链"上的所有贡献者。本著作不仅是关于中国特色脱贫理论与实践的研究成果，也可以作为脱贫与发展领域财经类课程的教材或参考书目使用。

纸上得来终觉浅，绝知此事要躬行，通过本书创作，我们进一步感受到，发展中国脱贫理论，讲好中国脱贫故事，深入一线去做艰苦的学术探索是多么重要。张五常这样评价经济学大师科斯，"他坚持经济研究要知道真实世界发生着些什么事，反对黑板经济学，而选上了一个题材不走到尽头他不会罢休"。我们愿与各位同仁共勉，行万里路、读万卷书，致力于探寻真实世界的经济学，把更多文章写在中国大地上。

贺立龙
2023 年 1 月

目 录

第一章 导论 ·· 1
    第一节 巩固提升脱贫质量：新发展阶段的贫困治理
           新命题 ·· 1
    第二节 高质量帮扶与巩固脱贫：结构化耦合的
           研究框架 ·· 3

第二章 结构视角下反贫治贫的学术史脉络与研究动态 ········ 5
    第一节 贫困的经济本质与有效解决：基于经济理论
           考察及流派比较 ··································· 5
    第二节 结构视角下的帮扶效率与脱贫质量：国际探讨与
           中国探索 ·· 16

第三章 从精准脱贫到高质量脱贫：结构性释义与度量 ······ 30
    第一节 精准帮扶与精准脱贫：结构性释义与效能提升 ······ 30
    第二节 脱贫质量与高质量脱贫：政治经济学释义与结构化
           多维度量 ·· 41

第四章 高质量脱贫的实践成效：不同脱贫区域的实地调查 ····· 67
    第一节 中心城镇偏离度、农户生计策略差异与高质量脱贫
           ——基于凉山地区705户精准脱贫家庭的调查 ········ 67

第二节 农户生计策略对脱贫质量稳定性的影响存在
区域差异吗?
——对甘孜州和秦巴山区精准脱贫家庭的实证
考察与比较 ················ 102
第三节 易地搬迁后的产业可惠及性与农户高质量脱贫:
基于湖南湘西州的乡村调研 ················ 125

第五章 巩固提升脱贫质量:返贫风险防控与相对贫困施治 ······· 136

第一节 绝对贫困与相对贫困的转换与协同治理:巩固脱贫的
长效机制 ················ 136
第二节 新发展阶段巩固提升脱贫质量:返贫风险防控与
乡村振兴融入 ················ 157

第六章 从中国方案到全球启示:全面高质量脱贫的
制度优势及影响力 ················ 178

第一节 中国特色社会主义高质量减贫的制度优势与
效能 ················ 178
第二节 全面高质量脱贫的中国经验、全球启示及国际
影响力 ················ 184

主要参考文献 ················ 190

第一章　导论

第一节　巩固提升脱贫质量：新发展阶段的贫困治理新命题

在党的二十大报告中，习近平总书记指出，完成脱贫攻坚、全面建成小康社会，实现第一个百年奋斗目标是新时代十年的伟大变革，在中华民族发展史上具有里程碑意义。自党的十八大提出全面脱贫的宏伟目标至今，中国已经"打赢了人类历史上规模最大的脱贫攻坚战，全国八百三十二个贫困县全部摘帽，近一亿农村贫困人口实现脱贫，九百六十多万贫困人口实现易地搬迁，历史性地解决了绝对贫困问题"。① 全面脱贫作为新时代十年的伟大成就，亟须重大历史经验的理论概括，提炼高质量脱贫的政治经济学学理思想，科学揭示与充分阐释中国之治的制度效能，为推动人类发展减贫事业提供更多更好的中国智慧与中国方案。

站在全面消除贫困、建成小康社会后的新历史起点上，中国贫困性质与贫困治理矛盾也在发生新的变化，如何巩固拓展脱贫攻坚成果、提升脱贫质量、管控返贫风险考验中国治贫制度效能的科学性与持续性；解决发展不平衡不充分问题、缩小城乡区域发展差距、实现人的全面发展和共同富裕仍然任重而道远。在新的发展阶段，全面推

---

① 习近平：《高举中国特色社会主义伟大旗帜　为全面建设社会主义现代化国家而团结奋斗——在中国共产党第二十次全国代表大会上的报告》，http://www.gov.cn/xinwen/2022-10/25/content_5721685.htm，2022年10月25日。

进乡村振兴是"三农"工作重心的历史性转移，贫困治理战略逻辑转向推进巩固拓展脱贫攻坚成果同乡村振兴有效衔接，"增强脱贫地区和脱贫群众内生发展动力"①，"让脱贫基础更加稳固、成效更可持续"②。为此要坚决守住脱贫攻坚成果，全面提升脱贫质量，促进脱贫地区和人口实现内生可持续发展，解决区域脱贫发展不平衡不充分问题。

贫困治理方略的转换亟须脱贫研究范式的扩展：一是治贫取向由决战决胜脱贫攻坚转为巩固拓展脱贫奔康成果，由现行标准下全面脱贫迈向高质量脱贫，更强调脱贫质量及稳定性，从而推动脱贫效率分析度量的逻辑内核从"数量"转向"质量"③；二是治贫主线从解决区域性整体贫困转为缩小区域脱贫发展差距，这要求对脱贫稳定性与质量的结构性考察，探寻区域脱贫发展的平衡与协调之路。

本书聚焦"巩固提升脱贫质量"这一现实前沿命题，进行巩固拓展脱贫攻坚成果的政治经济学理论及实证分析：从研究视角上，基于中国贫困分布的结构性特征，以及当前中国脱贫实现的不平衡和不充分性，引入经济学意义的结构分析视角，④ 考虑区域与群体异质性，进行中国脱贫质量的结构性探讨；在研究线索上，遵循"全面脱贫到巩固脱贫"的时间线索、"减贫到治贫"的逻辑线索，重点从夯实精

---

① 习近平：《高举中国特色社会主义伟大旗帜　为全面建设社会主义现代化国家而团结奋斗——在中国共产党第二十次全国代表大会上的报告》，http：//www.gov.cn/xinwen/2022-10/25/content_ 5721685.htm，2022年10月25日。

② 习近平：《在全国脱贫攻坚总结表彰大会上的讲话》，http：//www.gov.cn/xinwen/2021-02/25/content_ 5588869.htm，2021年2月25日。

③ 关于现行标准全面脱贫，2015年中共中央、国务院《关于打赢脱贫攻坚战的决定》明确到2020年"确保现行标准下农村人口实现脱贫，贫困县全部摘帽，解决区域性整体贫困"，现行标准即农民人均可支配性收入达到当年贫困线标准，稳定实现"两不愁三保障"。关于高质量脱贫，习近平总书记指出，高质量完成脱贫攻坚目标任务，确保扶贫工作务实、脱贫过程扎实、脱贫结果真实，脱贫摘帽后经得住历史检验。

④ 结构主义在20世纪中叶被引入经济学分析，它突破"经济人"同质假设以及一般均衡理论推演，探究经济结构的多层次性。按照《新帕尔格雷夫经济学大词典》的解释，结构主义把考察对象当作"体系"，研究各部分关系而非孤立的某个部分（伊特韦尔等，1987）。本节引入结构分析方法，考察贫困发生与摆脱的本质及结构属性，强调三个准则：一是整体性与系统性，整体有逻辑优先性，系统行为由结构决定；二是异质性与动态非均衡性，结构变动影响增长及其平衡；三是市场与政府功能权衡。

准脱贫成效、高质量脱贫与提升脱贫质量、巩固脱贫与乡村振兴融合、防控返贫风险与解决相对贫困等几个方面展开一系列学术探讨。

第二节 高质量帮扶与巩固脱贫：结构化耦合的研究框架

如何构建好的高质量帮扶与巩固脱贫机制？这需要预先对特定地区贫困的性质与成因、发生与演化规律进行精准分析与研判。

帮扶与脱贫的精准耦合不是单维、静态和同质的锁定，而是一种结构性的动态锚定。中国贫困是一种增长不足及发展失衡所致结构性贫困与市场不平等所致排斥型贫困交织的混合贫困，呈现区域、群体、致贫成因、贫困深度等层次上的结构性分布，带有强烈的异质性"贫困陷阱"特征。对于这些异质性贫困痼疾，必须考虑其脱贫需求、脱贫方式和脱贫路径差异，进行结构性动态瞄准与施策。

因此，对高质量脱贫与巩固脱贫的探讨，首先要对特定历史贫困地区（人口）的贫困异质性进行结构性分析。只有科学认识这些异质性贫困陷阱发生与摆脱的基本规律，才能进行有效施策、精准治贫。

基于对贫困结构化属性的认识，可遵循"目标导向—实现路径—制度支撑"的线索，审视中国贫困治理与巩固脱贫的研究命题，即首先界定与度量"何为脱贫质量与脱贫巩固""脱贫质量与脱贫稳定性如何测度"，分类探讨脱贫成果巩固拓展的路径实现。

从目标与成效看，巩固脱贫首先是方向意义上的"瞄准穷人"，体现"穷人脱贫"导向——既是绝对意义的穷人脱贫，又是相对意义的穷人脱贫（越是贫困者越能获得帮扶支持和脱贫效果）；其次是成效意义上的"有效施策"，即通过科学帮扶、精准施策帮助穷人实现稳定脱贫，并实现帮扶资源最优配置，节约帮扶预算成本和执行成本。

从路径与载体看，帮扶与脱贫的有效性、稳定性与质量，要通过一系列适宜性的路径和具体载体来实现。通过对产业帮扶这一典型扶贫方式的脱贫成效、质量与稳定性进行实证分析,考察中国实现高质量脱贫与脱贫巩固的路径与对策,为中国新发展阶段的贫困治理,提出优化改进之策,为全球有质量地减贫与发展提供中国证据与启示。

从制度支撑看,全面脱贫的实现与巩固拓展,离不开中国共产党领导的政治优势与中国特色社会主义制度优势的充分发挥。只有系统解析反贫困"中国之制"功能原理,揭示其制度比较优势,才能真正认识巩固脱贫的动能之源,向全球展示"中国之治"减贫智慧与道路。

第二章 结构视角下反贫治贫的学术史脉络与研究动态

第一节 贫困的经济本质与有效解决：基于经济理论考察及流派比较

古典经济学将贫困视为市场经济的自然衍生物，认为救济极贫人口应避免削弱市场动能。新古典经济学以资源配置的市场有效性为内核，将与市场失灵相关的不平等与收入分配纳入研究范式，从对效率与公平的权衡中，认识与解决市场经济伴生的贫困问题。马克思在对资本主义生产方式的批判中，提出并建构了无产阶级贫困化理论体系。资本主义工业化中的劳动者严重贫困，不仅是生活资料或货币商品数量的贫困，更是经济地位的贫困，这是由资本主义条件下的经济剥削与阶级关系所决定的。彻底消除无产阶级劳动能力与经济地位的贫困，除了发展生产力，更重要的是通过生产关系革命，消灭生产资料占有的不平等，打破资本积累的"贫困积累"，扭转无产阶级贫困化趋势。诞生于20世纪40年代的发展经济学，以发展中国家经济增长为研究内核，研究亚非拉欠发达地区增长滞后引发的饥荒或绝对贫困。发展经济学者提出了贫困陷阱理论及其投资性阻断的主张，并分析地理气候、社会文化以及政治因素对长期贫困的影响，在市场与政府的功能权衡中，寻求精准、有效的发展战略与减贫策略。

一 从古典到新古典：市场经济伴生的贫困现象及其抑制机制

对贫困与反贫困研究的学术史可追溯到古典政治经济学对贫困的

关注，他们将贫困视为市场经济的自然衍生物，认为救济极贫人口应避免削弱市场动能。亚当·斯密（Adam Smith，1776）提出经济发展不足产生严重贫困，"劳动工资减低到极悲惨极贫困的生活水准"，应通过生产性活动增进国民财富，建立最低工资制度，使劳动工资维持一定标准，并对极端贫困者进行慈善帮扶。大卫·李嘉图（David Ricardo，1817）指出，国民财富增加包含致贫风险，机器使用导致"劳动需求减少，劳动阶级的生活状况就会陷入贫困"，但他认同工人长期只能得到最低工资的"工资铁律"，反对济贫法，认为救济穷人加剧贫富分化；托马斯·马尔萨斯（Thomas Malthus，1798）将贫困视为人口增长快于生产资料及食物增长的结果，是下层人民未能控制生育的自然惩罚，甚至肯定贫困"这一伟大的限制性法则"对抑制人口的作用，认为给穷人金钱和实物救济，将纵容人口增长、弱化自立精神，主张取消济贫法，但可建立济贫院，他的思想影响了19世纪英国的济贫制度。詹姆斯·穆勒（James Mill，1821）综合李嘉图和马尔萨斯的观点，将普遍贫困归结为人口与资本增长比例的失衡，即"或者是人口具有比资本增长得快的趋势，或者是人们以某些方式阻碍了资本具有的增长趋势"。

作为古典经济学向新古典发展过渡的重要引领者，约翰·穆勒（John Stuart Mill，1848）认为自发市场必然出现极端贫困，进而肯定工会在保障贫困阶级福利中的作用，提倡以公平收入分配为中心的社会改革，并提出有效帮扶的一个合理准则，即一方面给予穷人最大数量的必要帮助，另一方面又须让穷人对它的过度依赖最小。他认为，要实现"最大多数人的最大幸福"，政府应进行有限的干预，如"救济穷人、初等教育、帮助社会弱势群体、举办社会公益事业"等，"可以而且也应该让私人慈善团体……分辨哪些人应该需要救济"，但是济贫法的实施必须有一个限度，即一方面保障穷人的生活水平，另一方面不能高于穷人自食其力水平。

在古典政治经济学晚期，资本主义发展中的不平等问题已引起学者们反思。作为市场不平等的直接后果，贫困不再被认为"理所应当"，调整社会经济关系，缓解严重贫困成为政治经济学的应有之义。

西斯蒙第（Sismondi，1837）等对自由放任政策持有批判意见的经济学家，基于人本主义经济伦理，反对无限度生产与市场不平等，主张以制度改革、政策干预来解决收入分配失衡。他提出，政治经济学研究"人人分享财富""人是为了使人能够休息而劳动的""如果剥夺短工夜间的休息时间而让他劳动""这种劳动就会成为可怕的灾难"。他将生产过剩归结为小生产者破产和工人贫困造成的需求不足，根源是竞争驱动的扩大再生产及机器运用。西斯蒙第看到自由放任导致极端贫困的必然趋势，为公共政策减贫赋予了伦理正当性与实证必要性。他提出"国家的利益要求劳动所生产的国民收入，由各个阶级来分享"，主张政府对极端贫困者进行人道救济，以劳动立法保障贫困工人利益，取缔童工，保持一定数量的小农经济。熊彼特（Schumpeter，1954）评价西斯蒙第为："社会政策的最重要的先驱者之一；他的一些建议——例如，关于雇主应当负责保证工人在失业、疾病和年老穷困时的生活的建议——是属于他真正最富有创造性的贡献之列的。"

20世纪初发展起来的新古典经济学，开始在市场运行与市场失灵的框架内审视劳动力失业与贫困问题，并在市场与政府功能结合中寻求对贫困的有效管控之策。阿尔弗雷德·马歇尔（Alfred Marshall，1890）观察到19世纪中叶以来英国严重的社会不公现象，将政治经济学阐释为增进福利、消灭贫困的经济科学，在劳动力市场范式下，研究收入分配和贫困问题。他分析指出，供给与需求将非技术性劳动的工资维持在很低的水平，缺乏技能和谈判力量的工人得到较低的工资，穷人及其子女的健康和教育水平无法提高。他认为资本主义制度是合理的，贫困是一种可以进行技术修复或政策矫正的市场失灵，解决贫困的希望在教育。他主张限制非技术工人的家庭规模和建立累进税制度，但不支持最低工资保障和工会。福利经济学代表人物庇古（Pigou，1920）提出用经济学作为"改善人们生活的工具"，"保证不伤害人们主动性"前提下，"制止环绕我们的贫困和肮脏"。他以马歇尔的均衡价格作为依据，构建社会福利分析框架，提出实施社会保障计划的准则与措施。现代宏观经济学的开创者凯恩斯（Keynes，

1936)将收入分配不公、严重贫困,与有效需求不足联系在一起,从宏观经济运行层面,揭示贫困对资本主义危机的影响机制。

此后,主流经济学以资源配置的"市场有效性"为内核,将与市场失灵相关的不平等与收入分配纳入研究范式,从对效率与公平的权衡中,认识市场经济伴生的贫困现象,探讨贫困问题的有效解决。正如阿瑟·奥肯(Arthur M. Okun,1975)在《平等与效率——重大的抉择》一书所言,公平名义下的再分配有可能伤害效率,从"既要注意解决一部分人的贫困问题,又要发挥好市场机制对效率的促进作用"的目标出发,解决底层贫困的方案应"在平等中注入某些合理性,在效率中注入某些人性"。长期以来,作为财产分配不平等、劳动能力不平等、失业甚至懒惰的副产物,英美国家亦存在的极端贫困问题引发西方国家关于收入再分配、福利制度、减贫政策的探索与争鸣,如何在不削弱市场活力的前提下保证贫困人口生存与发展,是迄今未完全解决的经济学命题。

二 马克思:无产阶级贫困的经济关系本质、制度根源及消除

对于资本主义世界的贫困深化,马克思(Marx)在对资本主义生产方式的批判中,进行了无产阶级贫困化一系列论述。无产阶级贫困的形成与加剧——经济地位和生活状况的极端恶化,是资本主义制度矛盾的集中体现。贫困的消除,需要生产关系革命。

马克思及恩格斯(Marx and Engels)在早期著作中揭露了英国工人阶级"普遍处于可怕的贫困境地""从相对的舒适转到极端的贫困""绝对的赤贫,……完全丧失了物质财富"。按照马克思的论述,雇佣劳动者作为"最贫困的商品",陷入"累进的贫困""慢性的贫困""劳动替劳动者生产了赤贫""劳动者越是生产更多的财富……反而越来越贫困","他们并不是随着工业的进步而上升,而是愈来愈降到本阶级的生存条件以下,工人变成赤贫者""机器的改进,科学在生产上的应用,……都不能消除劳动群众的贫困"。19世纪40年代,资本主义产业工人生活水平有所提高,马克思认识到,无产阶级实际收入上升,相对收入下降。他开始"研究资本的增长对工人阶级的命运产生的影响",在《资本论》第一卷"资本主义积累的一般规

律"章节中，论证了无产阶级贫困化的必然性，即资本积累伴随劳动力绝对量和生产率提升，但资本有机构成提高，劳动力相对需求减少，导致失业人口增加和就业人口贫困化。他写道，"产业后备军的相对量和财富的力量一同增长。但是同现役劳动军相比，这种后备军越大，常备的过剩人口也就越多，……工人阶级中贫苦阶层和产业后备军越大，官方认为需要救济的贫民也就越多"，"开头是创造出相对过剩人口或产业后备军，结尾是现役劳动军中不断增大的各阶层的贫困和需要救济的赤贫的死荷重"。

对无产阶级贫困化的认识，有"绝对"与"相对"之分。马克思指出："工资双重地下降：第一，相对地，对一般财富的发展来说。第二，绝对地，因为工人所换得的商品是愈来愈减少。"绝对贫困一般被理解为，劳动力价值降到底线或工资降到这一价值之下。马克思认为："资本主义生产的总趋势不是使平均工资水平提高，而是使它降低，……使劳动的价值降低到它的最低限度。"列宁在《资本主义社会的贫困化》一文中提到，"工人的贫困化是绝对的，他们简直越来越穷，生活更坏，吃的更差，更吃不饱，更要挤在地窖和阁楼里"，"生活费用不断高涨，……工人工资的增加也比劳动力必要费用的增加慢得多"。应当指出，工人陷入绝对贫困或赤贫具有个体性；劳动力价值趋于最低限，实际工资跌破劳动力价值，不等于劳动力价值绝对量下降（马克思意识到，维持最低生活水平的工资会上升）——这类似于，生活水平跌破贫困线，不等于贫困线下降（现实中贫困线是上升的）。萨缪尔森与罗宾逊（Samuelson and Robinson，1948）以资本主义国家实际工资在上升，劳动收入份额未下降为依据，对"劳动者绝对贫困化"的质疑，有待商榷。相对贫困，可理解为无产阶级经济地位的下降——不限于劳动收入份额减少。马克思在《工资、价格和利润》中指出，"虽然工人的生活的绝对水平依然照旧，但他的相对工资以及他的相对社会地位，即他与资本家相比较的地位，却会下降"，"比起一般社会发展水平来，工人所得到的社会满足的程度反而降低了"。马克思承认"工人阶级的生活条件必然得到改善"，但不能改变资本积累导致"（相对）贫困积累"的规律性，他指出，"资本的积累通过使资本家及其同伙的相对财富增多而使工人的状况相对恶化，此外，还通过使工人的相对剩余劳动量增加使总产品中归结为工资的份额减少的办法使工人的状况恶化"，"生产力提高的结果是工作日中一个越来越大的部分为资本所占有。因此，想通过统计材料证明工人的物质状况由于劳动生产力的发展在某个地方或某些方面得到了改善，以此反驳这个规律，这是荒唐的"。列宁（Lenin）强调，"工人的相对贫困化即他们在社会收入中所得份额的减少更为明显"，"劳动生产率提高和社会财富增长的技术改进，在资产阶级社会却使社会不平等加剧，使有产者和无产者贫富更加悬殊，使越来越多的劳动群众的生活更无保障，失业和各种困难加剧"。

无产阶级贫困的加剧，表现为物质状况与劳动条件的恶化，精神贫困与社会贫困的加剧，但本质是生产资料与劳动能力的持续贫困。马克思用维持最低生活水平的工资（subsistence wage）确定工资下限，这种最低生活水平具有生物与文化的双重含义。他一方面指出，"大部分农业工人家庭的饮食都低于'防止饥荒病'所必需的最低限度"，特别是专业化分工提升劳动生产力，也造成劳动者生活质量恶化，使之"因终身重复同一种琐细的操作而被弱化"，"最残酷的地狱也赶不上这种制造业中的情景"。另一方面强调"资产阶级世界在物质上和道德上的贫困"，"在把自己的产品作为资本来生产的阶级方面，是贫困、劳动折磨、受奴役、无知、粗野和道德堕落的积累"。他将无产阶级被奴役、剥削的地位归结为"一切社会贫困、精神屈辱和政治依附"，这种贫困的制度根源在于：一是再生产条件丧失，二是剩余劳动被剥夺。无产阶级绝对贫困是"丧失所有权"，"劳动能力是工人唯一能出售的商品"。他认为，"在自由劳动者的概念里就包含着他是贫民"，"彻底的贫困，使他的劳动能力缺乏实现劳动能力的客观条件"，"被剥夺了劳动资料和生活资料的劳动能力是绝对贫穷本身"，"劳动能力表示绝对贫困，即物的财富被全部剥夺"，"这种贫穷不是指缺少对象的财富，而是指完全被排除在对象的财富之外"。马克思将生产资料贫困与劳动能力贫困视为贫困再生产的基础，他认为"劳动能力不仅生产了他人的财富和自身的贫穷，而且还生产了这种作为自我发生关系的财富同作为贫穷的劳动能力之间的关系"。

无产阶级贫困并不因劳动生产力提升而消失,甚至与之呈正相关,这种贫困产生于结构化的资本主义经济关系即雇佣劳动制,是资本主义特有的贫困。从贫困的直接成因看,资本积累及有机构成提升导致劳动力相对需求下降,引发失业与现役劳动力工资压缩;生产资料剥夺与剩余价值剥削导致必要劳动时间相对减少,引发劳动者收入、经济地位相对下降。从形成与演进历程看,无产阶级贫困作为一种自然历史现象,是"资产阶级社会经济基础的必然的和自然的结果",呈现一定的规律性,"最勤劳的工人阶级的饥饿痛苦和富人建立在资本主义积累基础上的粗野的或高雅的浪费之间的内在联系,只有当人们认识了经济规律时才能揭示出来"。贫困发轫于资本主义社会的劳动异化,"工人的毁灭和贫困化是他的劳动的产物",在资本原始积累时,是伴随着对农民的土地剥夺和无产阶级化而实现的,"多数人的小财产转化为少数人的大财产,广大人民群众被剥夺土地、生活资料、劳动工具——人民群众遭受的这种可怕的残酷的剥夺,形成资本的前史","资本关系以劳动者和劳动实现条件的所有权之间的分离为前提。资本主义生产一旦站稳脚跟,它就不仅保持这种分离,而且以不断扩大的规模再生产这种分离"。在资本主义生产方式占统治地位的时期,它是在资本主义生产方式的内在规律和竞争的外在的强制共同作用下实现的。资本主义生产方式是贫困形成的基础,"资本的积累就是无产阶级的增加"。竞争恶化了工人贫困,机器"给同它竞争的工人阶层造成慢性的贫困","他工作得愈多,他给自己的工友们造成的竞争就愈激烈,……这些竞争者也像他一样按同样恶劣的条件出卖自己"。此外,资本家通过工资延期支付、实物工资制、计时工资与计件工资制,降低工资水平,加剧工人贫困。从形成的制度成因看,资本主义雇佣劳动制是无产阶级贫困化的根源,"工人的奴役地位所依为基础的经济关系本身","工人阶级处境悲惨的原因不应当到这些小的弊病中去寻找,而应当到资本主义制度本身中去寻找","这种贫穷无非是说,工人的劳动能力是他唯一能出售的商品,工人只是作为劳动能力与对象的、实际的财富相对立"。资本积累中资本有机构成的作用机制是无产阶级贫困化的直接原因。"只有在以资本为基础的生产方式下，赤贫才表现为劳动自身的结果，表现为劳动生产力发展的结果"，"增长了的劳动生产力表现为劳动之外的力量的增长和劳动本身的力量的削弱"，"不管工人的报酬高低如何，工人的状况必然随着资本的积累而恶化。最后，使相对过剩人口或产业后备军同积累的规模和能力始终保持平衡的规律把工人钉在资本上。这一规律制约着同资本积累相适应的贫困积累"。

资本主义工业化进程中的劳动者严重贫困，不仅是生活资料或货币商品数量的贫困，更是经济地位的贫困，这是由资本主义条件下的经济剥削与阶级关系所决定的。无产阶级贫困，除了关注贫困的生理和自然边界，更应重视贫困的社会意义和历史特质，机会平等不同于实际平等，个别工人通过打拼而改变贫穷，但处于无产阶级的绝大多数工人难以改变相对贫困。消除无产阶级贫困，除了发展生产力，更重要的是通过生产关系革命，消灭生产资料占有的不平等，打破资本积累的"贫困积累"，扭转无产阶级贫困化趋势。

马克思从生产关系层面剖析了资本主义工业化及社会化大生产中的无产阶级贫困化的经济本质、制度根源，将其归结到资本主义私有制与劳动雇佣关系支配的生产剥夺、经济剥削、分配不公以及贫困积累。马克思对无产阶级贫困本质与规律的精准分析，不仅为社会主义条件下消除的制度安排、路径与机制设计提供原理性指导，也为资本主义世界如何从制度变革层面开展有效的精准帮扶提供了启示。

三　结构主义与自由主义：发展经济学中的贫困陷阱及其破解

诞生于20世纪40年代的发展经济学，以发展中国家经济增长为研究内核，关注的是发展中国家的严重贫困现象。全球贫困与反贫困研究的重心，逐渐由美欧成熟市场国家的经济不平等与底层贫困，转向亚非拉欠发达地区增长滞后引发的饥荒或绝对贫困。针对发展中国家的严重贫困问题，发展经济学者在结构主义与新古典范式的交锋与融合中，提出了贫困陷阱理论及其投资性阻断的主张，并分析地理气候、社会文化以及政治因素对区域长期贫困的影响，在市场与政府的功能权衡中，寻求合适的发展战略与减贫策略。

早期发展经济学者大都从结构主义视角，剖析欠发达国家市场不完善导致的增长失衡与贫困陷阱，主张通过资本积累、工业化、进口替代实现结构改进与增长减贫，强调计划手段与大推进式战略对阻断贫困循环的作用。纳克斯（Nurkse，1953）、纳尔逊（Nelson，1956）、缪尔达尔（Myrdal，1957）分别提出"贫困恶性循环""低水平均衡陷阱""循环累积因果"理论模型，主张增加储蓄、全面投资与实施平等主义政策，打破落后国家收入低、资本不足和贫困的累积性恶性循环。哈维·莱宾斯坦（Harvey Leibenstein，1957）认为，发展中国家要阻断"恶性循环"，跳出贫困陷阱，应让投资率达到一定规模，国民收入增长超过人口增长，人均收入水平提高，即以临界最小努力使经济摆脱极度贫困。刘易斯（Lewis，1955）提出二元经济模型，将发展中国家农村贫困深化归结为，传统部门"零值劳动力人口"累积以及"二元结构转型"阻梗，主张以工业扩张主导的经济增长，破解二元困境与农村极端贫困。

20世纪60年代，发展经济学迎来"新古典主义的复兴"，基于对重视工业化与物质资本、忽视农业与人力资本，强调计划与政府、淡化开放与市场的结构主义倾向的反思，纳入人力资本与农业发展、"干中学"与内生增长、制度与经济增长等新理论内涵，并修正新古典经济学内核，突出市场与价格机制、制度与产权激励，以及技术与人力资本投资，在发展中国家资源配置扭曲矫正以及深度贫困破解中的作用。这一时期的重要代表人物舒尔茨（Schultz，1964）提出，人力资本匮乏是贫穷国家增长受限的原因，摆脱贫困陷阱离不开人力资本投资。他纠正穷国农业是增长负担的偏见，认为技术停滞导致了传统农业落后与农民贫困深化，通过制度创新、引入先进生产要素、对农民进行人力资本投资，激励农业生产潜力发挥，可以将传统农业改造成现代农业，为经济增长与减贫做出贡献。

20世纪80年代，新古典主义与结构主义的论战推动了发展经济学的繁荣，对增长与减贫的研究沿着多元、综合方向发展。一方面，结构主义者重构其理论构架，形成结构主义—制度主义思路，探讨以需求、贸易、生产、就业为中心的全面结构转变，认为各国制度和经济相互作用差异导致不同的增长减贫路径。另一方面，新古典发展经济学承认欠发达国家存在市场不完善、信息不对称与资源扭曲，不再苛求市场均衡的帕累托最优，探索通过政策工具实现"次优"状态，并认为"大推进""平衡增长"命题"在理论上仍然有效"。

发展经济者从全球不同地区的增长与减贫实践中，探索建立适合于发展中国家实际要求的新型发展经济学，比如新增长理论被认为是受东亚增长经验激励而做出的理论化总结。宾斯旺格（Binswanger, 1989）研究不发达国家农民及农业部门对价格激励的反映问题，得出农业部门短期内价格弹性低，但在长期内会增大的结论。发展中国家的家户行为以及非正规市场也得到关注，斯蒂格利茨（Stieglitz, 1998）对此提出，"决策单位并不是个人而是家庭"，这是"理解不发达国家经济行为的关键"，发展中国家的市场联结（interlinking of markets）现象，在道德危机环境中，具有资源配置和收入分配效应。古典政治经济学、新贸易理论、信息经济学、新制度经济学也被广泛引入发展领域。奥斯特罗姆（Ostrom, 2009）等发展经济学家强调制度在经济社会发展中的决定性作用，扩展了发展与减贫的制度分析视野。贫困、教育、就业、社会分配等发展中国家具体问题被纳入研究框架，消除严重贫困、提升人民生活质量成为经济发展研究的核心内涵。联合国开发计划署（UNDP）于1990年提出的人类发展指数（HDI）全面地度量经济发展。治理贫困、追求公平、以人为本的可持续发展成为理论和政策制定的共识。

四 贫困研究的趋势特征：走向结构化视角的微观与实证探析

以人为本、消除严重贫困已成为全球反贫困的核心现实命题，发展经济学从宏观与微观两个方向对贫困的本质、特征及其消除展开精准研究。发展经济学者对贫困研究的宏观方向主要涉及增长、贸易、宏观政策、发展战略与绝对贫困的消除，微观研究集中于小额贷款、教育、健康以及其他社会项目的减贫效果。值得关注的是，随着制度经济学与经济计量学的引入，全球反贫困研究逐渐细化到贫困的微观机理层面，并向制度比较研究、政策实证检验方向发展，聚焦贫困者微观行为的随机分析与政策评估显露活力。

第一,对发展与减贫的认识沿着多维、动态方向不断深化和细化。阿玛蒂亚·森(Amartya Sen,1976)和古斯塔夫·拉尼斯(Gustav Ranis,2004)等学者提出,评价贫穷国家的发展时,不能仅看人均消费增长,还应考虑健康、预期寿命、入学率、成人识字率和妇女独立性等人的发展因素,对贫困的考量既要看生存必要收入,又要看非市场因素。森提出可能能力(健康、教育、文化等)的概念,将绝对贫困从收入贫困推进到能力贫困层次,并深入到制度与社会关系层面,建构了以剥夺、社会排斥、无发言权为内涵的权利贫困理论。通过森、福斯特和阿尔基尔(Sen, Foster and Alkire, 2011)等学者的共同努力,贫困的含义已经从收入延伸到能力、权利、脆弱性、社会地位等多层次,涵盖了生计、政治、经济、文化、教育多个维度,贫困测度也由 S 指数、SST 指数发展到 A–F 多维指数和 MPI 多维指数,以对全球发展中国家贫困进行统一监测与评估。20 世纪后半叶,长期贫困、慢性贫困(chronic poverty)、代际贫困等概念被提出,用于对顽固性贫困的动态度量。

第二,更为注重研究贫困陷阱的复合成因与微观机理,探寻精准破解的路径及策略。越来越多的文献分析贫困陷阱的多元形成机制,如门槛效应、邻里效应、制度失灵,考察自然资源、地理环境、疾病灾害、教育文化、政治制度、犯罪腐败等多种致贫因素,针对不同国家和地区的贫困陷阱进行实证检验,从而克服了传统研究仅对贫困的恶性循环作宏观、抽象性理论阐释的缺陷,将各类异质性贫困现象的研究推进到微观层次与特定机制,以及对特定地区或情况的研判。阿扎利艾迪(Azariadis,2004)等建立了一个保险约束引致的贫困陷阱模型,通过对比穷人与拥有初始财富的人在面对不确定风险冲击下的保险购买情况及差异化职业选择,证明了穷人将陷入贫穷陷阱之中,并且这种多重均衡结果长期存在。松山(Matsuyama,2004)在一个标准的新古典交叠模型中引入信贷市场不完善变量,分析了金融市场全球化对世界收入不平等的影响。他们的研究表明,由于信息不对称和风险的存在,穷人因财富贫乏而受到保险与信贷约束,陷入长期贫困,完善保险市场和信贷市场有助于摆脱贫困陷阱。

第三，贫困地理、随机对照实验等研究范式与工具的应用，推动了基于实践经验的精准帮扶实证研究。因数据普查体系的完善、地理信息技术和遥感技术的应用，贫困地理研究在空间贫困陷阱存在性检验、地理致贫因素识别、区域贫困测算及贫困地图绘制、区域瞄准及效果评估方面，得到新的进展。随着贫困干预理论的深化、发展中国家大规模贫困人口调查的推进，关于帮扶政策评估的文献日趋多见，相关方法也从自然实验拓展到随机对照实验。阿米特（Amit，2011）基于自然实验数据检验了小额信贷对缓释农户贫困脆弱性的作用。布鲁特（Bulte，2018）等基于自然实验方法考察了外部援助帮扶方式的减贫效果与区域增长效应。随机对照实验越来越多被应用于反贫困和发展政策评估研究中。作为使用随机实验进行减贫评估的知名机构，贾米尔贫困行动实验室（J-PAL）着重从微观行为层面探究"穷人为何难以脱贫"，验证帮扶施策的实践效果，既为一些主流观点寻找经验支撑，也为全球贫困治理提供了更为精准适宜的研究思路。

第二节 结构视角下的帮扶效率与脱贫质量：国际探讨与中国探索

一 帮扶效率与脱贫质量：基于"成本—质效"的国际学术探讨

国际上对扶贫效率及其精准性的研究肇始于 20 世纪 80 年代，施策成本是核心命题，重点是扶贫施策的成本与效率、脱贫质量与成效。

（一）帮扶施策的成本与效率分析

1. 普惠与精准均衡的效率基准

坎伯（Kanbur，1987）确立了靶向援助（targeting transfer）的效率基准：只考虑资源约束，帮扶对象越精准，帮扶绩效越高，即无执行成本时，在预算约束下选择精准帮扶是最有效率的；考虑精准识别与政策运行成本，帮扶对象精准，整体效率未必高，即存在识别成本与传导成本时，精准帮扶是否有效率还有待对收益与成本的权衡。贝斯利和坎伯（Besley and Kanbur，1990）提出帮扶的"精准原理"，即"完全精准"不现实，最佳策略是处于完全精准与普惠（the universal）之间的折中点，应基于效率准则，选择"统计指标瞄准""自我评价"等识别工具。史密斯（Smith，2001）提出，从普惠到精准，预算成本减少但施策成本会增加，应在两条成本曲线交点处确定"最优精准度"。坦迪卡（Thandika，2007）基于帮扶政策的成本收益分析，探讨发展中国家反贫困政策从普惠到精准的转化动因，其中精准帮扶的执行困境与施策成本，是权衡普惠与精准的核心考量。布雷迪和伯罗威（Brady and Burroway，2012）发现，在对美国贫困单身母亲的扶持方面，普惠政策比精准援助更有效，并且也不影响家庭结构与就业动力，普惠有时是相对有效的帮扶策略。凯特（Kidd，2016）分析指出，在对贫困人口的教育、医疗、低保等政策支持上，普惠比精准更有效率，这种效率体现在：在发展中国家精准识别与施策机制难以建立，制度运行与项目执行成本非常高；帮扶资源可能流向品行不端的懒惰人口，引发社会不公，产生对工作的负向激励，滋生"等靠要"思想。

2. 瞄准与施策的成本分析

霍迪诺特（Hoddinott，1999）提出，行政成本会削弱精准施策成效。考迪（Coady，2002）等认为，帮扶精准化的诉求源自预算限制，精准帮扶成本涉及帮扶穷人成本、误济富人成本、行政成本、隐性成本（hidden costs）。关于帮扶对象识别，佩里和迪特雷（Peyre and Dutrey，2007）强调要从精准施策总成本而非直接预算限制来考虑问题。侯苏和泽勒（Houssou and Zeller，2011）认为不存在完美的精准帮扶机制，各种选择均会出现遗漏与误济（undercoverage and leakage）带来的成效损失，在执行中又会出现，识别中的计算、检测成本，施策中的输送、传递成本，以及行政人员成本；帮扶越精准，执行成本与隐性成本越高。识别方式关系到精准帮扶成本，成本将影响到贫困识别与帮扶瞄准机制选择。贝斯利和坎伯（Besley and Kanbur，1993）指出，代理工具检测（Proxy means tests）可以用较少的指标实现对贫困的低成本识别，且能避免较多的"错评"与"误济"，实现同样预算下的成本最小化。祖和鲁斯巴（Cho and Ruthbah, 2018）认为，与公共保障安全网相比，工作福利制（领取福利金的失业者须参与公益工作）减贫有效性面临证据不足，他们对孟加拉国一项大规模工作福利计划（为最穷的人创造就业机会）进行实证研究发现，较高的项目实施成本以及公共资产质量的不足可能会破坏该计划的实施效果，还需进一步的证据证明工作经验对后续劳动力市场回报和公共资产价值的影响，并与无条件现金转移相比是否有更好的减贫效率。

3. 政策效率的实证检验

范和哈泽尔（Fan and Hazell, 2001）设计了精准帮扶效率评价模型，检测印度公共投资在灌溉区与旱作区的绩效差异，发现区域因素、帮扶方式、目标排序都会影响帮扶的边际效率。巴希瓦（Bahiigwa, 2005）基于乌干达的帮扶实验指出，施策机制影响精准扶贫实效，强化中央监控的同时应适度分权。扎罗科斯塔斯（Zarocostas, 2010）认为，定向救济并非脱贫良方，应瞄准根源，借助于制度改进与经济发展，创造公平就业机会；国家战略干预，如能力培育及分配改进，有利于打破贫困陷阱，抑制市场在减贫中的负面影响。布尔库（Burcu, 2012）研究土耳其最低收入保障对缓解家庭贫困、调节收入分配的政策成效，发现这一计划比一般社保更精准、有效，受益对象一旦集中（从中间收入60%以下群体，减到40%以下），预算成本迅速下降（GDP的2.69%到0.33%）。什雷斯塔（Shrestha, 2016）对菜农样本的实证分析表明，帮扶政策可通过助益产业发展获得更高的帮扶效率。阿扎德（Azad, 2016）等指出帮扶小额信贷（MFIs）运行效率近年来备受研究关注。维奇斯瑞（Wijesiri, 2017）等认为帮扶小额信贷兼具经济效率与社会效益，前者是指补贴之外的成本可补偿性，后者反映为帮扶广度与深度。卡南（Khanam, 2018）等分析认为帮扶小贷只有获得经济效率，打破对补贴的依赖性，才可长期运行。同时，侯赛因（Hossain, 2016）等指出帮扶小额信贷的经济效率与可持续性受资本资产比例、运行费用、注销率等因素的影响。哈利勒（Khalily, 2014）认为监管可强化信贷成本约束，提升小额信贷运行效率。

(二) 施策成效与脱贫质量

从贫困研究与反贫困战略运用实践看，尽管减贫率、脱贫率、脱贫规模一直被视为主要的成效衡量指标，但是，对脱贫规模、进度的过度重视，会形成脱贫攻坚重数量轻质量、重投入轻效率的认知偏向，并使帮扶走向为追求脱贫结果而不计施策成本的误区。

从帮扶与脱贫的动态耦合看，帮扶成效最终要落实到脱贫的效率和质量上——在收益和成效层面都是直接表现为脱贫质量，即原贫困人口群体接受帮扶后实现了高质量、稳定的脱贫。

1. 脱贫质量的提出及其测度

罗林和泽夫（Roling and Zeeuw，1983）在名为 *Improving the Quality of Rural Poverty Alleviation* 的研究报告中提出了"减贫质量"的概念，主张以有效的政策干预提升农村减贫质量。伯索尔和隆多诺（Birdsall and Londono，1997）反思世界银行的帮扶实践指出，有效的脱贫应该体现为资产不平等的消除。齐丹戈尼（Tshitangoni，2011）等考察南非 PAPs 帮扶工程指出，脱贫质量主要体现为生计的可持续性，这与贫困人口能否获得教育，以及农业发展情况密切相关。世界银行（2015）报告指出，贫困不再只是收入过低的单维概念，大量帮扶干预缓解了收入贫困，却没有解决非收入意义上的权利剥夺（non-income deprivation），例如高质量教育与医疗服务的匮乏。哈德娜（Hadna，2017）等认为，高质量脱贫应该是教育脱贫，表现在合格教师储备量与教学设施完善度两个指标上。

在脱贫质量测度上，克拉森（Klasen，2005）指出，贫困缓解不单是收入提升，还包括教育、健康、营养状态的改进，益贫式增长（pro-poor growth）更能提升深度贫困人口的福利水平和脱贫质量。诺顿（Notten，2016）用收入贫困与物质剥夺两个指标，评估深度贫困人口的脱贫质量。查克拉瓦蒂和安布罗西奥（Chakravarty and D'Ambrosio，2013）提出了"脱贫失败指数"（PRF）这一概念，用以测度减贫成效的不足与减贫质量的低下。

2. 脱贫生计的可持续

诺顿与福斯特（Norton and Foster，2001）探讨了可持续生计方法

(sustainable livelihood approaches) 在减贫战略与理论中的运用,将资产贫困、生计脆弱的概念引入脱贫质量分析中,将可持续脱贫阐释为,在脆弱的经济环境中,深度贫困人口获得人力、物质、金融等各类生计资本,实现生计可持续。卢迪和斯莱特(Ludi and Slater,2008)基于生计的脆弱性,理解贫困的性质与成因,认为深度贫困人口高质量脱贫,不是弱势群体被动寻求救济,而是落后经济主体及其贫困人口取得可持续生计的必要资产与能力。索尔塔尼(Soltani,2012)等将贫困与环境退化视为资源型经济的双重产物,认为农村脱贫的本质是可持续生计的现代转型,包括经济作物种植和非农业生产,政府应提供公共品投资、增加穷人信贷可及性、保护环境、提供非农就业机会。赞库(Dzanku,2015)提出,贫困农民常见的多元生计行为具有暂时性,不能像固定职业那样有稳定的减贫效果,应对贫困农民进行职业或创业培训,使之获得足够固定就业机会,实现生计多元化、可持续与稳定脱贫。萨蒂和旺吉亚(Sati and Vangchhia,2017)认为可持续生计是脱贫分析的内核,政府主导发展普惠金融、基建网络,在深度贫困人口脱贫与可持续生计中,起到支撑作用。

3. 脱贫的稳定性与返贫风险

关于脱贫的稳定性与返贫风险,奥尔加(Olga,2002)认为贫困带有周期性特征,深度贫困具有顽固性与反复性;脱贫后的返贫风险、脱贫人口的发展稳定性,反映脱贫的真实性与脱贫质量;收入超贫困线持续一年以上,意味着脱贫稳定;受教育水平较高、有配偶的脱贫家庭更能实现稳定脱贫;脱贫后的收入配置影响返贫可能性。博科希(Bokosi,2007)对非洲马拉维国的贫困动态分析表明,家庭人口、畜牧价值、区位条件以及公共福利可及性等因素,对贫困家庭1998年到2002年之间的贫困变化,起到重要影响。比格斯顿和谢默斯(Bigsten and Shimeles,2008)提出,相比脱贫规模,返贫风险大小更适合作为脱贫质量结构性度量,他对脱贫后农户生计脆弱性的实证分析发现,家庭人口数量、户主受教育水平、市场可及性都是返贫风险影响因素,增加教育与就业显著降低返贫风险。伦纳德(Leonard,2014)研究家庭脱贫之后的金融稳定性与返贫风险,认为资产建构政策（asset-building policies）有利于防止脱贫家庭返贫、使之维持较高的收入资产门槛（超贫困线75%），限制债务、增加生产性资产，有助于增强资产积累可持续，降低返贫风险。

4. 脱贫的内生性与经济动能

贫困内生性及破解。萨德勒（Sadler，2000）强调均衡增长模型中贫困陷阱的内生性，将贫困归结为信息不对称下的金融市场失灵，提出一种"自愿冒险型"的内生脱贫选择机制。费舍（Fisher，2005）对农村贫困的空间内生性研究表明，贫困的发生是资源环境与家庭因素共同作用的结果。他运用马拉维南部三个村庄的数据，分析森林活动与贫困的关系，发现资产贫乏的家庭更依赖森林活动，但活动回报取决于成年男性劳动力以及空间资源可用性，因此，增强人力资本、改善生存条件的共同作用，有助于贫困人口内生脱贫。巴纳吉和纽曼（Banerjee and Newman，1994）研究贫困、脱贫动力与经济发展的关系指出，穷人陷入贫困陷阱与生活偏好、生计能力等行为因素有关，脱贫动力形成有赖于激励约束机制的建立。斯库菲亚斯和马罗（Skoufias and Maro，2008）提出，有条件现金支付（CCT）为农村特困人口提供资金靶向支持，使之增加健康、教育投资，但应考虑转移支付是否削弱穷人的工作动力，总体而言CCT增加了深度贫困人口脱贫动力。

脱贫的主体能力。巴罕（Barham，1995）等基于跨代际的家庭决策模型，研究教育支出与贫困传递的关系发现，父母能力差异很大程度上关系到教育资助差异，影响到子女的脱贫能力。佩恩（Payne，2009）针对基因决定论与社会决定论，提出适应性学习的概念，认为穷人可通过提升学习能力适应现代知识社会，走出贫困陷阱与代际传递。特罗姆列罗夫（Trommlerová，2015）等对穷人脱贫能力的影响因素进行实证分析表明，身体健康、精神面貌好的贫困人口更有动力和能力脱贫。

脱贫的经济基础。弗苏（Fosu，2010）对收入分配、增长与反贫困关系的实证分析表明，相比收入调节，经济增长在区域脱贫中起基础支撑作用，但是城乡分割对农村脱贫形成很大制约，减贫战略要考虑城乡不平衡的调节。卡瓦尼（Kakwani，2000）等认为相比增长涓滴效应，益贫增长更具有减贫脱贫成效，但这种增长益贫的最终效果，仍受制于资产配置的初始不平等。富兰克林（Franklin，2016）从增长减贫视角，研究外部支援的帮扶成效，发现援助未必总能促进内部增长与减贫，良好的经济制度、受援者内生发展动力，关系到援助对贫困人口的减贫赋能效果。

二　改革开放后中国帮扶史的结构性审视：模式、施策与质量

（一）改革开放以来中国帮扶的模式探析及经验总结

马丁·拉瓦里翁和陈少华（Martin Ravallion and Shaohua Chen，2008）研究中国改革开放以来的减贫历程指出，改革开放释放了农村农业生产力，极端贫困率在1980—2001年大幅下降，其经验是，农业农村发展对低收入发展中国家的减贫至关重要，农业税减免、农产品价格支持、公共支付有助于减少贫困与不平等；宏观稳定与避免通胀冲击有利于减贫；其问题是，不平等因素制约了中国减贫边际效率，省际之间减贫不平衡性在增强，内部发展不均衡的省份增长率和减贫增长弹性较低。何塞·蒙塔尔沃和马丁·拉瓦里翁（Jose G. Montalvo and Martin Ravallion，2010）利用省级面板数据的实证分析表明，中国经济增长带来大规模减贫，但这是在部门增长不平衡的情况下发生，农业等初级部门是减贫的主要动力源，这与服务业优先的印度形成鲜明对比；改革中的政策选择是关键，中国比印度更为公平地分配农业用地，围绕农业资源对农户分散赋权，引入"家庭责任制"，创造了良好的减贫机遇。马丁·拉瓦里翁（Martin Ravallion，2011）比较中国、印度和巴西的减贫指出，经济增长有助于减贫，再分配政策也发挥重要作用，中国将市场化改革与再分配社会政策结合，解决贫富差距与深度贫困难题。范（Fan，2004）等利用1953—2000年的省级数据，检验中国不同类型政府支出的减贫效果，发现农业研发、灌溉、教育和基础设施投资，有助于农业增长和减贫；不同类型、不同区域的投资支出，减贫的边际效应有差异，其中帮扶贷款减贫回报率较低，应统筹考虑制度改革、公共支出优化、精准帮扶。徐月宾（2007）分析农村贫困人口的结构与成因，发现对因病残而丧失劳动力的贫困人

口,开发帮扶边际效益几乎为零,应重构社保、救助与开发帮扶协同的反贫困政策框架。

(二) 暂时贫困、长期贫困以及贫困脆弱性的成因与施策

拉瓦里翁和陈少华(Ravallion and Shaohua Chen,2000)运用半参数方法和农户面板数据,检验中国农村暂时贫困与长期贫困的成因差异,发现二者决定模型不同,比如,暂时贫困受身体因素制约,长期贫困与医疗、教育以及家庭结构有关,在医疗教育条件差的地区,成员多、受教育少的家庭,容易陷入长期贫困,对两种贫困的破解,应分类施策。格劳本(Glauben,2012)运用中国三个省份的农户面板数据,考虑贫困"持续时间",分析长期贫困的决定因素,结果表明,贫困持续时间影响到脱贫机会的大小,相对贫困的云南省存在较多的长期贫困,家庭规模大、非工作成员多、生计依赖种植业,会强化贫困的持续性,因此,要增加最贫困家庭的收入机会,拓展非农就业、提升教育水平,以摆脱长期性质的深度贫困。沃德(Ward,2016)研究经济改革对中国农户长期贫困及脆弱性变化的影响,发现从1991年到2006年所调查农户很多由长期贫困转为暂时性贫困,脆弱性下降,他将此归因于收入可变性,严重贫困往往发生于高度依赖农业生计、与外部市场脱节的地区,因此促进劳动力转移有助于减少家庭贫困脆弱性。许(2017)等基于对三峡库区遭受地质灾害威胁的农户调查数据,研究外来风险以及务工收入等多种因素对农户贫困脆弱性的影响,结果表明,相比农业收入损失,地质灾害、住房建设,才是贫困脆弱性的主要影响因素,储蓄和外出务工收入可缓解外部风险对加剧农户贫困脆弱性的影响。

(三) 劳动力转移、生态移民、易地搬迁的精准减贫效应

汪三贵(2015)等利用原贫困地区家庭数据,对中国劳动力转移的脱贫效应实证分析,发现低收入家庭劳动力转移在增加,贫困线附近的农村人口转移倾向更为明显,劳动力转移增加了8.5%—13.1%的人均收入。但是深度贫困家庭受制于劳动力不足,成员转移少,减贫效应有限,因此,在短期内不能靠自发劳动力转移解决深度贫困难题,应将深度贫困破解纳入中国的结构改革过程。但与上述研究结果

不同，朱农和罗旭北（2010）基于对中国湖北山区农村劳动力转移脱贫的事实分析表明，劳动力城镇转移为边际劳动生产率低的贫困农户提供了一种脱贫生计选择，贫困程度更深的农户更能从转移中受益。曹世雄（2009）等研究中国可持续发展政策的减贫效应指出，将自然资源赋权于当地居民，会导致资源过度使用，不利于生态恢复。协调贫穷、环境退化和贫穷治理的关系，发展益贫的绿色产业，对居民环保行为给予可持续的生计补偿，有助于减贫与环保结合。但是范明明（2015）等针对生态移民能否实现减贫与环保相容提出质疑，他对内蒙古阿拉善左旗游牧民族生态移民效应的实证分析表明，移民安置增加了水资源使用，降低了用水效率，尽管移民后收入有所增加，但水资源短缺增加了生产成本和风险，因此在贫困的干旱草原地区，生态移民减贫未必可持续。卢凯文（Kevin Lo，2016）等肯定了易地搬迁在改进贫困人口生活条件、基础设施、公共服务中的作用，他们通过对山西、陕西两省的家庭调查，发现搬迁的空间导向影响减贫效果，相比就近村庄安置，远程城镇安置费用更高且非农就业困难更大，脱贫满意度更低，应在村民和政府之间建立搬迁安置的双向沟通机制，完善后续帮扶计划。

（四）多维贫困理论与方法在中国帮扶瞄准与施策中的运用

童星和林闽钢（1994）在收入贫困线的基础上，提出了特困线、温饱线、发展线等多项贫困测度标准，主张根据家庭、地区、年份的差异，实施贫困线标准的微调。李实和古斯塔夫森（1996）运用相对贫困线观测农村贫困地区差异，发现非贫困地区的贫困人口总量更大，初期教育与养老保险的完善，有利于提升减贫质量。王祖祥等（2009）设计了贫困分布的洛伦兹曲线模型，用以进行各类型地区、行业、人口的贫困测度与脱贫质量分析。

凯利和弗洛伦特（Kelly and Florent，2011）较早地将多维贫困方法引入到对中国农村贫困的动态考察中，他选择收入、健康与教育三个维度，测量1991—2006年七个省份农户贫困结构的变化。结果表明，不同贫困群体获得不同的增长减贫效果，尤其是1997年以来，深度贫困人口并未从社会帮扶项目中充分受益，还有待进一步的教育帮扶与医疗救助。于建拓（2013）利用 AF 多维测度方法，评估中国多维贫困及减贫的区域差异，发现贵州和广西等欠发达省份的多维贫困程度最深。教育外流拉大了城乡和区际的人力资本差异，加剧了边远地区教育剥夺。因此，强化教育维度的帮扶支持，有助于缓解边缘地区的深度贫困。齐（2014）利用中国健康与营养调查数据，基于 AF 方法分析 1989—2009 年中国儿童多维贫困的区域动态变化，发现中部省份儿童贫困率下降幅度最大，地区间儿童贫困差距在缩小，应对深度贫困地区的儿童贫困加大帮扶力度。刘艳华和徐勇（2016）在可持续生计框架下探讨中国农村多维贫困的地理识别，建构"基于多维识别结果"的贫困县概念，对中国西部深度贫困地区进行多维贫困测度，并指出破解之道，除克服自然地理条件约束外，还应提供个体化的可持续减贫计划。王彦辉和陈叶峰（2017）构建了针对县乡空间的多维贫困评价模型，采用村级贫困指数（VPI）刻画中国贫困乡村的贫困结构性分布，并引入 LSE 模型来检验乡村致贫成因。研究表明，贫困村贫困水平呈现正态分布的"橄榄型"结构，不同县的贫困水平由东向西增加，存在贫困异质性；深度贫困的形成源自地理环境与生产生活条件恶劣以及劳动力贫困。

三 精准帮扶的成效与问题：脱贫质量与稳定性

（一）精准帮扶方略的形成、制度创新与绩效

刘彦随（2018）等将新中国成立以来帮扶开发历程划分为六个阶段，在此期间经历了帮扶方式由救济型向发展型转变，新时期的帮扶开发，应聚焦于极端贫困人口居多的深度贫困地区，考虑特定的地理自然条件，区分不同劳动力类型，实施精准有效的脱贫战略；为响应联合国 2030 年可持续发展的目标，应加强对贫困地理分布、减贫驱动力、帮扶方式和效果，以及中国减贫经验的总结研究，并研究 2020 年贫困退出之后新的减贫问题。周扬（2018）等以河北省阜平县宋家沟村为例，探讨了 2013 年以来中国精准帮扶的制度创新，阐释了以土地政策创新促进精准帮扶的经济机制；他认为精准帮扶的深入推进可能面临劳动力、资本和土地的困境；土地政策创新与易地帮扶搬迁相结合，有助于打破体制障碍，但也需要防范其潜在风险，这些发现

为中国与全球新一轮的帮扶事业开展，提供研究参考。

（二）贫困地理分布与帮扶区域瞄准

乔兹纳·惹兰和马丁·拉瓦里翁（Jyotsna Jalan and Martin Ravallion，2002）探讨了中国地理贫困陷阱的存在成因，即为何总体经济增长强劲，但某些区域仍有持续贫困。他运用南方农村家庭数据的实证分析表明，地理效应暗示了贫困陷阱，一些地理资本指标对贫困农户的消费有显著影响，地方公共物品或私人捐赠形成的地理外部性，影响到民间投资回报，农户生活在贫困地区，影响其自身投资及消费增长、限制资本流动，造成贫困的自我延续。发展当地基础设施，帮助劳动力向外转移，有助于克服地理外部性，破解区域贫困。帕克（Park，2002）等基于县级面板数据，评估中国1986年以来的区域精准减贫效果。他通过对贫困县名额指定、帮扶资金配置的模型分析，并运用瞄准距、瞄准误差的测量方法，发现县级瞄准受制于地方干预、资源博弈，可能产生执行误差，导致真实贫困者"遗漏"，削弱了帮扶项目惠及穷人的精准性，以乡为目标的瞄准可能更有成效。罗杰斯（Rogers，2014）研究指出，中国以贫困县为地理瞄准目标，为之安排贷款、援助和公共工程投资的帮扶战略模式，存在执行的操作扭曲，尤其是随着财政约束趋紧，县级政府可能产生"押强轻弱"倾向，将帮扶资源集中于"样本"易脱贫村，忽略"边角"深度贫困村。秦（Qin，2018）等研究中国聚焦贫困县的精准帮扶战略，检验新设贫困县的减贫效果，发现山区县与非山区县存在减贫成效差异，县级瞄准的帮扶战略难以改善基础设施和卫生条件。埃姆兰和侯（Emran and Hou，2013）利用中国农村家庭消费数据，研究农户与市场距离、农户对接市场的程度对其贫困状态的影响，发现农户接入国内外市场后消费提升，特定贫困区域接入市场产生显著的减贫效应。

（三）反贫困战略的目标瞄准与贫困人口的精准识别

国内精准帮扶的理论研究起步较晚，瞄准问题是研究焦点。郑长德（1997）提出了区域性瞄准和人群瞄准的双目标反贫困战略。进入21世纪以来，开始有较多的学者探讨反贫困的目标瞄准机制。刘冬梅（2001）提出应在县、乡单元之间寻找"瞄准精度与管理成本"结合点，确立贫困县、乡以及跨区贫困带三类瞄准目标。李棉管（2006）以J县为例探讨了帮扶资源漏出现象，通过构建制度、组织和行动一体的社会学解释模型分析指出，帮扶资源传递中各级政府、代理人、农民的选择冲突，导致瞄准误差。小额信贷、支农资金的瞄准效果受到较多关注。熊惠平（2006）揭示了小额信贷帮扶瞄准的技术偏差所蕴含的制度性偏差，主张保障穷人参与权，他进一步指出（2013），在瞄准偏差的利益博弈中，只有通过制度创新和技术创新以抵消高成本的压力，构建利益表达—协调—解决的良性机制，才能使农村小额信贷达到实际帮扶效果。王建康（2010）分析了支农资金使用的需求瞄准机制，认为支农资金使用效率取决于其使用是否符合农村农民发展需要，农民作为资金受益者与信息主体参与支农资金使用管理，才能提升资金瞄准效果。李艳军（2011）调查发现，农村最低生活保障目标瞄准的偏误源自信息失灵、人情因素，需建立新的家庭收入审核机制；李艳军（2013）选择户主、家庭、住房和耐用消费品特征等与家庭收入和消费相关核心指标，构建了一个新的目标瞄准体系——代理指标检测体系（PMT），通过农村低保目标瞄准效率检验发现，该体系对农户家庭经济状况具备较好的识别能力。王增文等（2010）针对社会救助体系对贫困家庭的瞄准机制与实施效果进行实证分析，发现中国社会救助存在"遗漏"与"瞄偏"，应建立涵盖隐形收入指标的多指标识别体系。吴雄周和丁建军（2012）指出，中国帮扶瞄准经历了从普遍瞄准到县级瞄准、再到村级区域和人口瞄准相结合的历史变迁，这一变迁是由瞄准成本和瞄准收益的对比变化决定的，是瞄准成本和瞄准收益非平衡增长的结果。

随着精准帮扶（脱贫）战略的实施，关于贫困识别与帮扶瞄准的研究逐渐增加。邓维杰（2014）针对精准帮扶中的"贫困排斥"，主张采取自上而下和自下而上融合的贫困户识别和帮扶机制，并购买独立第三方社会服务来协助和监督。吴雄周等（2015，2018）认为，精准帮扶本质上是单维瞄准向多维瞄准、单步瞄准向多步瞄准的嬗变，体现出多维瞄准和多步瞄准的高度融合，提升瞄准精度，必须均衡配置行政权、有效抑制精英控制权和着力提升群体话语权。王艳慧

（Wang，2017）基于中国整村推进减贫计划和人与环境互动的视角，提出了利用地理信息系统"量化、整合"村级致贫因素的"参与式"识贫模型，用以贫困干预政策的优化参考。李棉管（2017）考察了"瞄准效率"或"瞄准偏差"的三类困境，即个体、类型和区域瞄准机制面临的技术难题、社会福利诉求和国家治理诉求的冲突困境、福利污名化导致的贫困排斥，主张综合考虑技术手段、政治和文化因素，建构精准帮扶的瞄准机制。高明和唐丽霞（2018）利用修正的FGT多维贫困测量方法进行多维贫困的精准识别，发现收入是多维贫困的主要识别标准，但非收入因素是农户贫困的主要影响因素。杨龙等（2019）建立了一个"精准识别—农户参与—影响效果"的多维贫困瞄准分析框架，研究农业产业帮扶的多维贫困瞄准，发现产业帮扶对不同贫困深度农户影响不同，应探索建立利益联结机制和要素入股方式，发挥农村集体组织联系作用，改善产业帮扶多维贫困瞄准成效。何欣和朱可涵（2019）基于分权制社区瞄准方式下基层政府的效用函数，构建农村低保瞄准分析框架进行实证分析发现，在信息贫困或精英俘获严重的村庄，农户信息水平提升有助于减少瞄准偏误。

一些学者从产业帮扶、金融帮扶、旅游帮扶、搬迁帮扶等方面对帮扶施策效果或效率进行了研究评估。黄薇（2017）研究医保政策精准帮扶效果发现，城居保政策对低收入者的帮扶效应随时间延续，通过影响家庭教育培训和健康支出，这种效应进一步增强，但其对中高收入家庭影响更大，出现了"目标上移"。孙春雷和张明善（2018）选取大别山区16个县市区样本，构建DEA模型分析旅游帮扶效率，检验其精准帮扶效果，提出了进一步的分类施策建议。李伟和冯泉（2018）对山东省140个区县的金融帮扶调查发现，产业帮扶贷款带动贫困户的效率高于帮扶小额信贷。孙群力和朱良华（2017）以广西54个贫困县为研究对象，对财政专项帮扶资金使用效率进行分析评价，发现国定贫困县财政帮扶资金使用效率要高于省定贫困县，验证了帮扶资金的边际效用递减规律。一些学者对中国精准帮扶方略实施中的问题和经验教训进行了总结反思。如贺雪峰（2020）讨论精准治理与因地制宜之间的辩证关系认为，在非贫困地区对贫困户的最佳帮扶是采用普惠性的特困救助和低保政策，若一味套用精准帮扶政策反而可能因追求过度精准而造成治理资源浪费——标准化的自上而下督查评估与因地制宜贫困治理构成了精准治理悖论，在非贫困地区强调标准化精准帮扶政策反而造成治理绩效损失。

第三章 从精准脱贫到高质量脱贫：结构性释义与度量

第一节 精准帮扶与精准脱贫：结构性释义与效能提升

帮扶与脱贫作为一个多学科概念，历来有各种理论解释，通常被理解为通过政府资源、政策干预或社会力量帮扶，帮扶原贫困地区或贫困人口摆脱贫困状态。中国实施精准帮扶方略，打赢了人类历史上规模最大的脱贫攻坚战，完成了全面建成小康社会的历史任务。我们认为，基于精准帮扶的精准脱贫不仅是一种特定方略，更是一种深刻的经济学思想，有着明确而严谨的经济学内涵与外延。相比传统的粗放式输血型帮扶，精准脱贫是一种脱贫方式革命，即通过现代化市场化的制度供给与要素支持，推动原贫困地区（人口）发生资源配置或发展方式革命，实现发展能力提升。

一 异质性贫困陷阱的摆脱：精准帮扶驱动精准脱贫的实现机制

贫困陷阱（poverty trap），作为一个经济学概念，在新古典视角下是指经济增长存在一个低水平人均产出和资本存量的稳态均衡，即某一经济体或人口群体因某种自我强化机制而出现增长停滞，陷入低水平均衡（Azariadis，1996）。诸如极端贫困、慢性贫困、贫困代际传递都是贫困陷阱的现实用语。贫困陷阱本质上是一种落后资源配置方式与虚弱经济发展能力导致的"经济发展滞后与福利水平低下"状态。特定地区或人口群体的贫困陷阱的形成，源自资源配置方式的封闭与陈旧——这种封闭与陈旧受限于客观的发展阶段拘囿、资源技术困境与体制机制束缚，如区位偏僻、地理气候条件恶劣，物质资本与人力资本欠缺，市场因素缺乏，开放性不足。一旦形成贫困陷阱，除非受到外生力量冲击，否则难以摆脱这种贫困强化机制。

异质性贫困陷阱的形成、存续与蔓延，呈现出时空与群体等多个维度上的结构性演化特征。从经济发展的阶段演进看，随着工业化、市场化和经济起飞，发展滞后型普遍贫困逐渐转为不平衡发展下的结构性贫困（区域贫困），到了工业化后期和成熟市场经济阶段，仍会出现市场不平等所致弱势群体贫困；从时间维度看，一些顽固性贫困长期存续或消减，但会有一些暂时性贫困突发的情形；从空间维度看，随着地势海拔从低向高、区位分布由城镇近郊向偏远乡村、经济地理由封闭区域向市场中心延伸，贫困的深度、广度与复杂性都在增进；从群体维度看，根据人力资本素质和劳动能力的高低，贫困家庭可分为能力缺失型、能力贫瘠型和能力受限型（经济环境与市场机会导致发展能力受限），相应的贫困症结与贫困程度也有不同。贫困的结构性分布及演化，造成异质性贫困陷阱的结构性存续与蔓延。具体如图 3-1 所示。

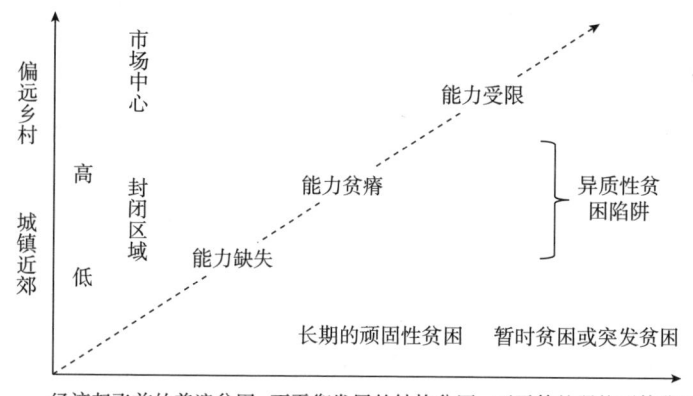

图 3-1 异质性贫困的结构化存续与演化

特定贫困人口跳出"异质性贫困陷阱",形成精准脱贫的过程。从对象看,要"精准",即特指处于"异质性"贫困陷阱的原贫困地区或原贫困人口;从绩效看,要"脱贫",即这部分人口跳出贫困陷阱实现生计的可持续改进,在整个人口群体中相对经济地位上升,达到更高水平的可持续生产与福利状态;从过程看,要"赋能",即通过现代化、市场化的资源方式与政策兜底,贫困者形成内生发展动力与生产消费能力,改进资源配置方式,进行制度优化、要素改良与技术创新,实现发展方式转型提升。因此,精准脱贫的本质就是发展最为滞后的某些特定经济单元(区域、人口),通过技术创新与制度变革,资源获取、配置与利用能力得到提升,产生更强的内生发展活力,跨越"异质性贫困陷阱",进入平均化甚至领先的现代经济发展状态。通俗地讲,相对最穷的人进入现代化、市场化、有保障的生产生活状态,打破"贫困的代际传递",向平均状态"收敛",进入小康(贺立龙、朱方明,2019)。

与之相对应的,精准帮扶是以外生力量冲击某一经济系统,使之实现更高水平均衡即内生发展,促成这一群体中相对贫困者走出异质性贫困陷阱。精准帮扶在经济学意义上可阐释为,政府与社会力量以及外部支援,通过理念、制度、政策以及资源要素的有益影响,冲击贫困者所在的经济社会系统,使之创新资源配置方式、提升经济发展能力,实现更高水平经济均衡即内生经济发展,推动其中"发展最为滞后的特定经济单元(区域、人口)",跳出并摆脱"异质性贫困陷阱"。通俗地讲,政府及外部力量,通过政策帮扶与物质支援,推动穷人主动实现"精准脱贫"。基于此,精准帮扶方略可以从以下几点理解:一是以效率为导向,即"有成本、讲效益";二是以精准为要义,即"识真贫、扶真贫";三是本质有效,不只"救济",更要"拔穷根";四是离不开政府引导,但根本依赖市场机制;五是产出增长是基础,成果分享是关键;六是不能一成不变,要"有进有退"。

从结构性视角看,由异质性贫困陷阱发生的结构性存续,转向异质性贫困陷阱摆脱的结构性实现,这一过程表现出精准脱贫的结构化逻辑。而精准帮扶就是基于异质性贫困陷阱的结构性分布,瞄准结构性脱贫目标，进行结构性的帮扶干预。精准帮扶驱动内生精准脱贫推动异质性贫困陷阱的摆脱，表现为一系列冲击路径与作用过程。具体来看：其一，现代要素与新技术的引进与扩散。马克思（Marx，1867）指出，农业接入大工业将引发生产力革命，"最陈旧和最不合理的经营，被科学在工艺上的自觉应用代替了"。纳克斯、纳尔逊等发展经济学家主张以外部资本输入，破除"贫困恶性循环"或"低水平均衡陷阱"。

其二，市场经济的先进制度与理念的冲击。经济史学者格申克龙（Gerschenkron，1987）提出，贫困区域发挥后发优势，首先是发展理念与精神状态的革新。诺斯（North，2009）认为贫穷向富裕的演进依赖于有效率的产权制度与交易规则，落后地区居民通过政府主导的开放准入秩序（open access order）进入"现代社会"。

其三，现代分工协作与市场交易合作体系的导入与影响。马克思辩证地指出，资本主义交换经济及其社会化大生产"创立了巨大的城市……使很大一部分居民脱离了农村生产的愚昧状态"。发展经济学家刘易斯（Lewis，1954）的二元经济理论表明，现代部门吸纳传统部门的劳动力并使后者脱离贫困。

其四，基础设施外部援建带来的经济生态改善。罗丹（Roda，1943）研究指出，落后地区追求经济赶超有赖于基础设施的先行建设，这需要大规模筹集不可分割的社会分摊资本，他主张实施"平衡增长的大推进"战略。美国经济学家赫希曼（Hirschman，1958）提出，应优先发展生产部门以积累基建资金，但是贫困区域人口由于处于"资本/基建匮乏——收入/储蓄不足——资本/基建匮乏"的低水平均衡中，难以通过自发积累完成基建投资，从而使得外部帮扶成为必要，大量事实验证了政府转移支付与外部援助在贫困区域公共产品供给与经济生态建设中的重要作用。

总之，特定贫困人口跳出"异质性贫困陷阱"，从作用过程到实现机制，都体现出主体内生性与市场决定性。主体内生性表现为，原贫困人口有内生动力与自生能力，主动寻求就业机会，走出贫困陷阱。市场决定表现为，原贫困人口主动或被动地选择由市场主导的资源配置方式，进入现代化、市场化的经济社会发展体系，获得发展能力，走出贫困陷阱。异质性贫困陷阱的形成，源于贫困人口的先天资源禀赋缺陷（如地理偏僻、病残等），或后天的权利贫瘠、市场排斥或文化束缚（如小农经济等）。因此，脱贫不是对穷人的救济，而是穷人的发展能力再生。诺斯（North，1971）将增长滞缓归结为制度不良以及由此造成的市场失灵。阿玛蒂亚·森（Sen，1981）提出，穷人获取必要"权利"与"能力"才能脱贫。通过制度改进与机制设计，修复资源禀赋缺陷，重建发展型的产权结构与市场机制，是特定贫困群体跳出异质性贫困陷阱的根本路径。

二 帮扶与脱贫的质效提升：中国贫困性质与减贫方略的演化逻辑

帮扶施策效率从收益层面取决于精准脱贫成效，脱贫成效的"高阶"（更高层次）即精准脱贫的效率与质量，通常是指原贫困地区（人口）脱贫退出的层次、成效与稳定性。初始贫困地区走出贫困陷阱、不留短板与死角、走向现代经济体系；初始贫困人口形成发展能力、实现稳定脱贫，能融入乡村振兴，体现为精准脱贫的高效率与高质量。瞄准贫困人口精准帮扶，实现高质量的精准脱贫，必须做到结构性瞄准与精准综合施策：一要瞄准原贫困地区及其人口的分布特征与复合成因，精准施策；二要瞄准不同初始贫困地区与群体需求，分类施策；三要考虑贫困深度不同于劳动能力差异，进行帮扶与赋能的结合。

帮扶与脱贫的动态耦合成为贫困治理的结构性实现——精准扶贫是政府、社会、贫困者多元参与、双向互动的贫困治理过程。穷人只有从被动受扶转为主动、平等参与，行为权益受到保障，才能实现贫困治理公平与效率的目标共成。帮扶不是救济，而是破解贫困陷阱，推动隐匿的贫困者从"隔离于现代文明、受主流社会排斥"的状态，进入"现代化、市场化、开放化"的经济发展体系。

一个国家或地区贫困性质与帮扶战略一般会经历以下三个阶段：

第一阶段，针对国家层面经济发展与社会文明发育不足导致的普遍大规模贫困，应开展经济增长与公平分配双逻辑主导的全国性的大规模开发帮扶，走向借结构主义与自由主义均衡、国家战略与市场运行共同推动的，以市场化、工业化与现代化为动能的增长脱贫道路。

第二阶段，针对特定区域或群体经济发展失衡、涓滴效应衰减或社会文明、市场经济发育失灵所致的结构性贫困，应进行集中性帮扶开发与脱贫攻坚，实施超常规的精准帮扶方略，实现开发脱贫与保障帮扶结合、普惠支持与精准施策均衡，走向聚焦特困地区的政府基建功能先导、帮扶战略驱动的区域市场化、现代化发展脱贫之路。

第三阶段，针对成熟市场经济国家因经济波动、市场失灵与不平等所致的相对贫困与弱势群体贫困，应开展社保安全网构筑、弱势群体救助与劳动力就业帮扶，走向以治理相对贫困、调节不平等为主的高质量治贫之路。

中国贫困性质、反贫困矛盾与帮扶战略演化经历了从解决国家普遍贫困问题的增长脱贫，到面对结构性贫困的综合帮扶，再到围绕特定区域与村户的精准帮扶、精准脱贫，以及聚焦三区三州等原深度贫困地区及人口的脱贫攻坚（见表3-1）。在2020年年底历史性解决绝对贫困问题之后，迎来了针对返贫风险与相对贫困人口的贫困精准治理阶段。

表3-1　中国贫困性质与反贫困战略演进的历史进程

阶段	开发式帮扶阶段		综合帮扶阶段（2001—2010年）	全面建成小康社会的脱贫攻坚阶段			巩固拓展脱贫攻坚成果阶段（2021—2025年）
	大规模开发式帮扶（1986—1994年）	八七帮扶攻坚计划（1994—2000年）		连片特困地区帮扶攻坚（2011—2013年）	精准帮扶与脱贫（2013—2017年）	深度贫困脱贫攻坚（2017—2020年）	
对象	国贫县（331个）	贫困县（592个）	贫困村（14.8万个）	14个连片特困地区；重点县和村	贫困农村精准到贫困户	"三州三区"、深度贫困村	返贫风险与相对贫困人口
目标	1.25亿贫困人口解决温饱	8000万贫困人口解决温饱	3000万左右贫困人口解决温饱	9000多万贫困人口绝对脱贫	8000多万贫困人口摆脱绝对贫困	3000多万深度贫困人口摆脱绝对贫困	解决脱贫后返贫风险、相对贫困问题

续表

阶段	开发式帮扶阶段		综合帮扶阶段（2001—2010年）	全面建成小康社会的脱贫攻坚阶段			巩固拓展脱贫攻坚成果阶段（2021—2025年）
	大规模开发式帮扶（1986—1994年）	八七帮扶攻坚计划（1994—2000年）		连片特困地区帮扶攻坚（2011—2013年）	精准帮扶与脱贫（2013—2017年）	深度贫困脱贫攻坚（2017—2020年）	
方略	数量进度脱贫（解决温饱）、普遍性（"大水漫灌"）			高质量脱贫（"两不愁"、"三保障"）、精准高效（"精准滴灌"）			高质量脱贫（内生动力、稳定、返贫风险小、可持续）、融入乡村振兴
举措	（1）县级瞄准机制；（2）贫困县专项帮扶资金（财政、信贷和以工代赈）投入；（3）东西部帮扶协作机制；（4）社会力量、多元化帮扶		（1）村级瞄准机制；（2）定点、对口、社会帮扶；（3）产业化帮扶	（1）集中性的中央财政专项资金（财税、投资、金融资金）；（2）专项帮扶路径（产业土地生态政策）	一般与特定区域的精准性开发与保障结合，"五个一批"、"六个精准"：（1）精准性的财政专项资金；（2）各类精准开发与保障的帮扶政策		（1）巩固拓展脱贫攻坚成果长效机制（内生动力、返贫风险监测、相对贫困长效机制）；（2）巩固拓展脱贫攻坚成果同乡村振兴有效衔接；（3）农村低收入人口常态化帮扶机制

进入21世纪，中国发展与减贫面临的历史使命与根本任务是通过以人为本的发展，历史性地解决绝对贫困问题，实现共同富裕，确保初始贫困地区与贫困人口同步进入全面小康社会。尤其是近十年来，中国贫困性质与反贫困目标是经济发展不平等不充分这一主要矛盾支配的区域贫困与弱势群体贫困交织的结构性贫困痼疾，超常规脱贫攻坚战略与精准帮扶方略的实施，开发帮扶与保障帮扶结合的脱贫道路，正是这一时期破解矛盾诉求的内生抉择。2022年10月，党的二十大报告指出，中国已完成脱贫攻坚、全面建成小康社会的伟大成就。未来治贫方略要转向防范返贫风险、治理相对贫困和高质量巩固

拓展脱贫奔康成果的新阶段，转向实现乡村产业兴旺、生态宜居、乡风文明、治理有效、生活富裕的新目标。①

从结构性贫困的摆脱来看，只有通过政府战略先导作用的发挥，推动初始贫困地区市场化、现代化的后发培育，实现区域超常规赶超发展、村户人力资本提升，获得发展脱贫机会，跳出收入与能力贫困；从结构性贫困的干预来看，在区域和个体两个层面，既要外在帮扶下的"输血"纾困，又要市场化、现代化的"造血"发展，并通过政府功能发挥，克服市场失灵，实现地区起飞与村户精准脱贫。

因此，处理好市场与政府的关系是中国成功实施精准扶贫方略的核心动能，也是未来持续推进高质量减贫的核心优势。在精准扶贫推动精准脱贫这一主体化和内生化的减贫过程中，市场机制一方面通过有效配置资源起到正向减贫作用，另一方面也可能产生负向致贫作用——无论是市场波动带来周期性衰退与失业，还是市场造成的经济不平等都可能加剧贫困，因此政府功能不可或缺。

中国从整体帮扶发展到精准帮扶，脱贫质量与成效提升，体现出以下几条"精准化推进与演化"的线索：

其一，从行政化推进的常规帮扶工作，升级为政治动员、超常规战略驱动的精准帮扶，强调的政治动能弥补了市场动机少许不足，发挥了举国帮扶的强大功效。从国家推进、战略主导、政治动员，到组织保障、人员投入、资源集成、制度安排，精准帮扶有强大动能保障。

其二，从纾困到赋能，帮扶趋于内生化和长效化；从物质赋能到精神赋能，贫困主体的动力、行为、习惯发生内生脱贫导向的根本性革新；从要素赋能到机制赋能，从给牛羊到产业奖补与贷款、岗位培训与务工创业，将小农户纳入大市场、融入企业契约网络。

其三，从全面识别到动态双向识别，构建帮扶者与受扶者共同参与的动态贫困识别机制，应对更为复杂、隐蔽的深度贫困识别。具体

---

① 国务院：《关于实现巩固拓展脱贫攻坚成果同乡村振兴有效衔接的意见》，http://www.gov.cn/xinwen/2021-03/22/content_ 5594969.htm，2020年12月16日。

包括：一是对边缘贫困村户的精准识别（处于边缘贫困但未建档立卡），其不受关注，识别信息成本高，可鼓励这类边缘贫困群体在落入贫困状态时自主申报为贫困户，进行建档立卡和必要帮扶；二是对"压线"脱贫户的多维贫困识别，其因赶进度而被动脱贫，存在脱贫短板指标，如一些半（弱）劳动力家庭或抚养比较高的多孩家庭，其生计依赖政策兜底或公益岗安置，发展能力弱，亟须脱贫巩固；三是对隐性贫困户识别（如因房、因病负债，儿童因病或客观条件不能入学，老年家庭成员贫困），对这两类潜在贫困群体，建立健全监测与识别机制。

三 脱贫攻坚的成效巩固：结构化问题与高质量施策

2020年年底，中国打赢了脱贫攻坚战，成功解决了绝对贫困问题，但未来持续巩固高质量脱贫成效，还存在一系列短板、弱项与问题：第一，脱贫攻坚取得了全面胜利，但仍遗留着一些结构性的不平衡与工作短板。一是原深度贫困堡垒的异质性与错杂性。如四省藏区与凉山地区，贫困与民族、宗教因素交织，应警惕脱贫成果受政治或宗教因素侵蚀，偏离社会主义方向。高寒藏区海拔高、气候恶劣、灾害多发，凉山地区地域辽阔、村落分散，内部基建及公共服务供给的难度大、成本高。二是精神贫困与福利陷阱蔓延。超常规脱贫攻坚战略、精准到户的政策帮扶与资源投入，快速地推动物质脱贫的同时，也纵容一些半劳动力甚至全劳动力陷入精神贫困与救济依赖。一些村户习惯享受集体经济收益或公共品福利，淡化了乡村发展中的个体责任意识，每当涉及公共设施建设，就要求政府或帮扶机构投入。一些民族地区"穷懒"文化的破除需长期努力，精神脱贫有反复，比如四川凉山地区出现贫困户外出打工一段时间又返乡"等靠要"的情况。三是帮扶力量不均的悬崖效应。贫困村户与边缘村户之间，不同部门与干部帮扶的贫困村户之间，从基建到产业帮扶，因帮扶投入、能力的不平衡，出现所谓的"悬崖效应"，降低贫困户对帮扶政策的认可度，也易诱发争当贫困户现象。

第二，脱贫进度按预期完成，但脱贫稳定性与质量有待检验，"三保障"与用水安全存在薄弱环节，生计赋能与乡村产业振兴融入不足。一是"三保障"个体结果参差不齐，安全饮水不达标问题存在。"两不愁三保障"尽管做到政策全覆盖，但现实成效受到贫困户个体因素的影响，如主动辍学、因病失学、就医转诊难、建房负债等隐性问题。在原为深度贫困的四川凉山地区，受限于地理地质条件，自来水网建设困难，仍有贫困户安全饮水不完全达标。在一些非深度贫困的丘陵村和高山村，也存在水源枯竭、水质不达标和异地搬迁造成的饮水问题。二是脱贫的产业支撑与经济动能较弱。外出务工是大部分全劳动力家庭脱贫的主要生计；低保或政策兜底则是无劳动力或半（弱）劳动力家庭的脱贫保障——当前大部分乡村还未形成系统完整、收益显著的乡村产业链，贫困农户通过本地产业规模化经营而实现脱贫奔康的比例还较少。三是贫困脆弱性与脱贫稳定性需要关注。一些"踩线"脱贫的农户尽管"两不愁三保障"基本实现，但收入单一，政策依赖性强，未形成可持续生计能力；一些家庭靠政策扶持进行种养业规模化经营，也遭受市场风险和虫害病疫威胁；一些民族地区贫困农牧民，语言不通、文化或技术欠缺，或受限于陈规陋习，生计能力差，难以彻底脱贫。

第三，建档立卡及动态调整总体保证了识贫、帮扶的精准性，但当前仍有几类隐性贫困人口（现象），亟待重点关注与精准识别。一是"嵌隐"在非贫困户或脱贫户家庭内部的隐性贫困人口。一些家庭支柱长期在外务工而难以照顾留守儿童或空巢老人，或因孝道缺失不赡养老人，使之陷入老无所依、病无所医或失学的实际贫困状态。二是临界（边缘）贫困户、亚贫困人口。一类家庭收入徘徊在贫困线上，未达到建档立卡标准但处于贫困边缘，大多是半、弱劳动力家庭，一旦家庭支柱遭遇变故将"落入"严重贫困。三是踩线脱贫或低质量脱贫家庭。有些收入"踩线"达标的脱贫家庭，缺乏稳定增收的生计渠道，在"三保障"或用水安全上存在隐患，构成了脱贫不稳、存在返贫风险的低质量脱贫群体。课题组抽样调研发现，四川甘孜州和凉山地区踩线脱贫户（收入略高于贫困线）约占到脱贫户 20% 左右，考虑多维贫困度量这一比例可能更高。

攻克深度贫困是打赢脱贫攻坚战的关键一役，在未来高质量巩固拓展脱贫攻坚成果的新阶段，理应首先关注原深度贫困地区，优先解决返贫风险问题的"硬骨头"，管控返贫风险，提升脱贫质量成效。具体应从以下几个方面推进高质量施策：

第一，按高质量脱贫的目标，适时校正战略重点和贫困瞄准焦点，攻克原深度贫困堡垒不留死角，防范返贫风险。中国共产党领导的脱贫攻坚事业的推进具有内在的层次性、规律性与时序性。打赢脱贫攻坚战以来，比如四川凉山和甘孜州等"三区三州"所在的原深度贫困县帮扶政策动态优化，内生动力逐步提升。2020年帮扶重点逐渐转到隐形贫困识别与返贫风险排除上，贫困户对可持续性生计能力的诉求日趋明显。在后帮扶时代的贫困治理新阶段，应基于原深度贫困的分布结构，区分贫困深度和贫困类型，靶向施策、不留死角，确保高质量巩固拓展脱贫成果目标实现。

第二，针对原深度贫困地区的隐性贫困人口、临界非贫困户与踩线脱贫户，进行双向动态识别与精准长效施策，缓释生计脆弱性，管控返贫风险，防止"悬崖效应、福利陷阱"。基于贫困类型的分类识别、贫困成因的精准剖析，进行靶向施策、生计赋能，通过改善生产生活条件，提供生产与务工经商技能及机会，实现可持续脱贫。如建立大病救助的长效机制和医疗保障的普惠性机制，防控非贫困户因病返贫风险。精准识别隐性贫困人口、临界非贫困户与踩线脱贫户，为之生计赋能，使之高质量脱贫，是打赢脱贫攻坚战、建成全面小康的必然要求，也是以人民为中心帮扶理念、精准脱贫政策公平性的重要体现。

第三，在持续巩固高质量脱贫阶段，成效与问题并存、成果与风险同在，应未雨绸缪，精准识别脱贫痛点、重大问题、潜在风险，审慎探讨、有效应对，开展对新发展阶段下贫困治理新问题的前瞻思考。积极应对一些值得警惕、思考的痛点问题、潜在风险：一是政策扶持下的帮扶产业，能否实现市场化、规模化、可持续发展，能否经受住市场风险。二是城镇化趋势下，原深度贫困乡村产业能力和农户自主经营能力不足，乡村减贫兴农动能在削弱。三是现代产业发展与贫困农户利益保障如何内生融合。四是平衡特色畜牧业发展与环境保护的关系。如易地搬迁或生态移民后,应高度重视农牧民山岭高原居住原址的生态修复,退耕还林还草的科学选择。

最后,基于对精准脱贫与乡村振兴演进规律的研究,研判新的阶段特征与发展机遇,进行乡村振兴与农户高质量脱贫奔康的前瞻性思考。一是研究脱贫农户在乡村振兴中的产业链、供应链融入,实现脱贫户与合作社、现代公司的经济利益联结,非贫困村、边缘贫困户的统筹扶持与"次生贫困"预防。二是思考农村贫困性质变化,绝对贫困向相对贫困的结构转换与绝对贫困的再生风险,重点是相对贫困的应对与管控之策。三是研究贫困的空间演化与城乡传导,涉及城乡融合进程中贫困的城乡双向传导,以及城市贫困问题的衍生与管控。

第二节 脱贫质量与高质量脱贫:政治经济学释义与结构化多维度量

近些年来高质量脱贫通常作为一种脱贫目标理念出现在中国脱贫攻坚指导意见与政策文件中,其尚未发展为一个成熟学术概念,取得独立的学术内涵和研究范式。相应地,脱贫质量更多是被当作一种反映脱贫稳定性的描述性指标,用于检验减贫绩效的实证文献中,仍然缺乏相对严谨的经济学释义与度量。对此,本书尝试从中国特色社会主义政治经济学视角出发,基于中国脱贫攻坚的实践特征和成功经验,全面阐释脱贫质量的学术含义,构建有中国特色的脱贫质量测度体系,考察不同贫困深度地区的多维脱贫质量,可为新发展阶段持续高质量巩固拓展脱贫攻坚成果,"实时组织开展巩固脱贫成果后评估工作,坚决守住不发生规模性返贫的底线"[1],提供有益的研究参考和方法指导。

---

[1] 习近平:《在全国脱贫攻坚总结表彰大会上的讲话》,http://www.gov.cn/xinwen/2021-02/25/content_5588869.htm,2021年2月25日。

一 脱贫质量的政治经济学释义及测度:"多维—结构"视角

(一)脱贫质量的学术探讨

随着脱贫攻坚完成,国内学者开始对脱贫质量的概念进行一些专门的研究(左停、李泽峰、林秋香,2021)。一些学者从国际标准化组织《质量术语》标准出发,将脱贫质量界定为"满足脱贫的要求",高质量脱贫即"高水平、高标准"满足脱贫的要求(郑长德,2018;王汉杰等,2020;郭军等,2021)。左停等(2021)基于收入"相对贫困"来定义脱贫质量,将低于全国农村居民人均可支配收入中位数的40%定为低脱贫质量,高于60%定为高脱贫质量,例如,以2018年全国农村居民人均可支配收入中位数(14617元)为标准,8802.6元为脱贫质量高的标准,5868.4元为低质量标准,这大体与各地监测存在致贫风险的边缘人群和存在返贫风险的脱贫人群的5000—6000元不等的标准相吻合。郑长德(2018)基于脱贫质量的综合性、动态性和阶梯性特征构建多维脱贫质量指数,即 PQ= $\sum Q_i / \sum P_i$(其中 P_i 为各维度的贫困线,Q_i 为各维度的实际值),并设定值为1.2的高质量脱贫标准。王汉杰等(2020)参照阿玛蒂亚·森的能力贫困理论,选择农户"生活质量—发展质量—公共服务质量"三个维度,构建原深度贫困地区农户脱贫质量评价体系。郭军等(2021)则从"生活质量—发展质量—公共服务质量—社会治安质量"四个维度,构建贫困村层面的脱贫质量指数。

一些学者使用脆弱性、敏感性理论,以及抗逆力、韧性概念来分析脱贫质量,将脱贫质量与返贫风险联系起来,关注脱贫农户可能遭受的风险损失或者返贫的可能性(韩峥,2004;张栋浩等,2020;李志平、吴凡夫,2021)。张栋浩等(2020)认为,脱贫农户即使收入增长但若缺少教育提升和健康改善等可行能力支持,仍可能因风险或意外事件而导致收入下降而重新陷入贫困。他们尝试构建多维贫困脆弱性指标,即 $\hat{V}_{MPI,i}$、$\hat{P}_r(MPI_i > k/X_i)$ 以衡量农户未来发生多维贫困的可能性,据以动态性地、前瞻性地刻画多维脱贫质量。李志平等(2021)认为,脱贫质量应该反映的是贫困户具有"抗逆力"(Resilience)或者韧性,即能够在非贫困状态"待下去"的本事,或者保持脱贫而不返贫的一种属性。他将贫困群体分为长贫户、返贫户、稳贫户、边缘户四种类型，发现精准帮扶政策使得长期贫困户的生计抗逆力有明显的回升。

还有一些学者将脱贫质量定义为真实脱贫和可持续脱贫的综合成效，强调脱贫真实性与可持续性两大政策内涵（罗连发等，2021；檀学文、白描，2020）。罗连发等（2021）提出，脱贫质量应同时包含宏观和微观两层面的发展能力，可构建由脱贫真实性（错退率、漏评率）与脱贫可持续性（涵盖宏观上的资本、制度及产业结构，微观上的人类发展指数）组成的脱贫质量测度框架，他们通过对2009—2018年832个国贫县的脱贫质量指数测算，发现脱贫质量呈现中部>东部>西部>东北，非三区三州>三区三州的区域脱贫不平衡性特征。斯丽娟、王超群（2020）基于区域高质量发展理论，从经济、社会和环境三个宏观维度构建了区域帮扶质量测度指标体系，以县域为基准单位进行区域测算，发现我国脱贫质量整体处于低水平且非均衡的空间分布状态。

上述文献分别从收入与可行能力、脆弱性与抗逆力、识别精准性与数据真实性、农户生计与宏观发展能力等方面，对脱贫质量进行概念界定和指标设计，并应用于区域（群体）度量实践，取得一定成果。但上述研究仍存在一定局限性：第一，基于可行能力、抗逆力、可持续性的脱贫质量界定，大都将脱贫质量界定为脱贫需求满足程度，无法实现对脱贫"达标"与脱贫"质效"的清晰界分，也未能提出一个涵盖质量层次、维度、结构、动能、目标的系统化定义，以全面刻画中国特色脱贫攻坚质量成效；其概念阐释要么只反映某一个体农户脱贫发展的福利内涵，要么仅是对区域发展状态的宏观考察，导致脱贫个体与区域（人口）的简单分割或并合，无法建构从农户到区域人口集合的综合质量测度范式。第二，基于上述界定而开展的脱贫质量测度，尽管也引入多维框架，但又未采用人类发展指数（HDI）、多维贫困指数（MPI）等国际通用的多维贫困度量方法进行基于个体贫困（脱贫）识别的综合脱贫测度，其从质量维度指标选择，到剥夺和识别临界值设定，缺乏较为严谨的论证，一些指标无法刻画脱贫稳定性、持续性，甚至将宏观与微观指标混杂，降低了脱贫质量测度的科学性和准确度。第三，关于脱贫质量测度方法的应用，所使用的全国性数据库信息及一些贫困县调查数据大都停留于脱贫攻坚中期，未能及时追踪到脱贫结束期的最新情况。

为克服上述研究局限，本书基于中国脱贫攻坚的实践特征，尝试从中国特色社会主义政治经济学视角对脱贫质量概念进行一个系统性界定，进而围绕脱贫质量政治经济学含义的核心向度，参照国际上惯用的 AF-MPI 度量方法，搭建一个涵盖"识别—度量"的脱贫质量多维测度框架，并应用于对一般贫困退出地区与深度贫困退出地区的脱贫质量测度与比较。

（二）脱贫质量的政治经济学释义

关于脱贫质量研究的学术渊源与理论基础，已有的文献探讨大多联系到阿玛蒂亚·森的可行能力理论（Sen，1985）。可行能力包括收入、教育、健康和生活质量改善等多维能力，贫困是可行能力的剥夺，脱贫质量意味着可行能力再获得程度，参照可行能力理论，对个体脱贫质量的理解可由收入拓展到能力、权利等多维福利内涵。但脱贫的质量基准和价值取向是什么？脱贫区域或人口的结构组成对质量成效有何影响？关注抽象个体的可行能力理论对此难以回答。

实践是理论的源泉，对中国脱贫质量的研究离不开中国特色脱贫攻坚实践和理论的最新进展。习近平总书记指出，中国立足国情，把握减贫规律，走出了一条中国特色减贫道路，形成了中国特色反贫困理论，这是马克思主义反贫困理论中国化最新成果，必须长期坚持并不断发展。[①] 中国特色反贫困理论自然构成中国脱贫质量研究的理论根基。我们以马克思主义政治经济学原理与方法论为指导，吸收西方贫困研究有益成果，尝试提出一个脱贫质量的政治经济学释义。

在定义脱贫质量之前，首先应理解质量的概念。马克思未专门研究质量问题，但他对商品生产质量的论述蕴含着对质量的政治经济学诠释。马克思（Marx，1848，1861）将"创造大量的社会财富"表

[①] 习近平:《在全国脱贫攻坚总结表彰大会上的讲话》，http://www.gov.cn/xinwen/2021-02/25/content_5588869.htm，2021年2月25日。

述为"创造越来越多的、质量越来越好的使用价值",质量是"产品的好坏程度以及它实际所具有和包括的使用价值",表现为"使用价值的那种属性究竟达到什么程度,以及它们是较完善地或较不完善地为目的服务"。由此,作为财富形式的使用价值的质量可理解为产品的品质或耐久性、适用性和多功能性;质量有双重属性,一是反映物质性能高低的自然属性或物质性,即经济成果或财富的绝对质量,二是反映满足社会需要的经济属性或社会性,即相对质量(郭克莎,1988)。基于上述质量界定,我们可以将脱贫质量定义为脱贫人口物质生活需求和社会发展需要得到满足的程度,它是一种客观标准与主观评价的融合、脱贫层次与脱贫稳定性的统一、收入增长与能力脱贫状态的耦合。

脱贫质量从抽象个体意义上可界定为脱贫需要满足程度,但对于区域及人口集合的脱贫质量概念,须进行结构、动能和价值取向上的系统性阐释。马克思主义唯物辩证法基于质量互变规律,对社会经济体进行多层次的质规定性分析,强调对内部范畴的结构性考察(张维达,1983;余政,1985),马克思对无产阶级贫困的理解,既涉及物质资料"量"的规定,又涉及经济关系"质"的规定,他主张以人为本的发展观,"每个人的自由发展是一切人的自由发展的条件"形成了经济发展质量的人本思想,发展成果能否惠及全体人民成为发展质量高低的标准及动力源(颜鹏飞、李酣,2014)。从上述思想出发,我们拓展脱贫质量的内涵外延,将区域脱贫质量理解为,某一区域脱贫发展的平衡性与充分性,经济效率与动能的大小,以及全体成员从反贫困事业共治共享中获得的脱贫幸福感和美好生活需要满足程度。

(三)脱贫质量含义的五大向度

上述基于马克思主义政治经济学视角,对"个体—区域"两个层次脱贫质量进行了政治经济学视角的界定,这为脱贫质量测度提供了学术依据。为构建区域脱贫质量的综合测度框架,我们进一步将脱贫质量含义分解为以下五个核心向度:

1. 脱贫的层次与稳定性

脱贫质量作为脱贫成果带来的脱贫需求满足程度,首先包含物质层面的绝对质量基准,即脱贫主体获得的物质供给与能力保障层次,层次测度要求剥夺阈值"质量化",如收入与"两不愁三保障"指标阈值由绝对贫困标准变为高质量脱贫标准。以收入为例,Havema 等基于贫困线比例界分深度贫困(0—50%)、浅层贫困(50%—100%)和临界贫困(100%—150%),高质量脱贫理应处于临界贫困之上;中国国务院扶贫办《关于建立防止返贫监测预警和帮扶机制的指导意见》提出重点监测人均可支配收入低于国家扶贫标准 1.5 倍左右的家庭,[①] 据此我们将贫困线的 1.5 倍设为是否高质量脱贫的剥夺阈值。就能力脱贫层次的度量而言,"两不愁"(吃穿)层次、职高中入学机会、住房宽裕与否、饮水安全与质量、网络稳定性等指标的剥夺阈值都应由"达标"换为"质量"。质量基准还有动态要求,即稳定、可持续脱贫。"两不愁三保障"脱贫标准具有稳定性含义,教育、健康和住房都是长远的(黄承伟,2018)。高质量脱贫不能是当前达标而未来返贫(檀学文,2018)。习近平(2019)指出,脱贫要看数量又要看质量,"不能到时候都说完成了脱贫任务,过一两年又大规模返贫"。[②] 脱贫稳定性与可持续性可通过连续三年脱贫状态的观察来测度。

2. 脱贫的实效与真实性

脱贫质量要义是"脱贫需要满足程度",最终要反映为农户脱贫(地区脱贫退出)的实效与真实性。马克思(Marx,1868)曾指出,工人生存的物质需要及满足方式有一定的社会条件依存性,"不是纯粹的自然需要,而是在一定的文明状况下历史地发生了变化的自然需要"。习近平(2019)强调,绝不能搞数字脱贫、虚假脱贫,"要严把贫困退出关,严格执行退出的标准和程序,确保脱真贫、真脱贫"。脱贫实效与真实性不只是"漏评率"或"错退率"指标度量的脱贫精准性(罗连发等,2021),还包括(且主要是)"两不愁三保障"

[①] 国务院:《国务院扶贫开发领导小组:建立防止返贫监测和帮扶机制》,http://www.gov.cn/zhengce/zhengceku/2020-03/27/content_ 5496246.htm,2020 年 3 月 20 日。

[②] 习近平:《在解决"两不愁三保障"突出问题座谈会上的讲话》,《求是》2019 年第 16 期。

在每一个脱贫家庭中的政策实效与覆盖精度。政策实效是指巩固脱贫政策目标实现情况，反映政策直达性与可惠及性，脱贫攻坚政策可能因主客观原因而出现执行偏差、不到位甚至失灵，如"三保障"受限于村户个体能力或区域基建配套而无法实现，特别是儿童因病失学、生病后医治及时性与条件不佳、实际医疗负担制约义务教育、医疗保障政策的实际成效。覆盖精度涉及隐性贫困的消除、脱贫弱项的增强，反映脱贫的全面性及其质量均衡性，某些家庭成员或人口群体在收入和"两不愁三保障"某些方面表现出一定的脱贫隐患和弱项，如一些脱贫家庭存在留守儿童成长关爱不足、老年人成员"事实贫困"、实际医疗负担、家庭因房负债等。

3. 脱贫的动能与人本性

脱贫质量归根结底是人的发展的质量：人作为脱贫发展的主体，其内生动力和市场活力大小决定了脱贫的内生性与可持续性；人同时作为脱贫发展的目标，其脱贫获得感、幸福感、认同感，是脱贫质量成色和共同富裕进展程度的判断标准。脱贫质量理应存在一定的动能基准，高质量脱贫必须是市场起决定作用的、贫困群众勤劳致富的脱贫。习近平总书记指出，脱贫必须摆脱思想意识上的贫困，激发脱贫内生动力。① 脱贫动能可以用劳动力生产就业积极性（健康家庭成员是否闲置、"穷懒"）衡量。随着绝对贫困的消除、客观福利指标的改善，主观感受上的贫困就成为政策关注的重点（王小林和Alkire，2009；陈志钢等，2019；李小云等，2019）。习近平总书记指出，"脱没脱贫要同群众一起算账，要群众认账"，"让脱贫成效真正获得群众人口、经得起实践和历史检验"。② 脱贫获得感、幸福感和认同感作为脱贫质量的价值基准和福利评判，可以用脱贫人口精准风貌、脱贫满意度、政策认可度等主观指标来衡量。

4. 脱贫的能力与多维性

马克思关于无产阶级贫困的论述表明，劳动者贫困看起来是生活

---

① 习近平：《在全国脱贫攻坚总结表彰大会上的讲话》，http：//www.gov.cn/xinwen/2021-02/25/content_ 5588869. htm，2021年2月25日。

② 习近平：《在深度贫困地区脱贫攻坚座谈会上的讲话》，http：//www.gov.cn/xinwen/2017-09/02/content_ 5222125. htm，2017年9月2日。

资料的匮乏,实质上是获取生活资料的劳动能力及实现条件(生产资料)的丧失,工人贫困与其说是缺乏生活资料,毋宁说是缺乏获取生活资料的持久性和必然性;摆脱这种始源性贫困,不能看劳动者能力与待遇,还需生产关系层面的实质平等,工人的生活资料数量可以增多、范围可以扩大、质量也可以提高,但生活状况的改善并不等于经济和社会地位的改变(王峰明,2016)。从马克思的制度贫困思想,到阿玛蒂亚·森提出的能力贫困和权利贫困理论,均表明脱贫质量的提升不能忽略人的社会权利、发展能力的增加。马克思(Marx,1833—1843)基于人发展的本质指出了需要的多元性,人需要的不断满足意味着人的本质得到新的充实,"现实世界中个人有许多需要","已经得到满足的第一个需要本身、满足需要的活动和已经获得的为满足需要而用的工具又引起新的需要","需要是同满足需要的手段一同发展的,并且是依靠这些手段发展的"。一个社会实现高质量的脱贫发展必须满足多元化需要,如恩格斯(Engels,1867)所言,"使社会的每一个成员都能完全自由地发展和发挥他的全部才能和力量"。森(Sen,1999)将与脱贫相关的可行能力的获得从收入增长拓展到包括教育、健康和生活质量改善等多维能力的获得,从而引领了贫困(减贫)研究的多维范式发展。联合国开发计划署(UNDP)和牛津大学贫困和人类发展研究中心(OPHI)开发了多维贫困指数,将其纳入人类发展指数报告,多维贫困概念及 MPI 指数涵盖了健康、教育和生活质量等脱贫发展多维需要,丰富了脱贫质量的能力内涵,奠定脱贫质量测度的多维框架。

5. 脱贫的结构与协调性

质量作为"质"的规定性,内含有结构协调之义,如经济发展质量反映经济内部及其与社会的协调状态(冷崇总,2008)。我国主要矛盾转为人民日益增长的美好生活需要和不平衡不充分的发展之间的矛盾,解决这一矛盾必须推动高质量发展,作为高质量发展必要一环,区域整体贫困已获解决,但城乡区域脱贫发展不平衡不充分,人的全面发展不足成为脱贫质量提升的制约。贫困人口具有异质性,简单将之归为"穷人集合"不利于致贫成因分析与精准治贫(Sen,

1981），个体贫困形成与家庭结构、人力资本及生计资源有关，其往往发生在竞争劣势明显的家庭或生计场景，区域或群体贫困的发生与资源禀赋、发展阶段及制度文化有关，常分布于自然条件恶劣、市场因素贫瘠的地区，只有厘清贫困的结构性分布，才能精准施策推动其高质量退出（贺立龙等，2020）。分析与测度特定区域（人口）脱贫质量，必然涉及对不同区域不同群体的结构性分析，特别是对原深度贫困地区、偏远乡村，存在返贫风险群体的考察。马克思主义贫困理论是贫困结构范式的典范（陈为雷，2017），以之为基础，吸收发展经济学的结构分析观点，可拓展中国特色脱贫质量的结构性分析范式。

在区域脱贫质量含义的五个向度中，脱贫层次与稳定性反映脱贫质量的静态和动态基准，其要求指标基准与剥夺阈值的"质量化"；脱贫实效与真实性反映实现程度，如"两不愁三保障"的覆盖精度、政策实效，其推动脱贫质量测度的"精准化"；脱贫动能与人本性反映脱贫质量的价值取向，推动精神脱贫与脱贫满意度指标纳入脱贫质量测度体系；脱贫能力与多维性反映脱贫质量的福利内涵，对其测度离不开多维测度范式；脱贫结构与协调性反映区域脱贫质量的结构内涵，对区域脱贫质量的分析与测度，须进行脱贫区域与人口群体的结构化考察。区域脱贫质量含义五个向度的结构组成，如图 3-2 所示。

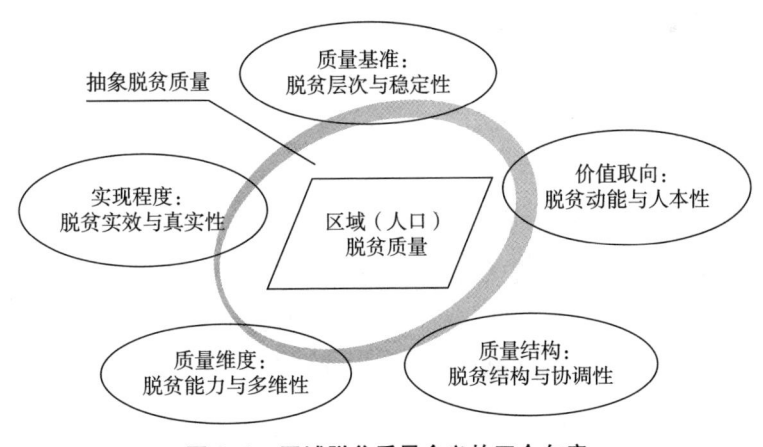

图 3-2 区域脱贫质量含义的五个向度

（四）脱贫质量的测度思路

脱贫质量政治经济学界定及其向度分解，为中国特色的脱贫质量测度提供了理论依据和框架思路。从上述含义出发，区域脱贫质量的测度思路出现如下转变：

1. 测度基准"质量化"

脱贫质量的测度基准，从如期达标约束下的静态脱贫标准转为巩固提升导向下的可持续高质量脱贫标准，这要求指标阈值的"质量化"。以超过贫困线一定比例的"质量"基准取代基于绝对贫困线的"达标"标准，将年度静态标准提升为动态（如连续2—3年）标准，可以更好地测度脱贫的层次与稳定性。如伍艳（2020）借鉴 Foster（2007）跨期贫困度量方法构建了农户稳定脱贫指数。

2. 测度靶点"精准化"

脱贫质量的测度靶点，从巩固脱贫政策（文本）的施行状态转为政策受众（个体）的脱贫实效，这要求指标选择的"精准化"。在"两不愁三保障"、用水安全等政策保障质量方面，考虑脱贫攻坚政策普遍施行及其"四不摘"①，应重点考核政策保障的精准性和实现程度，测度农户及其家庭成员的脱贫实效。特别是在教育、医疗和住房保障方面，设计因病失学、上学便利性、就医不变、因房负债等因政策精准性不足或执行失效而导致的隐性贫困或事实贫困指标。如张全红、周强（2015）为考察家庭福利与个体事实脱贫，在常见"显性"脱贫指标基础上，增加了儿童和青少年生活条件，就业、医疗服务可及性等隐性脱贫指标。

3. 测度取向"人本化"

脱贫质量的测度取向，从物质脱贫至上的脱贫数量核算拓展为物质脱贫与精神脱贫结合的脱贫获得感与满意度评价，这要求指标搭建的"人本化"。贫困内含对福利状况的主观感受（Sen，2005），UNDP-MPI 指数较少涉及主观福利评价，忽视这些内在价值维度不利于人类全

---

① 习近平总书记在决战决胜脱贫攻坚座谈会上指出，要保持脱贫攻坚政策稳定。过渡期内，要严格落实摘帽不摘责任、摘帽不摘政策、摘帽不摘帮扶、摘帽不摘监管的要求。

面发展目标的实现（萨比娜，2010）。可在对收入、资产等物质项目进行客观测度基础上，增加反映脱贫动能大小（精神脱贫）的主观指标，以及反映脱贫获得感和满意度的自评指标，全面测度人的脱贫发展质量。如罗玉辉和侯亚景（2019）将生活满意度、社会公平感和未来信心度等主观福利指标纳入贫困测度框架，评估中国农村减贫质量。

4. 测度范畴"多维化"

脱贫质量的测度范畴，从单一的收入脱贫拓展为系统性的能力脱贫，推动测度范式的"多维化"。考虑到收入标准的形式化与片面性——如收入失真、能力或权利等非收入福利遗漏，一些国际学者或研究机构从阿玛蒂亚·森的能力贫困理论出发，采用多维贫困测度方法（Alkire and Foster，2011；UNDP，2010；World Bank，2016）评估家庭、社群或地区多维减贫成效。① 作为质量导向的脱贫效果评估——脱贫质量测度也应由收入拓展到多维标准，多维贫困度量的AF方法及UNDP-MPI指数为之提供了基础性的测度范式。有学者选择教育、健康、生活水平等国际常用维度指标考察中国脱贫成效，取得一定成果（王小林和Alkire，2009；杨龙、汪三贵，2015），但难以完全契合中国脱贫攻坚实践（郭建宇、吴国宝，2012）。中国帮扶行动贯彻多维赋能理念，形成"两不愁、三保障"主导的全面脱贫体系，应以之为逻辑主线，构建脱贫质量测度的多维框架。

5. 测度视角"结构化"

脱贫质量的测度视角，从总量或整体上的脱贫绩效考察拓展为结构化视阈下特定脆弱区域与人口的脱贫质量考察，这要求质量测度"结构化"。首先，厘清区域脱贫质量与农户脱贫质量关系，区域脱贫质量测度体系不是农户个体脱贫质量指标与区域宏观质量指标的简单并合，而是基于农户高质量脱贫识别而构建的区域脱贫质量综合指数（Alkire and Foster，2011），其反映为质量导向下的MPI指数值变动。其次，对区域脱贫质量综合指数可进行维度、区域和群体层面分解，

---

① 对多维贫困国际的实践应用，具体可参见：http://www.ophi.org.uk/world-bank-multidimensional-poverty-measurement-workshop/和http://www.ophi.org.uk/ophi_stories/measuring-global-poverty-atkinson-report-launch-4-november-2016-characterised-by-honesty/.

特别是考察特定脆弱区域或人口的指数值变动，可识别不同贫困深度地区或存在返贫风险群体的脱贫质量隐患，这种结构化分析有助于区域脱贫质量的精准测度和综合比较。

（五）脱贫质量的多维测度框架

基于上述测度思路的转变，本书构建中国特色的区域脱贫质量多维测度框架，用于"巩固拓展脱贫成果后评估时代"不同区域脱贫质量的测度与比较。之所以选择多维测度方法，一方面是因为中国实施精准帮扶方略，推进全面小康与共同富裕，事实上构成了一场多维减贫的成功实践（黄承伟，2018）；另一方面国际上通行的多维贫困衡量范式，特别是 AF 方法及 UNDP-MPI 指数为脱贫质量的综合测度、结构考察与区域比较提供了量化基准与分析框架。尽管 AF 方法及 UNDP-MPI 指数主要用于一般意义的多维贫困测度，但若用"质量"取代"达标"基准，重新设计多维指标及剥夺阈值，可构建起质量导向的 MPI 测度体系。作为类似的 MPI 应用拓展尝试，王小林、冯贺霞（2020）选择收入、就业、教育、健康和生活水平五个维度，以相对贫困阈值替换贫困阈值，建构起多维相对贫困的测度范式。

需说明的是，本书构建的脱贫质量多维测度框架并非只是多指标评价或多维贫困方法的简单应用，而是基于脱贫质量政治经济学界定而进行的脱贫质量多维测度范式再造：其一，相比国内已有的脱贫质量多指标测度成果，本书避免宏微观指标"简单并合"、指标或阈值"非质量化"问题，参照 AF 及 UNDP-MPI 多维贫困衡量方法，建构区域脱贫质量综合测度与结构分析的 MPI 指数体系，既契合中国特色区域脱贫质量含义及现实评估需求，又有助于对区域脱贫发展不平等不充分问题的考察与探讨。其二，本书并非国际上 AF 及 UNDP-MPI 指数的简单因袭，而是突破 MPI 指数的"教育、健康、生活水平"三维度范式局限，从中国脱贫实践出发，以"两不愁三保障"为维度线索、以脱贫质量为对象内核，重新构建以质量指标和阈值为重心、充分反映中国特色脱贫质量含义的多维测度框架。

本书致力于脱贫质量多维测度及区域比较，可能的研究拓展与边际贡献如下：第一，从脱贫质量的政治经济学含义出发，以质量标准取代一般的脱贫标准,构建中国特色的区域脱贫质量多维测度框架。一方面,多维贫困指数构建带有一定主观性(Ravallion,2011),本书并未简单因循 UNDP 和牛津大学的多维贫困指数(UNDP-MPI),而是从脱贫质量的政治经济学含义出发,围绕收入、"两不愁、三保障"和饮水安全等核心维度,搭建中国特色的脱贫质量多维测度框架。另一方面,以往多维贫困测度大多基于"达标与否"选择维度指标及阈值,如低于贫困线即剥夺、超过贫困线即脱贫,实行义务教育、住房安置、基本医保政策即为"三保障",然而脱贫层次、稳定性、政策实效如何——收入是否稳定在脱贫线一定比例之上、"三保障"是否存在隐患和弱项,仍然缺乏精准的指标测度,本书从脱贫质量的五个含义向度出发,聚焦"质量"内核进行维度、指标与剥夺阈值的设计,构建一个既能充分刻画脱贫质量、有助于区域脱贫质量测度与比较,又有严谨的学术依据和方法论基础的脱贫质量多维测度框架。

第二,紧跟巩固拓展脱贫成果的实践前沿,通过典型区域抽样调研,获得最新的实地调查数据,考察不同贫困深度地区的精准帮扶成效与多维脱贫质量。既有的脱贫质量测度大都选用一些全国性农户调查数据库,不仅数据更新较慢,难以完全覆盖 2015—2020 年这一精准帮扶方略实施区间,而且在数据结构上测度脱贫质量的直接指标较少,因而无法完整、准确地评估精准脱贫的质量成效。本章数据来自课题组对凉山地区与秦巴山区两个区域的对照性村户调研(见第二小节),其跨越 2015—2016 年与 2019—2020 年两个统计时段,与精准帮扶实施期契合;课题组围绕收入、"两不愁、三保障"与饮水安全等多个维度,采集反映脱贫层次和稳定性、政策实效、脱贫满意度等质量指标数据,以刻画区域脱贫质量的差异。

第三,细分维度、区域和人口子集进行区域脱贫质量的结构性和协调性考察,比较不同贫困深度地区的脱贫质量,识别各区域脱贫质量的短板、隐患与弱项,为解决区域脱贫发展不平衡不稳定问题提供质量评估参考。已有的多维脱贫质量研究大都以全国性农村人口的面上评价和区域总体评估为主,较少有反映脱贫质量内部协调性和充分性的结构考察和比较分析,本书区分一般贫困脱贫退出地区与"三区三州"深度贫困脱贫退出地区，进行区域脱贫质量的测度对照与研究比较。一些文献（沈扬扬等，2018）基于区域、城乡、家庭类型进行多维贫困度量子群分解，本书为更好地识别和测度脱贫质量短板、隐患和弱项，按照距离中心城市远近、海拔、劳动力结构、生计方式进行原贫困人口子群分解，重点测度边缘贫困村户、不稳定脱贫村户，以及儿童、老年人等家庭内部的隐性贫困个体脱贫质量。

二 区域脱贫质量多维测度实例：基于秦巴山区和凉山地区的调查

本部分基于脱贫质量的结构化释义，运用多维贫困测度方法，以秦巴山区与凉山地区的典型县为区域样本进行抽样调研，构建中国特色的区域脱贫质量多维测度框架，进行脱贫质量的多维测度及区域比较，识别其成效与差异、弱项与短板，为进一步解决制约区域高质量脱贫问题提供参考建议。

（一）区域脱贫质量多维测度的指标构建及样本选择

农户脱贫质量常用收入与贫困线比例测度，如国务院扶贫开发领导小组将人均可支配收入低于扶贫标准1.5倍的家庭，或刚性支出超过上年度收入和收入大幅缩减的家庭，认定为不稳定脱贫户或边缘贫困户，重点监测其返贫风险。

与农户个体相比，贫困区域（人口群体）内部结构化差异大，对其脱贫质量的测度与评估，应突破单一收入标准，进行能力脱贫的多维考量。有学者选择教育、健康与生活水平三个维度进行农村多维减贫度量，相关部门基于"两不愁三保障"开展县（村）帮扶成效考核与脱贫退出验收，但这些多维度量在指标基准上以达标率为主，难以充分反映达标质量，也较少涉及边缘（隐性）贫困群体。

对此，本书借鉴国际上 Alkire 与 Foster 的多维贫困测度方法（AF）方法，考虑中国脱贫攻坚目标成效与结构属性，构建一个综合性的区域脱贫质量多维测度指标体系：一方面，在维度上，除收入、"两不愁三保障"以及用水安全之外，增加了资产、基建公服可得性、精神脱贫等反映生活状态和获得感的维度；另一方面，在指标上，用质量剥夺取代达标剥夺，并引入家庭学习环境、职高中教育、老年人照料、因房负债、劳动力闲置度等隐性贫困指标。由此形成由10个维度、36个指标组成的多维质量测度体系，可据以进行子集分解。具体如表3-2所示。

表3-2 多维贫困（MPI）的维度、指标、权重与剥夺临界值

维度	指标		剥夺临界值	权重
收入	农户年人均纯收入		≤当年官方收入标准	1/24
	收入质量（稳定性）		≤1.5倍的当年官方收入标准（2019年3750元；2015年2885元）	1/12
衣食	吃穿质量		达不到"随时吃荤，一般衣服都买得起"	1/24
教育	学龄人口（包括儿童）教育质量	因病失学	因病残或个人原因而无法入学（得不到正常教育）（反映隐性的教育贫困）	1/42
		上学条件	上学不方便或入学条件不佳	1/42
		学校质量	只能进入办学质量差的学校	1/42
		家庭学习	基本无家庭辅导，家庭学习环境不佳	1/42
		职高中机会	即使得到高中或职高入学机会也因学负债、因贫失学（反映隐性的教育贫困）	1/42
	成年人学历与培训	职高中教育	无成年人口得到完整的职中或高中教育	1/42
		技能培训	无成年人口得到技能培训	1/42
健康	儿童身体与心理健康质量	是否病残	患有残疾、重病、慢性病，达不到基本健康	1/66
		营养状况	过度瘦弱或肥胖，达不到营养正常水平	1/66
		家庭关爱	留守儿童，父母很少打电话和关心	1/66
		精神风貌	精神风貌（衣着打扮、言行举止、精神状态）不佳（亦属于精神贫困指标）	1/66
	老年人身体与心理健康质量	是否病残	患有残疾、重病、慢性病	1/66
		家庭关心	空巢老人，或非空巢但子女感情冷漠	1/66
		精神风貌	精神风貌（衣着打扮、言行举止、精神状态）不佳（亦属于精神贫困指标）	1/66
		个体事实贫困	从子女得不到足够收入，或吃穿住房医疗事实上无保障（反映隐性的个体贫困）	1/66
		生病后医治的及时性与条件	生病不能及时进入医院，或未得到及时有效治疗（反映隐性的健康贫困）	1/66
		实际医疗负担	难支付看病费用或因病负债，或感到报账手续烦琐复杂（反映隐性的债务负担）	1/66
		医保养老保险	没有医保或没有养老保险	1/66

续表

维度	指标	剥夺临界值	权重
住房	住房负担	因住房而负债（反映隐性的债务负担）	1/36
	住房宽裕状况	住房不宽裕	1/36
	厨房状况	无独立的条件好的厨房	1/36
资产	大件资产	没有机动车及大件家具	1/36
	经营资金	经营资金难以得到	1/36
	农用地	人均可使用或流转的农用地很少	1/36
饮水	饮水安全与质量	未使用自来水	1/21
基础设施与公共服务质量	电力供应	有时会停电	1/42
	炊事燃料	日常炊事烧柴或劣质煤，未烧气	1/42
	旱厕还是水厕	家中使用旱厕而未使用水厕	1/42
	网络条件	日常未有稳定网络，信息不灵通（反映隐性的信息贫困）	1/42
	交通条件	交通出行不便	1/42
精神贫困	劳动力参与生产就业	家庭中存在劳动力不参与生产或就业的情况	1/18
主观贫困	家庭贫困自评	自评家庭条件很差或相对贫困	1/18
	脱贫境况及满意度	不满意	1/18

注：1. 国务院扶贫开发领导小组印发《关于建立防止返贫监测和帮扶机制的指导意见》（国开发〔2020〕6号），要求"以家庭为单位，主要监测建档立卡已脱贫但不稳定户，收入略高于建档立卡贫困户的边缘户"，监测范围为"人均可支配收入低于国家扶贫标准1.5倍左右的家庭，以及因病、因残、因灾、因新冠疫情影响等引发的刚性支出明显超过上年度收入和收入大幅缩减的家庭"。据此，本书将扶贫标准1.5倍作为脱贫收入质量的剥夺标准，并在后文突出脱贫不稳定户和边缘户度量。

2. 精神贫困度量既包括劳动力参与生产就业积极性，也包括儿童与老年人精神风貌指标；隐性贫困度量主要涉及儿童与老年人在教育、医疗、住房及债务负担等一些事实贫困指标。

3. 需要指出的是，儿童和老年人等家庭个体成员特定指标（如教育或医疗）存在适用性局限问题，如有些家庭没有学龄儿童或老年人。对此本书按照联合国开发计划署（UNDP）和牛津大学贫困与人类发展研究中心（OPHI）测算全球多维贫困指数（GMPI）的通用做法，对该家庭此类维度指标进行统一未受剥夺赋值处理。

资料来源：根据调研数据整理所得。

中国贫困问题具有显著的区域性。我们选择大小凉山地区和秦巴山区两个典型区域抽样采集村户微观数据。大小凉山地区作为"三区三州"重要板块，自然地理、资源经济与民族宗教等致贫因素叠加，原始贫困程度深、脱贫难度大。秦巴山区是历史性十四个集中连片贫困地区之一，经济发展滞后、产业层次偏低，劳动力缺文化、少技能、增收渠道单一。这两个区域是原深度贫困地区与原一般贫困地区两大脱贫攻坚历史主战场的典型区块。课题组调研团队（贺立龙、唐张雨青、陈珏颖、田浩然、沙桀民、刘微微、刘方腾、王宇茜、郭敬廷、杨子瑜、闫俊卓、陶诗丹、李庆国等）于 2019 年 7—9 月深入上述两个地区开展村户调研，收集到 564 份有效样本数据。为保证样本代表性，选取地处大凉山的 Y 县和小凉山的 M 县（均为国家级贫困县），抽样确定 3 个县城近郊贫困村和 3 个偏远贫困村；选取秦巴山区的国家级贫困县 Y 县，抽样确定 2 个近郊村和 2 个偏远村，考虑贫困分布均衡性抽取农户进行访谈，指标信息涉及 2015 年与 2019 年两个年份。图 3-3 反映调研情况。

图 3-3 课题组 2019 年在秦巴山区和凉山地区开展村户调研

（二）多维脱贫质量有无显著提升？是否存在区域差异？

课题组（贺立龙、张逸迪、包雪莹、卢志杰、张承文、胡靖宜）基于设计指标及抽样数据的测度结果显示，两个地区多维脱贫质量均有显著提升（见表 3-3）：2015—2019 年，多维贫困值（MPI）大幅下降，降幅超过 80%，其中，反映贫困广度的多维贫困发生率（H）降幅超过 75%，是主要贡献因素，精准帮扶产生较为普遍的脱贫质效；但是反映贫困深度的平均剥夺程度（A）降幅较小，各个指标的脱贫稳定性仍待观察。以凉山地区为代表的原深度贫困地区多维脱贫质量不如以秦巴山区为代表的原一般贫困地区,其仍是帮扶焦点区域。

表 3-3　　　　　　　不同区域脱贫质量多维测度结果比较

不同贫困深度地区	多维贫困综合测度	指标值		跨期变动率（%）
		2015 年	2019 年	
秦巴山区（原一般贫困地区）	多维贫困值（MPI）	0.3267	0.0512	-84.33
	多维贫困发生率（H）	0.697	0.1212	-82.61
	平均剥夺程度（A）	0.4687	0.4227	-9.81
凉山地区（原深度贫困地区）	多维贫困值（MPI）	0.4843	0.0962	-80.14
	多维贫困发生率（H）	0.9126	0.2186	-76.05
	平均剥夺程度（A）	0.5307	0.44	-17.09

资料来源：根据调研数据整理所得。

表 3-4 给出了多维贫困与收入贫困的交叠错位变动关系。秦巴山区（收入质量）贫困发生率由 70.71% 下降到 30.30%，降幅小于按"收入达标"测算的结果（按官方统计，由 9% 下降到 1%）；凉山地区（收入质量）贫困发生率由 42.62% 下降到 12.02%，降幅稍大于按"收入达标"测算的结果（按官方统计，由 13.4% 下降到 7.1%）；两地多维贫困发生率降幅都超过 80%，凉山地区多维贫困发生率绝对值高于秦巴山区。从绝对值及降幅的区域比较看，凉山地区等原深度贫困地区，收入脱贫与多维减贫均衡推进，但在秦巴山区等原一般贫困地区，收入减贫的成效相对滞后于多维减贫的成效。

表 3-4　　　　　收入脱贫质量与多维脱贫质量的变动关系

不同贫困深度地区	测度指数	2015 年 H（%）	2019 年 H（%）	跨期变动率（%）
秦巴山区（原一般贫困地区）	收入贫困	70.71	30.30	-57.15
	多维贫困	32.67	5.12	-84.33
	收入贫困与多维贫困交叉	56.57	11.11	-80.36
	多维贫困中收入贫困占比	81.16	91.67	12.95
	收入贫困中多维贫困占比	80.00	36.67	-54.16

续表

不同贫困深度地区	测度指数	2015年 H（%）	2019年 H（%）	跨期变动率（%）
凉山地区（原深度贫困地区）	收入贫困	42.62	12.02	-71.80
	多维贫困	48.43	9.62	-80.14
	收入贫困与多维贫困交叉	42.62	10.38	-75.65
	多维贫困中收入贫困占比	47.27	47.50	0.49
	收入贫困中多维贫困占比	100.00	86.36	-13.64

资料来源：根据调研数据整理所得。

收入贫困和多维贫困发展不同步，二者重合度逐渐下降，两个地区收入贫困与多维贫困交叉（发生率）的降幅都超过75%。收入贫困中多维贫困占比下降快，秦巴山区降幅达到54.16%，多维减贫的质量显著提升；多维贫困中收入贫困占比不降反升，秦巴山区由81.16%上升到91.67%，收入脱贫存在短板。在持续巩固高质量脱贫成果与后脱贫时代的贫困治理中，可持续增收是巩固提升脱贫质量、防范返贫的关键命题。

（三）区域脱贫质量的弱项和短板在哪里？

表3-5呈现了各个质量指标有门槛、无门槛下的剥夺发生率。测算结果显示，吃穿质量、儿童家庭学习环境、职高中教育、有效技术培训、老年人家庭照料及个体贫困、炊事燃料、旱厕还是水厕、网络条件、是否有劳动力闲置是剥夺发生率较高的质量测度指标。以炊事燃料为例，2019年两地中有一半左右的村户日常炊事以烧柴或劣质煤为主，未使用燃气；在精神脱贫方面，有30%—40%的村户存在健康劳动力不参与生产就业情况，内生脱贫动力不足。但测算也表明，两地在上学便利性、儿童营养、住房宽裕、交通出行上的指标质量剥夺有显著提升。

表3-5　几个主要质量指标上的剥夺发生率及其跨期变动

维度	指标	地区	无门槛剥夺发生率（%）			有门槛剥夺发生率（%）			平均值变动(%)
			2015年	2019年	变动	2015年	2019年	变动	
收入	收入质量（是否实现收入≥1.5倍贫困线）	一般	17.17	8.08	-52.94	16.16	6.06	-62.50	-57.72
		深度	62.30	34.9	-43.86	60.66	19.67	-67.57	-55.71

续表

维度	指标	地区	无门槛剥夺发生率（%）			有门槛剥夺发生率（%）			平均值变动(%)
			2015年	2019年	变动	2015年	2019年	变动	
衣食	吃穿质量（"吃肉"、"买衣"自由）	一般	55.56	34.3	-38.18	46.46	23.23	-50.00	-44.09
		深度	76.50	25.1	-67.14	73.77	16.94	-77.04	-72.09
教育	学龄人口（包括儿童）教育质量								
	上学便利性	一般	38.38	10.10	-73.68	24.24	8.08	-66.67	-70.175
		深度	14.75	3.28	-77.78	13.11	1.09	-91.67	-84.725
	学校教学质量	一般	25.25	0.00	-100	24.24	0.00	-100.0	-100.00
		深度	28.42	21.86	-23.08	28.42	7.65	-73.08	-48.08
	家庭学习环境	一般	33.33	24.24	-27.27	29.29	20.20	-31.03	-29.15
		深度	48.09	48.63	1.14	47.54	11.48	-75.86	-37.36
	职高中机会	一般	28.28	31.31	10.71	24.24	29.29	20.83	15.77
		深度	61.75	53.55	-13.27	57.92	14.75	-74.53	-43.9
	成年人学历与培训	职高中教育	一般				63.64	77.78	22.22	
		深度				87.98	20.77	-76.40	
	有效技能培训	一般	30.30	46.46	53.33	19.19	42.42	121.1	87.19
		深度	73.22	39.34	-46.27	67.76	8.20	-87.90	-67.085
健康	儿童身心健康	营养状况	一般	2.02	1.01	-50.00	2.02	1.01	-50.00	-50.00
		深度	2.73	3.28	20.00	2.73	2.73	0.00	10.00
	是否留守且缺关爱	一般	6.06	5.05	-16.67	5.05	2.02	-60.00	-38.335
		深度	6.01	1.09	-81.82	4.92	0.00	-100	-90.91
	老年人身心健康	家庭照料	一般	72.73	70.71	-2.78	45.45	62.63	37.78	17.5
		深度	34.43	32.79	-4.76	31.15	9.84	-68.42	-36.59
	精神风貌	一般	8.08	4.04	-50.00	7.07	1.01	-85.71	-67.86
		深度	1.64	2.19	33.33	1.09	0.55	-50.00	-8.34
	个体贫困	一般	38.38	36.36	-5.26	29.29	26.26	-10.34	-7.80
		深度	46.99	23.0	-51.16	42.62	9.84	-76.92	-64.04
	实际医疗负担	一般	26.26	6.06	-76.92	21.21	3.03	-85.71	-81.32
		深度	57.38	19.67	-65.71	50.27	6.56	-86.96	-76.34
住房	住房负担（是否因房负债）	一般	22.22	12.12	-45.45	20.20	10.10	-50.00	-47.73
		深度	4.37	9.84	125	4.37	2.73	-37.50	43.75
	住房是否宽裕	一般	38.38	10.10	-73.68	36.36	7.07	-80.56	-77.12
		深度	58.47	9.29	-84.11	56.28	3.28	-94.17	-89.14

续表

维度	指标	地区	无门槛剥夺发生率（%）			有门槛剥夺发生率（%）			平均值变动(%)
			2015年	2019年	变动	2015年	2019年	变动	
住房	厨房状况（有无独立的条件好的厨房）	一般	82.83	29.29	-64.63	60.61	22.22	-63.33	-63.98
		深度	46.99	3.83	-91.86	44.81	2.19	-95.12	-93.49
饮水	有无自来水	一般	73.74	19.19	-73.97	60.61	14.14	-76.67	-75.32
		深度	63.39	13.66	-78.45	61.20	9.29	-84.82	-81.64
基础设施与公共服务质量	电力供应（是否有时停电）	一般	21.21	1.01	-95.24	21.21	0.00	-100	-97.62
		深度	43.72	4.37	-90.00	42.62	1.64	-96.15	-93.08
	炊事燃料（是否烧柴或劣质煤，未烧气）	一般	74.75	60.61	-18.92	58.59	52.53	-10.34	-14.63
		深度	92.90	47.54	-48.82	85.79	14.21	-83.44	-66.13
	旱厕还是水厕	一般	67.68	19.19	-71.64	52.53	14.14	-73.08	-72.36
		深度	85.79	28.96	-66.24	79.23	6.56	-91.72	-78.98
	网络条件（日常有稳定网络，信息灵通）	一般	63.64	31.31	-50.79	52.53	24.24	-53.85	-52.32
		深度	97.27	20.22	-79.21	89.07	9.29	-89.57	-84.39
	交通出行条件	一般	58.59	15.15	-74.14	46.46	12.12	-73.91	-74.03
		深度	79.78	13.11	-83.56	74.86	4.92	-93.43	-88.50
精神贫困	是否有健康劳动力闲置	一般	32.32	32.32	0.00	23.23	27.27	17.39	8.70
		深度	36.07	42.08	16.67	33.88	13.66	-59.68	-21.51
主观贫困	是否自评家庭条件很差或相对贫困	一般	41.41	14.14	-65.85	37.37	8.08	-78.38	-72.12
		深度	48.63	4.92	-89.89	48.63	4.37	-91.01	-90.45

资料来源：根据调研数据整理所得。

脱贫质量多个测度指标表现出显著的区域差异。凉山地区贫困之"深"主要体现为收入层次、学校教学质量、儿童营养状况、老年人医疗负担、稳定用电、因房负债等隐性指标剥夺，尤其是，住房保障（居住空间及厨房配置）不断改善，但因房负债综合增幅却达43.75%；与之相比，地处"三区三州"板块之外的秦巴山区在儿童上学便利性、职高中入学、有效技能培训、儿童留守后获得父母关爱、老年人获家庭照料及个人脱贫、自来水使用，甚至脱贫认可方面存在劣势，其中，技能培训质量短板愈加突出，许多老年人缺乏子女照料、难以确保收入和"三保障"，处于"家庭脱贫而个体困难"的隐性贫困状态。此外，凉山地区尽管如前所述收入脱贫取得较大进展，但单从收入脱贫层次看，这类原深度贫困地区收入脱贫质量和稳定性亟须改进，有34.97%的样本村户仍处于1.5倍脱贫线之下。

无门槛剥夺发生率与有门槛剥夺发生率的跨期变动率差异，可以反映出"处于贫困边缘但未被识别为多维贫困"群体该指标被剥夺程度的缓解情况：无门槛剥夺发生率的跨期变动率<有门槛的跨期变动率，意味着边缘村户剥夺程度缓解较慢（变动率为正，剥夺加剧）；反之缓解较快。边缘村户在收入层次、学校教育质量与家庭学习、儿童留守获得关爱、老年人身心健康及个人贫困、脱贫认可等指标上的剥夺严重且缓解缓慢，凉山地区边缘村户除这些指标剥夺缓解较慢之外，在职高中教育机会、儿童营养、老年人精神风貌、因房负债、炊事燃料、厕所条件方面，脱贫质量提升滞缓。原深度贫困地区边缘贫困相对显著一些，从职高中教育、技能培训、老年人照料、劳动力闲置几个指标看，凉山地区边缘村户剥夺发生率缓解较慢（甚至加剧），秦巴山区边缘村户缓解较快（或未抬升）。

（四）不同群体的脱贫质量差异如何？是否存在边缘或隐性贫困？

表3-6呈现了不同地理和家庭特征之村户群体的脱贫质量差异。结果显示：第一，县城近郊、平坝地区村户多维减贫更有质效，但例外的是，秦巴山区远郊村户脱贫更见成效，调研发现其劳动力外出务工更普遍。第二，在秦巴山区等原一般贫困地区，进城务工对提升多维脱贫质量最有效，参与乡村产业经营成效最小；与之相对，在凉山地区参与特色产业经营对缓解多维贫困质量剥夺成效最大；政策兜底群体处于突出的多维贫困剥夺状态。第三，脱贫质量与劳动力健全程度呈正向相关，全劳动力家庭的脱贫质量最高，但是存在病残成员的半劳动力家庭相比无劳动力家庭，脱贫质量优势并不突出，其劳动能力不足但获得政策保障有限，容易成为隐性贫困群体。第四，保障式帮扶有效地推动了老年人主导家庭的脱贫质量提升。

表 3-6　　基于地理与家庭特征进行的子集分解

地区分类	秦巴山区（原一般贫困地区）						凉山地区（原深度贫困地区）					
多维度量	2015 年			2019 年			2015 年			2019 年		
	MPI	H(%)	A(%)	MPI	H(%)	A(%)	MPI	H(%)	A(%)	MPI	H(%)	A(%)
与县城的距离												
远	0.351	0.731	0.480	0.041	0.104	0.392	0.508	0.957	0.531	0.121	0.272	0.445
近	0.269	0.613	0.439	0.074	0.161	0.459	0.571	0.967	0.591	0.072	0.167	0.432
海拔高度												
山上	0.298	0.650	0.458	0.054	0.125	0.432	0.523	0.931	0.562	0.122	0.277	0.440
平坝	0.446	0.889	0.502	0.042	0.111	0.378	0.560	1.000	0.560	0.066	0.148	0.446
家庭劳动力结构												
无劳力	0.408	0.889	0.459	0.068	0.111	0.612	0.563	1.000	0.563	0.151	0.364	0.415
半劳力	0.346	0.702	0.493	0.065	0.158	0.412	0.521	0.944	0.552	0.112	0.254	0.442
全劳力	0.264	0.625	0.422	0.024	0.063	0.384	0.550	0.970	0.567	0.080	0.180	0.444
是否属老年人主导家庭												
老年	0.343	71.43	47.96	0.049	9.52	51.47	0.543	92.31	58.80	0.082	42.31	19.31
非老年	0.322	69.23	46.57	0.052	12.82	40.41	0.183	96.82	18.93	0.084	18.47	45.21
主要生计方式												
政策兜底	0.430	0.714	0.602	0.082	0.25	0.328	0.580	0.976	0.594	0.110	0.262	0.422
乡村经营	0.335	0.75	0.446	0.090	0.216	0.416	0.572	1	0.572	0.082	0.176	0.465
进城务工	0.311	0.667	0.466	0.026	0.063	0.416	0.498	0.951	0.524	0.093	0.210	0.445

资料来源：根据调研数据整理所得。

表 3-7 测算了不同贫困群体的多维减贫成效。结果显示：第一，秦巴山区建档立卡户与非建档立卡户多维贫困发生率（H）均有显著下降，但平均剥夺程度（A）变化不大；凉山地区建档立卡户多维贫困快速缓解（MPI、H 和 A）的同时，未建档立卡的边缘贫困户多维贫困缓解较慢（尤其是贫困发生率 H）。第二，缺文化少技能致贫村户多维贫困程度最高、缓解最难，凉山地区这类村户群体正处于严重多维贫困；缺资金少技术致贫群体的多维减贫成效较好。第三，村户收入贫困越深，多维减贫成效越低，地处凉山地区的原深度贫困村户（收入<0.5 倍贫困标准）多维指标质量剥夺最严重，破解最难。第

四，当前收入超过1.5倍贫困标准的稳定脱贫村户，多维贫困同时得到全面缓解；但收入处于1.5倍贫困标准以下的脱贫村户，多维贫困更严重，当前在凉山地区这类农户面临极高返贫风险。

表3-7　　基于贫困异质性进行的子集分解

地区分类	秦巴山区（原一般贫困地区）						凉山地区（原深度贫困地区）					
多维度量	2015			2019			2015			2019		
	MPI	H(%)	A(%)	MPI	H(%)	A(%)	MPI	H(%)	A(%)	MPI	H(%)	A(%)
是否建档立卡												
非建档立卡	0.32	68.54	46.80	0.043	10.11	42.73	0.531	95.86	55.36	0.102	23.08	44.07
建档立卡户	0.38	80	47.38	0.123	30	40.87	0.644	100.0	64.44	0.03	7.14	41.88
致贫成因												
老弱病残	0.34	71.01	48.05	0.058	14.49	40.23	0.542	94.20	57.55	0.13	30.43	42.71
缺文化技能	0.37	75	49.44	0.073	15.63	46.71	0.559	96.83	57.69	0.191	42.86	44.61
缺资金机会	0.36	77.78	46.16	0.049	11.11	43.74	0.554	97.09	57.08	0.091	20.39	44.58
2015年收入/贫困线												
<0.5倍	0.46	91.89	50.01	0.062	13.51	45.74	0.633	97.22	65.15	0.144	30.56	47.09
≥0.5倍	0.25	55.56	44.53	0.045	12.96	34.72	0.516	95.92	53.83	0.034	19.73	17.23
2019年收入/贫困线												
<1.5倍	0.309	68.57	45.11	0.071	17.14	41.66	0.569	95.31	59.68	0.25	56.25	44.41
≥1.5倍	0.371	75	49.41	0	0	0	0.524	96.64	54.18	0.014	3.36	40.46

资料来源：调研数据整理所得。

（五）提升脱贫质量：如何补短板和防风险？

凉山地区和秦巴山区作为曾经的"三区三州"深度贫困板块与集中连片贫困板块的典型代表，其多维贫困的跨期变动折射出中国脱贫攻坚的质量成效。近五年时间，两大板块多维贫困降幅均超过80%，秦巴山区多维减贫质量成效更为显著，但收入脱贫相对滞缓。儿童家庭学习、职高中教育、老年人照料、炊事燃料及厕所条件、劳动力生产积极性是脱贫质量短板突出的几个共性指标，其中凉山地区因房负债者增加，秦巴山区技能培训质量不高、老年人隐性贫困较多。半劳动力家庭最易成为隐性的边缘贫困群体，边缘村户在收入层次、学校质量与儿童成长、老年人身心健康等指标上进展不佳，其中凉山地区未建档立卡贫困户多维贫困缓解慢，主要反映在职高中教育、技能培训、因房负债、炊事燃料、厕所条件、劳动力闲置等指标剥夺上。在秦巴山区进城务工多维减贫质量效果最佳，在凉山地区参与特色产业经营的效果最佳。缺文化少技能致贫村户、收入低于0.5倍贫困线的原深度贫困村户的多维贫困缓解最难，收入低于1.5倍贫困标准的脱贫村户仍遭遇较为严重的多维贫困，在凉山地区此类特征村户面临更高的返贫致贫风险。

补齐帮扶短板、夯实脱贫质量、管控返贫风险，关系到持续巩固拓展高质量脱贫攻坚成果。基于上述测算结果，未来可从以下几个方面努力：

第一，依据上述脱贫质量测度的理念与方法，在脱贫攻坚成果后评估时期，全面树立质量导向，对收入、"两不愁三保障"与用水安全等指标的考核，突出"质量达标"，考察政策执行中的脱贫质量实效。审视不同区域多维脱贫质效，引导形成适宜性生计策略，补齐脱贫质量短板。协同推进多维减贫与收入脱贫，巩固凉山地区等原"三区三州"深度贫困地区的脱贫成果，解决秦巴山区等脱贫区域的村户持续增收难题。

第二，瞄准并消解脱贫质量的多维短板、弱项和隐患。强化收入脱贫稳定性，补齐儿童家庭教育、职高中入学机会、炊事燃料、厕所条件上的质量短板。激发劳动力参与生产与就业积极性，从机制和政策上破解"帮扶依赖"与"福利陷阱"。有效破解凉山地区因房负债返贫风险、秦巴山区技能培训成效不足等现实困境。

第三，识别与帮扶边缘贫困、隐性贫困人口，巩固农户高质量脱贫。甄别未建档立卡边缘贫困村户、脱贫质量低的易出现返贫风险村户，健全监测、预警与发展、应急、兜底结合的识贫治贫长效机制。

弘扬敬老文化，加快移风易俗，综合运用低保、特困供养、社区帮扶手段，完善可精准支持"失养失依"儿童老人的兜底保障体系，解决户内老年人隐性贫困问题。对半（弱）劳动力家庭进行资产与生计赋能，缓解其贫困脆弱性。

第四，积极探索以生活质量和人的全面发展为基准的多维相对贫困测度方法，建立健全相对贫困人口多维识别、监测及贫困治理的长效机制，推动相对贫困人口充分融入城乡经济循环、有效参与乡村振兴、提升生活质量，切实共同富裕。

第四章 高质量脱贫的实践成效：不同脱贫区域的实地调查

第一节 中心城镇偏离度、农户生计策略差异与高质量脱贫

——基于凉山地区705户精准脱贫家庭的调查

高质量脱贫的内生性与可持续性在于激发农户生计的内生动力与市场活力。而农户生计策略的形成不仅与生计资本有关，还受制于地理区位及环境条件，对脱贫农户生计策略的研究亟须贫困结构分析与行为分析的融合。我们提出中心城镇偏离度这一反映农户家庭与区域中心城镇"地理—市场"距离的概念，将家庭地理禀赋及区域市场融入难易程度，转化为可度量的空间生计资本指标，利用凉山地区705户精准脱贫家庭的抽样调查数据探讨中心城镇偏离度、生计资本差异对农户脱贫生计策略的联合影响，并考察不同生计策略下的脱贫质量成效。

结果表明：脱贫生计选择具有资源环境依赖和空间分异特征，县市近郊圈层村户倾向进城务工，新型城镇化动能足，县域边缘或偏远村户倾向家庭小规模种养，融入乡村产业振兴意愿强，脱贫质量高；生计资本对生计策略的影响呈现复合效应和边际差异，人力资本与"空间"资本对生计策略的影响有交互性，存在"老弱病残"的半劳动力家庭若远离中心城镇则倾向于留乡进行小规模种养，但全劳动力

家庭不受中心城镇偏离度制约而倾向于外出务工或非农生计；地理空间复杂性与生计资本异质性造成凉山地区农户生计策略多元化，选择不同生计策略的农户的脱贫质量成效不同，相比家庭种养，进城务工脱贫质量成效更显著，毗邻中心城镇的农户通过稳定的进城务工实现更大幅度收入提升；不同类型农户从各类精准帮扶政策中得到生计赋能不同，如"精准到人"的"低保"有助于半劳动力家庭减轻"抚养负担"，提升健康成员自主生计能力而规避福利依赖，"精准到户"的"建档立卡"精准帮扶资格一旦被全劳动力家庭"捕获"则可能使之陷入福利依赖，困于小农经营或零散务工"穷懒"状态，相比特定产业政策，普惠性的乡村基础设施与公共服务改进，如村村通、电商入村有更显著的生计赋能效应，更有利于可持续高质量脱贫。上述研究为分区分类推动脱贫农户在城乡经济循环中的生计融入与赋能，实现持续巩固高质量脱贫成果与乡村振兴、新型城镇化的衔接融合，提供了实证依据和启示。

一 导言

打赢脱贫攻坚战、全面建成小康社会后，要进一步巩固拓展高质量脱贫成果，接续推动脱贫地区发展和乡村全面振兴。[①] 中国农村发展已进入了探索农户内生发展的新阶段（张藕香、栾敬东，2020），提高原贫困人口的谋生能力，帮助帮扶对象建立可持续生计，是我国贫困治理的最终目的和意义（何仁伟，2017）。实现高质量巩固拓展脱贫攻坚成果同乡村振兴有效衔接，在微观层面的关键是脱贫农户内生融入乡村产业振兴和新型城镇化从而形成可持续生计的高质量脱贫内在动能（贺立龙，2019）。

关于贫困的研究，存在行为分析与结构分析两种范式，前者认为个体发展动力能力不足导致生计困顿，后者强调超越个体的结构性发展困境或致贫因素（邢成举、李小云，2018）。

行为范式研究通常聚焦于农户生计。生计通常被理解为居民"有

---

① 国务院：《关于实现巩固拓展脱贫攻坚成果同乡村振兴有效衔接的意见》，http://www.gov.cn/xinwen/2021-03/22/content_5594969.htm，2021年3月22日。

足够的储蓄的和流动现金满足基本需求"或"谋生的能力"（Chambers，1992），农户基于资源禀赋、信息掌握程度、选择偏好和环境条件，围绕生产就业方向进行综合决策，做出不同的生计选择（Barrett 等，2001；Xu 等，2019）。生计多样化有助于农户零散风险，减少脱贫脆弱性，黎洁等（2009）研究发现，兼业户相比纯农业户具有更好的生计资本禀赋、更强的抗风险能力、更低的贫困发生率。

结构范式以空间理论为代表，强调地理特征在贫困发生中的决定性作用，认为农户居住区位不佳是重要的致贫因素（Ravallion 等，1999）。例如，滞后的交通与偏僻的地理位置造成教育和市场机会的稀缺，引致贫困发生（邢成举、李小云，2018），孤岛效应使偏远地区与外界经济联系弱化、发展差距持续拉大、贫困程度不断加剧（刘彦随等，2016）。

贫困分析的两种范式在农户脱贫生计选择、贫困县（村）脱贫退出的研究文献中有较多体现。但是有关高质量脱贫维度的农户脱贫生计是否可持续，脱贫退出地区如何防止返贫，农户巩固脱贫质量与乡村振兴能否融合等新问题还有待深入考察。对上述问题的研究与回答，本节从农户生计行为与地理空间特征两个层面进行综合考量。

从理论上讲，贫困者经济行为是与其所处的时空结构及环境条件分不开的，经验证据也表明，农户脱贫生计选择及其可持续性或稳定性，不仅取决于脱贫农户生计资本因素及生计行为偏好，也受制于农户地理区位及环境条件等时空结构特征，这些认识推动了贫困行为分析与结构分析的范式融合。中国贫困问题具有区域特征（习近平，2017），特别是以"三区三州"为代表的原深度贫困地区，受限于地理位置偏远、地广人稀、交通不便，社会文明发育和经济现代化滞后，形成了长期存续的结构性贫困，在脱贫退出之后，成为巩固提升高质量脱贫成果的重点和难点所在。

原深度贫困地区农户具有地理禀赋与生计资本的异质性，后者制约着其生计策略的形成与演化，关系其脱贫质量的稳定性。从地理空间与生计资本融合维度研究农户脱贫生计策略，有助于探索推进不同区域（类型）脱贫人口的生计优化、实现其在乡村振兴与新型城镇化中的生计融入和脱贫质量巩固。

二 中心城镇偏离度："结构—行为"融合范式下的空间生计资本量度

地理空间禀赋对农户生计特征及其贫困演化的制约作用，在微观层面体现为农户所处区域、城乡分布及居住空间特征对其生计策略、生计能力影响：就贫困的形成而言，其表现为地理偏僻、交通不便、环境恶劣导致的生计困顿，归因于地理空间不佳所致的开放度欠缺与市场化因素贫瘠；从贫困摆脱来看，其表现为地理或交通"瓶颈"破解所带来的生计条件改善与可持续生计的形成。有研究表明，城镇发展和贸易便捷化有助于减少域内绝对贫困的发生（Anderson，2004），中国农户脱贫生计存在空间依赖性，不同地理区位的农户生计方式选择也有不同（李勇进等，2014）。

从上述逻辑出发，本节提出中心城镇偏离度这一概念指标，用于度量农户地理禀赋特征和空间生计资本，据以考察地理资本与其他生计资本对农户生计策略及脱贫质量稳定性的综合影响。

中心城镇偏离度是指在某一经济区域（如行政县或经济区）农户家庭所在地与域内中心城镇（如市区、县城、贸易集镇等）距离的远近，这种远近既反映为居住地与中心城镇的物理距离，也反映为家庭经济单位与中心交易市场的经济紧密度。中心城镇偏离度作为一个"地理—市场"梯度分布概念及量化指标，将农户所处地理禀赋特征及市场融入难易程度，转化为可度量的空间生计资本指标，可据以探讨地理空间禀赋及其他生计资本对农户脱贫稳定性的联合影响。一些文献（朱方明等，2020）提出中心市场偏离度、交易参与度的概念，认为中心城镇产生经济辐射，随着地理距离延伸，形成有不同城镇偏离度的梯度区域，农户收入呈现由高到低的梯度结构。

中心城镇偏离度连同生计资本差异对农户生计策略及脱贫质量的影响，在"三区三州"的原深度贫困地区表现得更为显著。深度贫困地区自然地理、经济社会致贫因素交织，实现脱贫和巩固脱贫成果都存在很大不确定性（习近平，2017）。从中国农村深度贫困空间扫描及贫困分异的地理探测看，深度贫困地区致贫类型可分为地形要素制约型、区位交通制约型、生态环境制约型和经济收入制约型,其中,前三种都与地理空间因素有关(潘竟虎、冯娅娅,2020)。凉山地区作为地处"三区三州"的原典型深度贫困地区,农户脱贫生计具有显著的地理依赖性和空间分异特征:乡镇规模较小,农牧家庭居住零散,群众自发搬迁现象多;种养业效益低,交通是最大瓶颈,物流成本高,外销渠道不畅,外出务工比例偏低;当前巩固拓展脱贫攻坚成果同乡村振兴有效衔接任重道远,存在一些亟须研究的新情况新问题,特别是面临搬迁农户生产方式重塑、安置区群众返回原址农耕生产的交通组织、脱贫村户"悬崖效应"缓释等问题及挑战(彭清华,2021)。

本节以中心城镇偏离度衡量农户空间生计资本差异,并将之与其他类型生计资本一起置于可持续生计分析框架下,以凉山地区为区域背景,探讨中心城镇偏离度与其他各类生计资本对"三区三州"脱贫农户生计策略的影响及其高质量脱贫成效。国际上普遍采用的生计分析框架是由英国国际发展署(DFID)提出的可持续生计框架(SLA框架),它将影响居民可持续生计的资本分为五类:自然资本、人力资本、金融资本、物质资本和社会资本。由中心城镇偏离度刻画的空间生计资本,可以归为广义上的自然资本,本节将之单列以考察其对农户脱贫生计的影响。

在"结构—行为"融合范式下,中心城镇偏离度(空间生计资本的特定度量)、生计资本对农户生计策略及其脱贫效果的影响分析框架图,如图4-1所示。

从相关文献看,农户生计策略及其减贫效应引发较多的研究关注。国内学者一般将农户生计分为农业主导型、务工主导型、非农经营型以及兼业型,重点探讨个体生计资本对生计策略的影响,发现农业生计依赖耕地等自然、物质资本,生计非农化易受人力资本、金融资本和社会资本的影响(朱建军,2016;伍艳,2016;赵微等,2019;周丽,2020)。随着经济地理成为可持续生计研究的活跃领域,人们开始关注生计与生态环境关系、生计空间分异,考察脆弱生计环境对贫困农户生计资产及生计可持续的影响,如高海拔山区丘陵区域意味着农户生计可持续性的降低，这类地区人力资本对生计选择有更强的影响，易地搬迁、城镇安置以及交通改善有助于农户生计非农化转型，平原区农户生计策略表现出不确定（赵雪雁，2017，2020；王君涵，2020；何仁伟，2019；郭华等，2019；陈良敏等，2020）。农户生计策略及其可持续性还受到精准帮扶一系列政策的影响，特别是产业帮扶对农户特色农业经营形成一定助益，对非农生计作用不明（胡晗，2018；刘卫柏等，2019；李玉山、陆远权，2020；苏芳等，2020）。

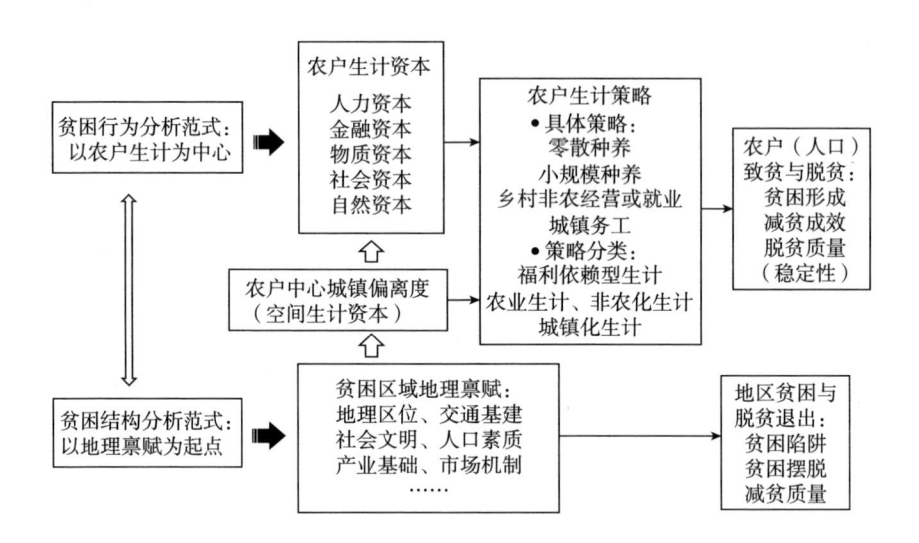

图 4-1 基于"结构—行为"融合范式的中心城镇偏离度、生计资本对农户生计的影响

关于脱贫农户生计可持续性及其脱贫成果巩固，已有文献提出，生计资本与生计策略是构建可持续生计的关键要素及重要载体，可持续生计视角下农村贫困治理的核心问题是生计资产的增加和生计策略的优化（何仁伟，2017；焦娜、郭其友，2020）；生计环境脆弱性和生计资本薄弱性造成脱贫农户返贫风险高、可持续增收难（胡原、曾维东，2019）；原深度贫困地区实现稳定的脱贫退出须考虑五种生计资本存量及空间分异特征，农户脱贫生计的可持续更依赖于人力资本

投资和金融资本积累（宁泽逵，2017；伍艳等，2020）；自然资本、人力资本、社会资本和金融资本积累促进农户生计策略向高收益流动，物质资本中农用固定资产形成的沉没成本阻碍了农户生计多样化（焦娜、郭其友，2020）；非农主导生计策略特别是非农经营更有益于脱贫效果可持续，非农生计规模与精准脱贫户可持续生计之间存在倒"U"形关系（孙晗霖，2019）；城市相对贫困的形成存在空间分异，物质资本、人力资本对流动人口发挥了显著的致贫效应，城镇人口则在公共服务供给和生计策略对相对贫困的影响上呈现出显著性（许源源、徐圳，2020）。

上述文献围绕农户生计资本、生计策略及后续脱贫效果进行了探讨，并关注到地理、城乡等外部生计环境的整体影响。但是在诸如"三区三州"之类的连片脱贫地区，存在个体农户空间异质性，包括城乡及交通节点分布、市场交易可及度的差异，这类地理空间资本如何与人力资本等异质性因素共同影响农户个体生计策略的形成，进而导致不同脱贫质量成效，学界对此研究还不充分，本节以中心城镇偏离度衡量农户空间生计资本的差异，致力于对上述问题的研究有所拓展。

本节的边际贡献如下：（1）过去文献大多将生计环境当作背景变量来考察传统生计资本对生计策略的影响，本节提出中心城镇偏离度这一"地理—市场"梯度分布概念及量化指标，将农户地理禀赋特征及市场融入难易程度，转化为可纳入SLA框架的空间生计资本指标，讨论空间生计资本与其他生计资本异质性对农户脱贫生计质量可持续性的联合影响；（2）人力资本作为核心生计资本变量对农户脱贫生计可持续的影响得到诸多研究证实，但是细分人力资本类型的不同农户群体的生计策略选择问题还有待深入研究，本节基于劳动能力异质性将农户划分为全劳动力家庭和半劳动力家庭，分类考察中心城镇偏离度、其他生计资本以及帮扶政策对农户生计策略的影响，为影响脱贫质量的不稳定农户的分类帮扶与精准施策提供研究参考；（3）已有生计策略实证研究大多使用一些全国性农户家庭数据库，存在数据更新滞缓问题，难反映农户脱贫之后生计可持续性情况，本节基于笔者深入大小凉山地区村户家庭调研的一手数据，获得农户地理区位、生计资本、生计策略、政策反馈及脱贫效果的动态测度信息，为凉山地区农户生计策略考察提供了最新经验证据，并围绕农户在乡村产业振兴、城乡经济循环中的生计融入与脱贫质量巩固，进行前瞻性探讨。

后续结构安排如下：第三部分提出研究方法，进行模型构建与变量选择；第四部分说明数据来源，进行统计描述；第五部分为中心城镇偏离度及其他生计资本对生计策略影响的计量分析；第六部分进一步考察不同生计策略的农户脱贫效果；第七部分为结论与政策建议。

三　方法、模型与变量

（一）研究方法与模型设定

1. 二元 Logit 模型：农户生计策略影响因素分析

关于生计策略的影响因素分析，已有文献大多考虑生计策略的度量指标差异（被解释变量），如连续或分类及是否概率形式，分别采用 OLS 模型（赵微、张宁宁，2019）、DID 模型（谢金华等，2018）、Probit 模型（胡晗等，2018）、Logit 模型（孙晗霖等，2020）进行回归分析。本节将农户生计策略分解为家庭种养、外出务工及非农生计等多种生计类型，对每种生计策略类型进行回归分析时，将特定生计策略选择的度量指标定为"是—否（0-1）"二元变量，因而选择二元 Logit 模型进行生计策略影响因素的回归分析（Probit 模型和 Logit 模型都是离散选择模型，但后者对变量分布等假设条件的要求更为宽松，应用更广泛）。设定 P_i 为农户选择特定生计策略（如家庭种养、外出务工或非农生计）的概率，则该生计策略影响因素回归模型如下：

$$\Omega_i = \ln \frac{P_i}{1-P_i} = \alpha + \beta_1 X_1 + \beta_2 X_2 + \cdots + \beta_n X_n + \varepsilon_i \tag{4-1}$$

其中，Ω_i 衡量了农户是否为某种特定生计策略的相对概率，Ω_i 值越大，表明事件发生的概率越高。ε_i 为随机扰动项，α 为截距项，β_n 为影响因素的回归系数，β_n 为正值时，表示解释变量 X_n 增加时引起被解释变量增加；β_n 为负值时，表示解释变量 X_n 增加引起被解释变量减少。

2. 生计策略影响农户脱贫质量成效的回归模型

检验不同生计策略对脱贫质量效果及相对贫困分布的作用时，可能存在异方差影响，为保证模型稳健性，本节使用广义最小二乘法（GLS）构建脱贫质量影响的多元线性回归模型。模型如下：

$$Inc = \alpha + \beta_1 X_1 + \cdots + \beta_n X_n + \varepsilon_i \tag{4-2}$$

Inc 为农户收入脱贫质量，其余参数的含义与式（4-1）一致。

（二）变量设定

1. 被解释变量

在对生计策略影响因素进行回归分析的二元 Logit 模型中，被解释变量为特定生计策略，选择该策略，赋值为 1，否则赋值为 0。既往研究大多将农户生计策略区分为纯农业或兼业（伍艳，2016；赵薇、张宁宁，2019），或者是农业主导、非农经营主导、务工主导、非农劳动收入主导（朱建军，2016；周丽，2020）。考虑到凉山地区农户生计多元性和复杂性，本节将生计策略细分为小农生产或零工、参与集体经济获得回报（含公益岗）、家庭小规模种养、家庭乡村工商个体经营、乡村产业项目或企业就业、外出务工等六种生计策略，并对之归类，概括为农业生计与非农生计，是否政策或福利依赖型生计等基本类型。将上述生计策略作为被解释变量，可全面考察凉山地区农户生计策略的多元特征及其形成机理与影响因素。

在使用广义最小二乘法（GLS）构建的模型中，被解释变量为农户收入脱贫质量的成效，用"脱贫前后农户家庭年收入分档的提升程度"这一指标进行刻画与度量。

2. 解释变量

在二元 Logit 模型中，解释变量分为两大类：一类是衡量凉山地区农户地理禀赋或"空间"生计资本的中心城镇偏离度变量（农户户籍或家庭回村居住地与县城距离的远近），指标为"是处于县城近郊圈层乡村，还是县域边缘圈层乡村"；另一类衡量凉山地区农户传统生计资本的变量，包含人力资本、社会资本、金融资本和物质资本四大类，已有文献中常见的自然资本在本节不再单独考察，而是由中心城镇偏离度的指标来刻画。

考虑到凉山地区农户生计资本的结构性特征，本节将人力资本细分为家庭劳动能力（Health）、家庭抚养比（F_ratio）、家庭支柱受教育水平（Education）、生计技能状况（Skill）、教育与技能综合（ES）等变量指标；社会资本可细分为政企类亲朋关系（Friend）、干部帮扶可得性（Help）、信息渠道（Information）三个变量指标；金融资本和物质资本分别用产业资金或信贷资金的可得性（Fund）、农地占有规模（承包地面积，Agriland）两个代表性变量来刻画。

凉山地区农户在原深度贫困地区脱贫攻坚行动中所获得的帮扶帮扶或政策支持情况，可以反映为下属几个维度的帮扶或支持变量指标，即是否获得"低保"帮扶（Low_income）、是否被列为"建档立卡户"并得到精准帮扶（Card）、自评生计是否受益于基建与公共服务改善（Facility）、自评生计是否受益于具体类型的产业帮扶政策（Policy）。

在使用广义最小二乘法（GLS）构建的模型中，核心解释变量为农户生计策略选择。具体变量设定与测度如表4-1所示。

表4-1　　　　　　　　变量设定与测度

变量类型	变量设置	变量含义	变量测度
生计策略	小农生产或零工（Liv_1）	传统的零散的种植养殖（含零工）	1=选择该生计方式；0=不选择该生计方式
	参与集体经济获得回报（含公益岗）（Liv_2）	参加集体合作社、集体经济组织，获得土地、资金等要素分红、收益，或者参加公益岗	1=选择该生计方式；0=不选择该生计方式
	家庭小规模种养（Liv_3）	以家庭为主从事规模化种植养殖	1=选择该生计方式；0=不选择该生计方式
	家庭乡村工商个体经营（Liv_4）	在本乡从事工商个体经营或开办门市等	1=选择该生计方式；0=不选择该生计方式
	参与乡村产业项目（Liv_5）	参与乡村产业项目或在招商引资企业就业	1=选择该生计方式；0=不选择该生计方式

续表

变量类型	变量设置	变量含义	变量测度
生计策略	外出务工（Liv_6）	进入城市，实现稳定的外出务工	1=选择该生计方式；0=不选择该生计方式
	非农主导生计（Liv_7）	乡村工商业经营、当地企业就业和外出务工	1=选择该生计方式；0=不选择该生计方式
	政策或福利依赖型生计（Liv_8）	从事小农生产或零工，甚至未从事生产而仅依靠集体经济或政策兜底维持生计	1=政策或福利依赖 0=非政策或福利依赖
中心城镇偏离度	中心城镇偏离度（Deviation_central town）	农户户籍居住地与县城距离的远近：所在乡镇是否处于县城近郊的圈层	1=县域边缘或偏远乡村；0=县城近郊圈层乡村
人力资本	家庭劳动能力（Health）	家庭劳动力健康状况与劳动力结构	1=无（弱）劳动力家庭（家庭支柱为非健康劳动力）；2=半劳动力家庭（家庭支柱为健康劳动力，但存在非健康劳动力成员）；3=全劳动力家庭（家庭成员基本都为健康劳动力）
	家庭抚养比（F_ratio）	家庭人口负担，使用家庭抚养比指标	家庭抚养比=家庭非劳动人口数/劳动人口数
	受教育水平（Education）	家庭支柱受教育水平	1=小学以下；2=小学及以上
	生计技能状况（Skill）	家庭支柱是否有被认可的生产或岗位技能	1=无；2=有
	教育与技能综合（ES）	教育与技能方面的综合素质	ES=家庭支柱受教育水平×技能水平
社会资本	政企类亲朋关系（Friend）	在机关或企事业任职的亲朋数量及关系	1=政企类亲朋关系多；0=政企类亲朋关系缺乏
	干部帮扶可得性（Help）	从帮扶机构或干部得到帮扶的程度	1=可得；0=不可得
	信息渠道（Information）	从社会关系或信息网络得到生计信息多少	1=较多；0=没有或较少

续表

变量类型	变量设置	变量含义	变量测度
金融资本	产业资金或信贷资金的可得性（Fund）	产业帮扶资金或信贷资金可得性与便利性	1＝可得；0＝不可得
物质资本	农地占有情况（Agriland）	是否承包一定面积的农用地	1＝承包一定面积的农用地；0＝基本没有或放弃农用地耕种
政策帮扶	是否获得"低保"帮扶(Low_income)	是否存在家庭成员享受最低生活保障补助	1＝有家庭成员获得低保；0＝没有家庭成员获得低保
	是否被列为"建档立卡户"并得到精准帮扶（Card）	是否被认定为符合贫困户标准的建档立卡户	1＝建档立卡户；0＝非建档立卡户
	自评生计是否受益于基建与公共服务改善（Facility）	对乡村基础设施建设与公共服务改进带来生计改善的功效评价	1＝认为基建及公服改进有助于生计改善；0＝认为基建及公服改进对生计改善功效不大
	自评生计是否受益于产业帮扶政策（Policy）	对产业帮扶政策助益生计改善的功效评价	1＝认为缺乏功效；2＝认为有一定功效；3＝认为功效显著
农户收入脱贫效果	农户收入脱贫效果（Inc）	脱贫前后家庭年收入分档提升程度	家庭年收入分档变化＝后期家庭年收入分档－前期家庭年收入分档
	脱贫前家庭年收入分档(Inc_before)	脱贫前家庭年收入所在档次	1＝[0,3000]；2＝(3000,6000]；3＝(6000,10000]；4＝(10000,20000]；5＝(20000,50000]；6＝(50000,∞]
	脱贫后家庭年收入分档（Inc_after）	脱贫后家庭年收入所在档次	1＝[0,3000]；2＝(3000,6000]；3＝(6000,10000]；4＝(10000,20000]；5＝(20000,50000]；6＝(50000,∞]
脱贫前后相对贫困	农户脱贫前相对贫困自评（Poverty$_{t0}$）	农户脱贫后，在所在村组中相对贫困主观自评	1＝相对最为贫困；2＝相对较为贫困；3＝中等；4＝相对情况较好；5＝情况好
	农户脱贫后相对贫困自评（Poverty$_{t1}$）	农户脱贫后，在所在村组中相对贫困主观自评	1＝相对最为贫困；2＝相对较为贫困；3＝中等；4＝相对情况较好；5＝情况好

四 数据来源与统计描述

（一）数据来源

凉山地区作为"三区三州"重要板块，曾是全国脱贫攻坚主战场之一，因而也是进一步巩固提升脱贫质量成效与实现乡村振兴有效衔接的关键区域。凉山地区包括大凉山地区和小凉山地区，覆盖四川凉山彝族自治州17个县（市），四川乐山市、宜宾市以及云南丽江市6个县，过去包括16个国家级贫困县，呈现自然地理复杂、交通信息闭塞、社会发育滞后、致贫成因复杂的结构贫困特征，随着大规模集中性脱贫退出，目前面临愈加紧迫的巩固脱贫质量、防止返贫风险任务。从乡村发展与农户生计"面上"状况看，凉山地区山高坡陡、耕地零散、城乡形态多元、乡镇规模小、居住分散，自发搬迁现象多见，地理区位及交通条件对农户生计影响较大；农户生计渠道及收入来源主要有三个：一是种养业，每户一般有五六亩或七八亩地，种植土豆、花椒等粮食或经济作物，并养殖一些牲畜自己吃或卖钱。二是外出务工，人均年收入2万元左右，村里还安排了护林员、保洁员等一些公益性岗位。三是政策兜底，缺乏劳动力的家庭享受"低保"，老人领取养老金和高龄补贴，残疾人有专项补贴，加上生态林、退耕还林等补助，基本能达到脱贫最低收入标准。从上述情况看，在凉山地区开展农户抽样调查，进行农户生计策略形成及其脱贫效果的实证考察，对研究"三区三州"乃至中西部集中连片脱贫地区的农户生计优化与脱贫质量巩固有很强的代表性。

本节使用数据来自笔者所在调研团队对大小凉山地区的实地入户抽样调查。抽样过程为：首先，考虑到样本能涵盖大小凉山地区的各种自然地理特征和城乡分布形态，在大凉山地区、小凉山地区各选择3个有典型性和代表性的国家级贫困县，前者为凉山州的G县、Y县、B县，后者为乐山市的M县、E县及宜宾市的P县。进而，抽样选择样本镇（乡）和样本村，需要满足的条件是：2015年普遍完成"建档立卡"精准识别、开启了精准帮扶行动，截至2020年均已实现脱贫退出；样本村户在县城近郊圈层乡村和"边角"圈层乡村呈现随机分布；样本村户中有一定数量的未建档立卡户即非贫困户的随机存在。按照上述抽样方法，调研团队20人于2021年1—2月深入大小凉山地区G县、Y县、B县、M县、E县、P县，进行了为期40天的村户访谈与问卷调查，入户调查对象为户主（家庭支柱）或其配偶，调查时两个调查员一组，一人访问，一人将访谈信息录入问卷APP并录音，调研团队设有数据核查员，对各小组录入的数据信息进行数值和逻辑检验。调研团队通过对凉山地区6个县实地调查，得到涉及18个村共1085份农户调查问卷，其中有效问卷705份。此外，调研团队在每个县召开了县、镇、村三级干部座谈会，整理出110份政府工作人员、驻村帮扶人员、村组干部座谈及访谈记录，这为本节混合研究与案例分析奠定基础。

（二）农户生计策略分布

从生计策略类型分布看（见表4-2），大小凉山地区农户生计的非农化和城镇化倾向显著，超过70%的农户家庭放弃乡村农业生产而选择工商业经营，超过68%的农户有家庭劳动力进入城市（或大型城镇）务工。但是仍有超过10%的农户存在"福利依赖"，脱贫生计内生性与自主性不足。

表4-2　　四川凉山地区农户生计策略的类型分布

生计策略	数量（户）	比例（%）
小农生产或零工	50	7.09
参与集体经济获得回报（含公益岗）	35	4.96
政策或福利依赖型生计	75	10.64
家庭小规模种养	297	42.13
家庭乡村工商个体业经营	18	2.55
乡村大型产业项目或企业就业	33	4.68
外出务工	480	68.09
非农主导生计	495	70.21
合计	705	100

注：部分农户有兼业情况，家庭有成员外出务工，有成员留乡生产，因此各类型占比不能简单加总为1。

资料来源：根据调研数据整理所得。

下面从中心城镇偏离程度、家庭劳动力结构两个方面,分类描述农户生计策略的基本分布。首先,从705户有效问卷所在的家庭类型分布看,324户属于"低"中心城镇偏离度村户(近郊圈层),381户属于"高"中心城镇偏离度村户(偏远或边角圈层乡),较为均衡;48户为无(弱)劳动力家庭、330户为半劳动力家庭、327户为全劳动力家庭,符合凉山地区农户劳动力分布总体状况。

从家庭小规模种养与外出务工两类生计占比看(见图4-2),随着中心城镇偏离度提高,小规模种养生计占比大幅度增加,说明偏远村户发展乡村特色农业的动能更足。此外,尽管进城务工已成为各区域村户的主要脱贫生计,但是随着中心偏离度的提高,劳动力外出务工比例有所下降,也即是说,城镇近郊圈层的村户受中心城镇经济辐射更强,其生计非农化及人口市民化动能更强。

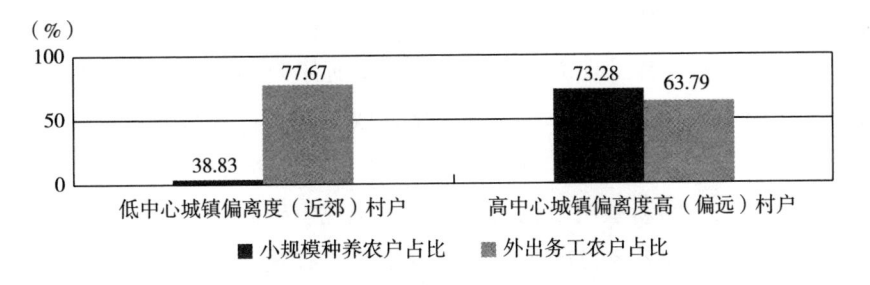

图4-2 中心城镇偏离度不同的村户的典型脱贫生计策略对比

按照劳动力结构区分三类农户(见图4-3),随着家庭劳动能力提高(从弱无劳动力家庭到半劳动力家庭,再到全劳动力家庭),从事小规模种养农户的比重先上升再下降,其中半劳动力家庭从事小规模种养的比重最高(达到50%),成为乡村特色产业经营的基本单位;另一方面,外出务工农户比重逐渐上升,其中全劳动力家庭外出务工的比重最高(达到72.48%),也即家庭劳动能力强、人力资本禀赋高的农户更倾向于外出务工,脱贫生计的城镇化和非农化动能更强。

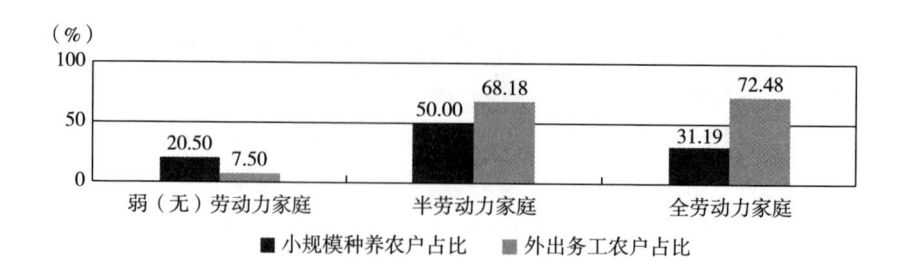

```
(%)
100
          20.50                  50.00    68.18              72.48
 50                                                 31.19
          7.50
       弱（无）劳动力家庭      半劳动力家庭          全劳动力家庭
              ■ 小规模种养农户占比    ■ 外出务工农户占比
```

图 4-3 家庭劳动力结构不同的村户的典型脱贫生计策略对比

上述对凉山地区农户生计策略分布情况的统计描述，勾勒出中心城镇偏离度与家庭人力资本对农户脱贫生计的影响，为进一步认识和检验这种影响，下文将利用二元 Logit 模型和样本数据信息，对中心城镇偏离度、生计资本与农户各具体生计策略的关系，进行计量分析。

五 计量结果分析

生计策略选择呈现出农户赖以"脱贫奔康"的生产方式及收入渠道，透射出脱贫农户融入新型城镇化抑或参与乡村振兴的自主性与有效性，体现了高质量脱贫的人本性动能。外出务工以及生计"非农化"反映农户的新型城镇化动能，家庭小规模种养或参与工商业经营反映脱贫农户融入乡村产业振兴的自主性、有效性和实现程度，一些劳动力健全的农户家庭若选择政策或福利依赖型生计，提示这部分脱贫农户可能正遭遇"救济陷阱"或"福利效应"。本节计量分析部分，主要考察外出务工和非农生计、家庭小规模种养，以及福利依赖型生计策略的影响因素及形成机理。

（一）选择外出务工和非农生计策略的影响因素

本节选择两组模型，以第一组模型考察凉山地区农户以外出务工为主要生计的影响因素，在第二组模型中，考察包括外出务工、乡村工商经营在内的非农化生计的影响因素；每组模型包含两个子模型，第二个子模型在第一个子模型基础上引入家庭支柱受教育水平与技能水平的交乘项，以进一步考察人力资本综合水平对农户外出务工或非农生计策略选择的影响。具体结果如表 4-3 所示。

表 4-3　城镇外出务工、非农生计策略选择的影响因素分析

变量	外出务工（Liv_6）		非农生计（Liv_7）	
	模型（1）	模型（2）	模型（3）	模型（4）
$Deviation\_central\ town$	-0.704** (0.358)	-0.725** (0.360)	-0.921** (0.375)	-0.936** (0.377)
F_ratio	0.136 (0.165)	0.132 (0.166)	0.0538 (0.165)	0.0504 (0.166)
$Health$	0.112 (0.357)	0.0909 (0.359)	0.0279 (0.369)	0.0132 (0.371)
$Education$	0.355 (0.370)	-0.298 (1.101)	0.593 (0.379)	0.146 (1.131)
$Skill$	0.440 (0.345)	-0.382 (1.342)	0.348 (0.358)	-0.206 (1.363)
$Friend$	0.993*** (0.339)	1.000*** (0.339)	1.011*** (0.353)	1.015*** (0.354)
$Help$	-0.204 (0.485)	-0.153 (0.494)	-0.405 (0.495)	-0.371 (0.503)
$Information$	0.579* (0.340)	0.608* (0.344)	0.684* (0.354)	0.705** (0.358)
$Fund$	-0.709* (0.364)	-0.736** (0.367)	-0.664* (0.376)	-0.683* (0.379)
$Agriland$	0.266 (0.407)	0.277 (0.409)	0.409 (0.415)	0.418 (0.417)
ES	—	0.479 (0.758)	—	0.326 (0.775)
常数项	-1.122 (1.244)	0.0156 (2.193)	-0.945 (1.272)	-0.173 (2.237)
N	657	657	657	657

注：括号内为标准误，*为回归系数显著性，***、**、*表示在1%、5%、10%的水平上显著。从理论逻辑与调查统计看，无（弱）劳动力家庭选择外出务工或非农生计的情况罕见，因而本部分回归分析样本删除这类家庭。

在考察农户外出务工生计策略的影响因素时，模型（2）结果表

明：中心城镇偏离度在模型中的系数为-0.725**（0.360），表明"低"中心城镇偏离度的农户家庭相比于"高"中心城镇偏离度的农户家庭更青睐外出务工。"低"中心城镇偏离度意味着农户毗邻中心城镇或处于边缘圈层，接受更强城镇辐射效应，在获取城镇务工信息、融入城镇生产生活以及城乡交通往来方面，具有"近水楼台先得月"可及性优势与成本优势。在地理偏远、信息闭塞、社会发育滞后的凉山地区，农户有较重的守土情结和"毕摩"宗教信仰，加之教育水平低、语言不通，较难融入城市生活，缺乏外出务工意识和动力，特别是在远离中心城镇的彝族村寨，进城务工想法和行动受到更多守土意识和环境条件束缚。参照郭华、黎洁（2019）和王君涵（2020）等的研究，城镇安置、帮扶搬迁对外出务工和生计的非农化有正向影响，作者在凉山地区实地调研发现，近年来通过易地搬迁、城镇安置、务工引导以及帮扶扶志行动，大小凉山地区农村劳动力进城务工意愿增强，"穷守乡土"理念被打破、"穷懒"现象在减少；但相比城镇近郊村户，边远村户外出务工动能仍然较弱。

政企类亲朋关系（Friend）在模型中的系数为1.000***（0.339），信息渠道的系数为0.608*（0.344），表明社会资本对外出务工有正向影响，来自政企单位的亲朋关系有助于农户家庭得到更多城镇就业渠道，信息渠道意味着外出务工机会的可及性。已有研究表明，社会关系网络对促进农户优化收入组合有重要意义（Bryceson，1997），农户可通过人际关系得到工作（Ellis，2000）。

在考察农户非农生计方式选择的影响因素时，模型各主要参数的系数、显著性水平与考察外出务工影响因素时一致，二者主要差异体现在模型中各参数系数的大小上，即相比对外出务工策略的影响，相同因素对非农生计策略的影响更大，各参数系数绝对值在第二组模型结果中更大。

人力资本变量如受教育或技能水平，对外出务工或非农生计影响系数并不显著，未能支持人力资本有助于农户生计非农化的常见研究结论（Woldenhanna & Oskam，2001；朱建军等，2016；何仁伟，2019；周丽，2020），对此也有研究者提出，在"招工难"背景下进城劳动力无论是否受过良好教育,都可获得工作机会(Liu,2015)。凉山地区外出务工人口以非技术性农民工为主,集中在建筑、钢材、工程等行业(王美英,2018),其岗位对教育和技能要求较低。结合实地调研与实证结果,本节认为,凉山地区农户外出务工的最大束缚不在教育和技能,而在于行为习惯和机会渠道。

(二)选择家庭小规模种养的影响因素

在对家庭小规模种养的影响因素进行分析时(见表4-4),模型(1)与模型(2)中呈现显著的因变量是一致的,都为中心城镇偏离度与承包农用地面积,中心城镇偏离度在模型中的系数为4.443***(0.623),承包农用地面积在模型中的系数为1.169**(0.537)。

表4-4 选择家庭小规模种养的影响因素分析

变量	家庭小规模种养(Liv_3)	
	模型(1)	模型(2)
Deviation_central town	4.456*** (0.622)	4.443*** (0.623)
F_ratio	0.196 (0.197)	0.186 (0.196)
Health	-0.219 (0.447)	-0.235 (0.449)
Education	0.143 (0.497)	-0.748 (1.511)
Skill	-0.301 (0.444)	-1.395 (1.801)
Friend	-0.0068 (0.421)	-0.0120 (0.421)
Help	0.173 (0.623)	0.227 (0.636)
Information	-0.299 (0.429)	-0.259 (0.433)

续表

变量	家庭小规模种养（Liv_3）	
	模型（1）	模型（2）
Fund	0.0611 (0.457)	0.0163 (0.465)
Agriland	1.156** (0.537)	1.169** (0.537)
ES	—	0.628 (1.002)
常数项	-3.754** (1.713)	-2.207 (3.003)
N	657	657

注：括号内为标准误，*为回归系数显著性，***、**、*分别表示在1%、5%、10%的水平上显著。

由于模型（2）引入了新的控制变量，故采用模型（2）的回归结果进行分析。结果表明，中心城镇偏离度高的农户更倾向于以家庭为单位开展小规模种养经营。其原因可能是，区位偏僻、交通不便，加之信息闭塞与乡土情结，使远离中心城镇的凉山地区农户更愿意留乡进行家庭规模化种植和养殖，这与上文对外出务工和非农生计影响因素的分析存在对称性。这从反面印证了王君涵（2020）的研究结论，城镇化导向的易地搬迁对农林种植与家畜养殖有负向影响。实地调研发现，凉山地区家庭种养在相对偏远的村镇更为常见，农户融入乡村产业振兴的意愿动能更足，高质量脱贫的内生动力较强。

承包农用地的面积越大，越可能从事家庭小规模种养。这与诸多文献研究结论一致，以农业专业化为主的生计策略对自然资本和物质资本依赖较强（伍艳，2016；陈良敏等，2020）；耕地经营规模越大，农户在农业生产中投入资金、技术、劳动力越多，生计策略越偏向于纯农化（赵微、张宁宁，2019）。实地调研也发现，凉山地区偏远乡村人均耕地（包括开荒地）和林地草坝多，适宜开展花椒等经济作物种植以及小规模养畜放牧，其正借助电商赋能，显示出较大发展潜力。

（三）选择政策或福利依赖型生计策略的影响因素

无劳动力的农户家庭（如老年人、残疾人或重病患者家庭）通常依靠政策兜底维持生计，这类家庭是选择政策或福利依赖型生计的"自然"群体，但不是生计策略选择的研究重点。因此，我们将无（弱）劳动力农户家庭样本剔除，基于由全劳动力和半劳动力家庭组成的农户家庭样本，进行政策或福利依赖型生计影响因素的回归分析。计量结果如表4-5所示。

表4-5　政策或福利依赖型生计策略的影响因素分析

变量	政策或福利依赖型（Liv_8）	
	模型（1）	模型（2）
Deviation_ central town	-1.365** (0.573)	-1.319** (0.576)
F_ ratio	-0.258 (0.270)	-0.254 (0.275)
Health	-0.0825 (0.575)	-0.0116 (0.583)
Education	-1.150** (0.565)	0.274 (1.786)
Skill	1.088* (0.572)	2.515 (1.826)
Friend	-1.698*** (0.622)	-1.753*** (0.636)
Help	0.0622 (0.752)	-0.0949 (0.793)
Information	-0.799 (0.552)	-0.871 (0.562)
Fund	0.580 (0.552)	0.650 (0.561)
Agriland	-0.596 (0.561)	-0.630 (0.566)

续表

变量	政策或福利依赖型（Liv_8）	
	模型（1）	模型（2）
ES	—	-0.926 (1.116)
常数项	0.301 (1.919)	-1.950 (3.353)
N	657	657

注：括号内为标准误，*为回归系数显著性，***、**、*分别表示在1%、5%、10%的水平上显著。

模型（1）的结果表明，中心城镇偏离度的系数为-1.365**（0.573），政企类亲朋关系的系数为-1.698***（0.622），家庭支柱受教育水平的系数为-1.150**（0.565），技能水平的系数为1.088*（0.572）。从结果反映出的含义看，一方面，如较多文献研究和实践观察所发现的那样（陈飞、翟伟娟，2015；孙晗霖等，2019），亲朋关系多、受教育水平高，通常意味着农户生计选择视野更宽阔、脱贫奔康内生动力更强，容易规避"政策依赖陷阱"或福利效应；另一方面，中心城镇偏离度对政策或福利依赖产生负向影响，即农户家庭若地处偏远乡村、远离中心城镇，反而不容易陷入政策或福利依赖，此外技能水平对政策或福利依赖产生正向影响，即家庭支柱有一定技能，反而容易陷入政策或福利依赖。上述这些情况似乎与常理有所不符。

实地调查发现，打响脱贫攻坚战以来，凉山地区偏远乡村开展"扶贫扶志"行动成效显著，农户"等靠要"现象减少，一个家庭存在健康劳动力，大多选择开展小规模种养或外出务工等生计策略；但与之相比，在一些城镇近郊乡村以及城镇安置区，地理区位与生存环境好，但兜底帮扶力度大（伴有局部分配不均）、资产帮扶政策待遇好，加之帮扶搬迁存在"重安置、轻就业"情况，导致脱贫"灯下黑"或"劳动力闲置"现象，表现出一定程度的"福利效应"与"悬崖效应"。此外，凉山地区农户家庭劳动力技能层次普遍较低，所谓"有一技之长"的劳动力大多为漆工、钢筋工，建筑工，常随包工头零零散散地在城乡之间到处打零工，居无定所，流动性较大（王美英，2018），拥有一点技能反而会使之陷入"半歇半工"的状态，特别是城镇近郊乡村或安置区农户家庭，生存条件和政策待遇较好，出现以零工为主的生计固化现象（Barett等，2001），形成"福利陷阱"。

（四）基于劳动力结构差异的分样本考察

针对具有不同劳动力结构的农户家庭，精准帮扶政策效果及其生计引导功效存在差异。区分半劳动力家庭和全劳动力家庭样本，分别进行生计策略的影响因素及政策引导功效分析，有助于进一步探究具有不同劳动能力的脱贫人口的生计策略形成过程、内生动能大小及政策影响。

对于半劳动力家庭的农户样本而言，特定生计策略的影响因素回归结果如表4-6所示。[①]

表4-6　　　　半劳动力家庭生计策略的影响因素分析

变量	政策或福利依赖型 (Liv_8)	非农生计型 (Liv_7)	外出务工型 (Liv_6)	家庭小规模种养 (Liv_3)
	模型1	模型2	模型3	模型4
$Deviation\_central\ town$	0.911 (0.193)	-1.472 (0.105)	-1.652** (0.024)	1.942** (0.028)
F_ratio	-0.367* (0.086)	-0.227 (0.297)	0.096 (0.629)	-0.218 (0.350)
$Friend$	-0.035 (0.943)	-0.040 (0.947)	0.609 (0.207)	-0.976* (0.099)
$Education$	0.234 (0.667)	0.646 (0.315)	-0.217 (0.681)	0.607 (0.332)
$Skill$	-0.948* (0.090)	0.793 (0.214)	0.532 (0.314)	0.496 (0.414)

---

① 在分样本考察的模型中，解释变量做了适度调整，加入了脱贫前收入分档、相对贫困自评等反映高质量脱贫的变量。

续表

变量	政策或福利依赖型 (Liv_8)	非农生计型 (Liv_7)	外出务工型 (Liv_6)	家庭小规模种养 (Liv_3)
	模型1	模型2	模型3	模型4
$Help$	-0.081 (0.922)	-1.296 (0.131)	-1.454* (0.077)	1.304 (0.128)
$Information$	-1.523** (0.016)	0.798 (0.246)	1.205** (0.047)	-0.360 (0.614)
Low_income	-0.988** (0.047)	-0.142 (0.786)	0.261 (0.579)	-0.656 (0.247)
$Card$	-0.793 (0.206)	0.586 (0.443)	0.793 (0.218)	-0.152 (0.831)
$Policy$	-0.787 (0.187)	-0.753 (0.331)	-0.498 (0.408)	0.120 (0.856)
$Facility$	-0.364 (0.528)	0.903 (0.248)	0.580 (0.325)	0.634 (0.337)
$Poverty_{t0}$	0.227 (0.657)	0.406 (0.533)	0.006 (0.990)	1.030* (0.092)
Inc_before	-0.247 (0.203)	0.358 (0.217)	0.180 (0.335)	0.010 (0.957)
常数项	2.689** (0.013)	0.453 (0.705)	-0.712 (0.483)	-3.286** (0.018)
N	330	330	330	330

注：括号内为 p 值，***、**、* 分别表示在1%、5%、10%的水平上显著。

在对政策或福利依赖型生计策略的影响上，低保、抚养比、技能水平、信息渠道的系数显著为负。技能与信息渠道对"福利效应"的抑制作用易于理解；存在抚养负担或有成员享受"低保"的农户较少形成政策或福利依赖，这与此类家庭仍存在健康劳动力从事自主生计有关，也说明，诸如"低保"之类的特定对象保障政策，有助于半劳动力家庭缓解生计负担，释放自主生计潜力。

在外出务工型生计策略的影响上，中心城镇偏离度和干部帮扶系数显著为负，信息渠道的系数显著为正，与前文全样本回归结果基本一致。农户若远离中心城镇，或获得干部帮扶较多，则倾向于留乡发展生产而非外出务工；信息渠道丰富的农户家庭成员倾向外出务工。

在对小规模种养生计策略的影响上，中心城镇偏离度的系数显著为正，与上文对应，农户远离中心城镇，更倾向于留乡从事小规模种养。政企类亲朋关系的系数显著为负，社会关系网络有助于农户外出务工而非留乡参与小规模种养。脱贫前相对贫困主观自评的系数显著为正，反映出相对贫困农户留乡参与小规模种养的生计选择倾向更强，有潜力成为乡村产业振兴的重要主体。

对于全劳动力家庭的农户样本而言，特定生计策略的影响因素回归结果如表 4-7 所示。

表 4-7　　全劳动力家庭生计选择情况分析

变量	福利依赖型 (Liv_8) 模型 1	非农生计型 (Liv_7) 模型 2	外出务工型 (Liv_6) 模型 3	家庭小规模种养 (Liv_3) 模型 4
$Deviation\_central\ town$	-1.234* (0.086)	1.241 (0.300)	-0.732 (0.344)	1.349 (0.128)
F_ratio	-1.012** (0.032)	0.756 (0.255)	0.874* (0.072)	-0.473 (0.392)
$Friend$	-0.457 (0.401)	2.139** (0.044)	1.762*** (0.005)	-1.166 (0.110)
$Education$	-0.414 (0.536)	1.138 (0.235)	0.365 (0.622)	0.521 (0.613)
$Skill$	0.776 (0.197)	1.368 (0.185)	1.246* (0.061)	-0.888 (0.250)
$Help$	0.470 (0.496)	-0.470 (0.712)	0.528 (0.559)	-0.836 (0.483)
$Information$	0.034 (0.961)	0.627 (0.539)	0.494 (0.477)	-0.057 (0.950)

续表

变量	福利依赖型 (Liv_8)	非农生计型 (Liv_7)	外出务工型 (Liv_6)	家庭小规模种养 (Liv_3)
	模型1	模型2	模型3	模型4
Low_income	0.505 (0.450)	-0.151 (0.884)	-0.112 (0.880)	-0.144 (0.877)
$Card$	2.184*** (0.001)	-2.048* (0.095)	0.207 (0.774)	-0.863 (0.303)
$Policy$	-0.790 (0.197)	1.839* (0.078)	0.858 (0.195)	-0.105 (0.894)
$Facility$	-0.134 (0.824)	0.015 (0.985)	-1.015 (0.139)	1.658* (0.083)
$Poverty_{t0}$	-0.744 (0.237)	2.755** (0.042)	1.608** (0.024)	-0.759 (0.322)
Inc_before	-0.628** (0.015)	0.857* (0.054)	0.415* (0.064)	-0.117 (0.623)
常数项	1.539 (0.258)	-4.151** (0.041)	-2.906* (0.051)	-1.677 (0.308)
N	327	327	327	327

注：括号内为p值，***、**、*分别表示在1%、5%、10%的水平上显著。

在对政策或福利依赖型生计策略的影响上，中心城镇偏离度、家庭抚养比、脱贫前家庭年收入分档的系数显著为负，"建档立卡"系数显著为正。远离中心城镇、家庭抚养比高、初始收入水平较高农户，较少出现"福利效应"，这与全样本分析有一致之处。值得重视的是，实证结果表明，进入"建档立卡"精准帮扶名单的全劳动力农户有更大概率选择政策或福利依赖型生计，实地调查也发现，缺乏生计自主性、易陷入"福利陷阱"的农户家庭往往是那些取得"建档立卡"资格的全劳动力群体。这提示我们反思集中式脱贫攻坚遗留的帮扶过度或扶贫失序问题，在未来巩固提升高质量脱贫和乡村振兴政策支持中，应提升全劳动力家庭或健康劳动力人口的内生发展动力和生计自主性。

在对非农生计型生计的影响上,政企类亲朋关系、政策产业引导功效评价、脱贫前相对贫困主观自评或家庭年收入分档的系数显著为正,反映社会关系网络与产业帮扶政策在引导农户生计非农化转型中的正向作用,且初始贫困程度较低的农户生计非农化倾向更显著。但建档立卡系数显著为负,说明全劳动力家庭获得"建档立卡"资格及精准帮扶待遇,会制约其生计非农化转型。

在对外出务工型生计的影响上,家庭抚养比、政企类亲朋关系、技能水平、脱贫前相对贫困主观自评或家庭年收入分档的系数显著为正。对于全劳动力家庭而言,社会关系网络、个体技能水平、家庭初始收入状况,以及家庭负担产生的生计压力,都对其外出务工起到一定的促进作用。

在对小规模种养生计的影响上,认为从基建及公服改进中受益的全劳动力家庭,更倾向于选择小规模种养,间接反映出乡村基建与公服改进对脱贫农户融入乡村产业振兴的脱贫质量巩固起着重要支撑作用。

通过对半劳动力家庭与全劳动力家庭的分组比较,得到一些推论:

第一,容易陷入政策或福利依赖的往往是"低"中心城镇偏离度的全劳动力家庭。由生计策略固化效应的存在(Barett 等,2001),这些地处城镇近郊或安置区的全劳动力农户,尽管家庭人口负担较小,但长期从事小农生计或打零工,形成了安于现状意识,有些甚至养成了"穷懒"行为习惯,若是在集中性脱贫攻坚中享受"精准到户"的帮扶政策待遇,则容易出现"福利效应",缺乏进一步发展的内生动力和生计追求,制约高质量脱贫成效,难以成为乡村产业振兴主体。与之相比,那些半劳动力家庭以及有儿童的全劳动力家庭,当抚养比较高时会有较强的改善生计的内生动力,反而不容易陷入政策或福利依赖生计状态。此外,信息帮扶、技能培训都有助于半劳动力家庭规避福利效应。

第二,最低生活保障类的"精准到人"帮扶政策有助于半劳动力家庭减轻"老弱病残"人口经济负担,减少后顾之忧而投入自主生产经营，避免整个家庭陷入政策或福利依赖；但是"建档立卡"资格及其附带的"精准到户"帮扶资源若被一些具有"穷懒"意识的全劳动力家庭"捕获"，不仅造成政策资源浪费，还会使这类家庭自主生计动能变弱，阻碍生计非农化，产生"福利效应"。

第三，对存在"老弱病残"成员的半劳动力家庭而言，若远离中心城镇并且相对贫困程度高，则倾向于留乡从事小规模种养。对全劳动力家庭而言，中心城镇偏离度未对其生计策略产生显著影响，但若是相对贫困程度高，则倾向于进城务工。上述对比表明，生计选择会受家庭劳动力结构制约。乡村基础设施建设与公共服务改进对农户留乡开展小规模种养起到重要支撑和促进作用。

六 进一步研究：不同生计策略对农户脱贫质量的影响

受制于中心城镇偏离度及生计资本差异的影响，凉山地区农户的生计策略选择呈现多元化倾向，这种多元策略是否对农户脱贫质量产生影响？特别是，外出进城务工、留乡小规模种养作为农户融入新型城镇化和乡村产业振兴的策略典型，是否产生不同脱贫质量成效，下面对此做出进一步探讨。

（一）不同生计策略对农户脱贫质量的影响

本节以脱贫前后农户年收入分档提升的程度衡量收入脱贫质量，以之为被解释变量，选用广义最小二乘法（GLS）考察不同生计策略下的凉山地区农户脱贫质量成效（模型1），在此基础上进一步引入有可能对结果产生影响的控制变量（模型2），以验证模型可信度。回归结果如表4-8所示。

表4-8　　　　　　不同生计选择对脱贫质量的影响

变量	家庭年收入分档变化	
	模型1	模型2
小农生产或零工	-0.257 (-0.62)	-0.288 (-0.73)
参与集体经济获得回报（含公益岗）	0 (.)	0 (.)

续表

变量	家庭年收入分档变化	
	模型 1	模型 2
家庭小规模种养	-0.360*** (-2.72)	-0.361*** (-2.85)
参与乡村产业项目	0.468* (1.70)	0.503* (1.96)
家庭乡村工商个体经营	-0.391* (-1.79)	-0.417** (-2.17)
外出务工	0.412*** (2.62)	0.403** (2.50)
F_ratio		-0.0679 (-1.29)
$Health$		0.0244 (0.17)
$Help$		0.278 (1.42)
$Fund$		-0.0753 (-0.57)
ES		-0.0019 (-0.03)
常数项	0.125 (0.27)	0.0979 (0.59)
N	657	657

注：括号内为 t 检验值，*为回归系数显著性，***、**、*分别表示在 1%、5%、10%的水平上显著。

其中，参与乡村产业项目在模型中的系数为 0.468*（1.70），外出务工在模型中的系数为 0.412***（2.62），家庭小规模种养在模型中的系数为 -0.360***（-2.72），家庭工商业经营在模型中的系数为 -0.391*（-1.79）。这表明，农户外出城镇务工或参与乡村大型产业项目，有显著的收入脱贫质量提升效果，但家庭小规模种养或乡村工商个体经营效果成疑，这与孙晗霖等（2020）的研究发现有一致之处,即把非农经营作为生计来源更有益于家庭生计和脱贫质量的可持续性。

在凉山地区进行实地调研发现,稳定的进城务工或参与大型乡村产业项目给农户带来的脱贫质量提升效应明显,"一人打工、全家脱贫"现象常见;但是农户以家庭为单位开展小规模种养或乡村工商个体经营所带来的收益极不稳定,特别是农户从事小规模种养,受限于物流基建与社会化服务体系不足,以及病虫害或灾疫风险冲击,在增收水平及可持续性上都有不足。这也在一定程度上表明,实现高质量巩固拓展脱贫攻坚成果与乡村振兴的有效衔接,需要新型城镇化与乡村振兴双管齐下,以推动脱贫人口充分融入城乡经济双向循环,增强生计可持续性与脱贫质量稳定性。

(二) 特定生计策略的中介效应检验

上文分析表明,中心城镇偏离度、生计资本影响凉山地区农户的生计策略选择;不同生计策略又产生差异化的脱贫质量呈现。由此可提出的问题是:中心城镇偏离度、生计资本是否可能通过影响农户生计策略选择,而间接影响农户脱贫质量,为此,本节对特定生计策略的中介效应进行检验。通过 Bootstrap 方法检验(Preacher & Hayes, 2008),结果呈现如表 4-9 所示。

表 4-9 特定生计策略的中介效应检验结果

作用途径	总效应	直接效应	中介效应	中介效应占比(%)	检验结论
$Deviation\_central\ town => Liv_6 => Inc$	-0.578	-0.493***	-0.085*	14.706	部分中介效应
$Deviation\_central\ town => Liv_7 => Inc$	-0.578	-0.451***	-0.127**	21.972	部分中介效应
$Deviation\_central\ town => Liv_4 => Inc$	-0.679	-0.587***	-0.092*	13.549	部分中介效应

第一,外出务工策略表现出部分中介效应。中心城镇偏离度在一定程度上通过影响农户外出务工的策略选择而影响农户脱贫质量。毗邻中心城镇的农户更倾向于外出务工并因此实现了更大幅度的收入脱贫质量提升。此外,政企类亲朋关系也有助于农户选择外出务工并由

此提升脱贫质量。

第二，非农化生计策略表现出部分中介效应。政企类亲朋关系和信息渠道在一定程度上通过推进农户的生计非农化转型而提升了农户脱贫质量效果。

第三，从事乡村工商个体经营策略也表现出部分中介效应。家庭劳动能力较低的农户以及易于获得经营资金的农户更便于通过从事乡村工商个体经营而提升脱贫质量成效。

（三）稳健性检验

本节采用以下稳健性检验方法：第一，将二元 Logit 回归模型改为二元 Probit 回归。第二，采用 2019 年同地区调研取得的不同样本进行回归，因为 2019 年调研地区已经实现贫困退出，因此降低了样本选择误差。第三，将脱贫质量的度量改为农户脱贫前后相对贫困程度的变化。检验结果与上文一致，验证了本节结论的稳健性（见表 4-10）。

表 4-10 稳健性检验结果

变量	(1) Probit 回归		(2) 更换样本	
	外出务工 (Liv_6)	家庭小规模种养 (Liv_3)	外出务工 (Liv_6)	家庭小规模种养 (Liv_3)
	模型1	模型2	模型3	模型4
$Deviation\_central\ town$	-0.558** (0.230)	2.448*** (0.294)	-0.998** (0.412)	4.371*** (0.686)
F_ratio	0.087 (0.087)	0.076 (0.091)	0.142 (0.150)	0.180 (0.173)
$Health$	0.204 (0.221)	-0.088 (0.243)	0.315 (0.376)	-0.217 (0.447)
$Education$	-0.167 (0.653)	-0.662 (0.840)	-0.347 (1.117)	-0.764 (1.595)
$Skill$	-0.030 (0.832)	-0.992 (0.989)	-0.096 (1.407)	-1.393 (1.762)
$Friend$	0.488** (0.207)	-0.063 (0.239)	0.811** (0.372)	-0.036 (0.447)

续表

变量	(1) Probit 回归		(2) 更换样本	
	外出务工 (Liv_6)	家庭小规模种养 (Liv_3)	外出务工 (Liv_6)	家庭小规模种养 (Liv_3)
	模型 1	模型 2	模型 3	模型 4
$Help$	-0.132 (0.273)	0.149 (0.363)	-0.184 (0.457)	0.228 (0.670)
$Information$	0.344 (0.214)	-0.108 (0.256)	0.591 (0.386)	-0.265 (0.487)
$Fund$	-0.427* (0.233)	0.007 (0.274)	-0.718* (0.406)	0.033 (0.519)
$Agriland$	0.267 (0.237)	0.698** (0.284)	0.472 (0.390)	1.170** (0.482)
ES	0.216 (0.462)	0.486 (0.552)	0.405 (0.781)	0.630 (1.003)
常数项	-0.391 (1.375)	-0.872 (1.654)	-0.516 (2.323)	-2.145 (3.136)
N	657	657	657	657

变量	(3) 更换被解释变量
	家庭相对贫困程度变化
	模型 5
小农生产或零工	0.202 (0.253)
参与集体经济获得回报（含公益岗）	0 (.)
家庭小规模种养	-0.144*** (0.116)
参与乡村产业项目	0.037* (0.266)
家庭乡村工商个体经营	-0.008* (0.342)
外出务工	0.074*** (0.135)

续表

变量	（3）更换被解释变量 家庭相对贫困程度变化 模型 5
F_ratio	-0.081** (0.036)
$Health$	0.026 (0.101)
$Help$	0.203 (0.139)
$Fund$	0.010 (0.100)
ES	-0.029 (0.035)
常数项	0.380 (0.345)
N	657

七 结论与启示

（一）结论

（1）中心城镇偏离度刻画的地理禀赋或空间生计资本将对农户生计策略形成发挥基础性作用。具有"低"中心城镇偏离度，即县城近郊圈层乡村农户更倾向于非农化生计策略特别是进城务工；与之相比，具有"高"中心城镇偏离度，即县域边缘或偏远乡村农户更倾向于留乡以家庭为单位开展小规模种养。结合实地调查及案例观察发现，凉山地区作为"三区三州"脱贫退出典型区域，农户脱贫生计选择具有显著的资源环境依赖和空间分异特征，凉山地区农户对中心城镇的"偏离"是地理空间与经济辐射的双重"偏离"，县市近郊圈层村户能得到更多的城镇务工机会及市场溢出，进城务工或从事非农生计的交易成本低，参与新型城镇化和"市民化"生计转型动能更足；县域边缘或偏远村户面临更高进城成本而"入城受阻"的同时，又因拥有耕地、山林、草场等资源环境优势而"自觉留乡"，倾向于进行家庭小规模特色种养，融入乡村产业振兴潜在意愿更强，高质量脱贫的内在动能显著。

（2）各类生计资本对农户生计策略的影响呈现复合效应和边际差异。人力资本与"空间"资本对生计策略的影响具有交互性，劳动力结构不同的农户群体在进行生计策略选择时，对地理区位及资源环境依存度是不同的，如存在"老弱病残"的半劳动力家庭若远离中心城镇则更倾向于留乡进行小规模种养，但全劳动力家庭不受中心城镇偏离度制约而倾向于外出务工或非农生计。相比金融及物质资本，社会资本对农户生计策略的影响更为显著，如政企类亲朋关系、信息渠道对全部样本农户外出务工均起正向作用，承包地面积、经营资金仅对特定农户从事小规模种养或乡村个体经营起到一定正向影响，此外，学历或技能仅对全劳动力家庭外出务工有一定促进作用。

（3）生计策略选择在一定程度上关系着凉山地区农户的脱贫质量成效。地理空间复杂性与生计资本异质性造成了凉山地区农户生计策略的多元化，而选择不同生计策略的农户家庭在脱贫质量的收入提升及可持续性上也呈现出差异。总体来看，相比家庭种养，进城务工表现出显著的高质量脱贫成效，即更好的增收效果、更显著的生计稳定性及可持续性，特别是毗邻中心城镇的农户通过稳定的进城务工而实现了更大幅度的收入水平提升。大型乡村产业项目或招商引资企业的"落地"及有效经营也能形成较好的减贫带动效应。此外，政企类亲朋关系与信息渠道有助于农户实现生计非农化转型而提升收入水平，金融资本（经营资金可得性）则有助于农户留乡开展工商个体经营而取得较好增收效果。

（4）不同类型农户从精准帮扶政策帮扶中得到的生计引导与生计赋能不同。以"老弱病残"为特定保障对象的农村"低保"制度，有助于凉山地区半劳动力家庭减轻"抚养负担"，使其家庭健康劳动力成员无"后顾之忧"进而积极寻求务工或非农化生计，避免整个家庭陷入政策或福利依赖，信息帮扶、技能培训对于此类家庭提升自主生计能力有积极影响。但与之相比，全劳动力家庭若得到"建档立卡"资格，享受精准帮扶政策资源，反而容易陷入政策或福利依赖，因于小农经营或零散务工的"穷懒"状态，缺乏生计自主性与可持续性。相比特定类型的产业政策，普惠性的乡村基础设施与公共服务改进，如建制村通硬化路、电商进村等，产生了更显著的生计赋能效应。

(二) 启示

(1) 推进脱贫质量巩固与乡村振兴的有效衔接，关键是实现脱贫农户在城乡经济循环中的生计融入。实证分析与实地调查表明，稳定的城镇务工是包括凉山地区在内的大部分脱贫退出地区村户实现高质量脱贫与生计可持续的主要途径，因此，必须坚持就业优先战略，做好脱贫劳动力"稳就业"工作，避免农民工群体或留乡劳动力出现规模性失业。与之相比，以村户家庭为单位的"小规模种养"受限于技术、物流短板以及灾疫、市场风险，收益回报水平及可持续性都有不足，就此可构建集体组织、农户、资本共建共治共享的乡村产业治理体系，实施农业"接二连三"策略，完善交通、电商与冷链物流，形成城乡贯通的区域全产业链和供应链，培植有市场前景、有品牌效益、有益贫效应的乡村现代产业，使之成为农户在巩固高质量脱贫和实现乡村振兴中的生计融入载体。

(2) 因地制宜、因势利导，结合区域条件有序推动农户融入新型城镇化和乡村产业振兴，持续巩固提升高质量脱贫。在凉山地区等"三区三州"及中西部脱贫退出地区，农户生计呈现多元化、结构性特征，对地理区位、资源环境、家庭劳动力结构有较强依存性。应充分考虑中心城镇偏离度，有序引导脱贫农户融入城乡经济循环：在地处县市近郊圈层的"低"中心城镇偏离度乡村，充分发挥城市辐射与城镇化带动作用，平衡推进脱贫农户"稳就业"与"市民化"；在地处县域边缘圈层的"高"中心城镇偏离度乡村，充分发掘特色种养、稀缺"文旅"资源优势，以"乡村新基建"破除地理区位瓶颈，培育有比较优势和市场竞争力的乡村产业，推进脱贫农户在乡村产业链和供应链上的经营性融入。

(3) 分类引导、精准施策、提升质量，对劳动力结构不同的脱贫农户进行差异化生计赋能。调整与优化脱贫振兴过渡期政策资源配给，对半劳动力家庭，完善"老弱病残"成员"低保"覆盖与特困供养，支持其健康劳动力发展自主生计；对全劳动力家庭，加快其保障（兜底）型政策待遇的有序退出，为之提供生计信息支持、职业技能教育，消除"福利效应"，激发其市场化导向的生计动能。

第二节 农户生计策略对脱贫质量稳定性的影响存在区域差异吗？

——对甘孜州和秦巴山区精准脱贫家庭的实证考察与比较

基于对甘孜州和秦巴山区的抽样调查，通过连续三年对样本农户家庭收入的动态监测（2018—2020年家庭收入是否保持在脱贫线1.5倍以上）来测度脱贫的质量和稳定性。基于民族地区异质性的视角，探讨生计策略对脱贫稳定性的影响，从而从生计改善的角度为持续稳定的高质量脱贫提供理论和实证支撑。结果表明：（1）生计策略对脱贫质量稳定性的影响存在地区异质性，政策依赖型生计有利于甘孜州的农户脱贫质量稳定性，但不利于秦巴山区的农户稳定高质量脱贫；（2）两地样本农户农业经营主导型生计策略均不利于脱贫质量稳定性，非农务工型生计有利于持续稳定脱贫；（3）生计资本和政策因素对生计策略产生影响的方向和程度在两地有所差异。所得结论为改善脱贫农户生计，高质量巩固拓展脱贫攻坚成果与乡村振兴有效衔接提供了启示。

一 引言

在整体脱贫摘帽的背景下，提高脱贫稳定性、防范返贫风险、巩固高质量脱贫成为一个重要议题。尽管已有大量学者围绕如何实现稳定脱贫展开讨论（王小林，2016；江泽林，2018；郑秉文，2019），但多停留在理论分析和政策建议层面，缺少实证结果，且对于高质量脱贫维度的"脱贫稳定性"也未给出明确统一的定义和衡量标准。已有研究多使用贫困脆弱性或可持续生计框架评价脱贫稳定性（高若晨、李实，2018；刘子宁等，2019；王富珍等，2019；胡原等，2019），两种方法的共同缺陷在于：根据个体目前的生计资产持有状况预测其未来是否有可能返贫，准确性有待商榷，李雨等（2019）根据农户前后两年收入的动态变化来衡量脱贫稳定性，但监测时间跨度较短，导致一定的偶然性。"稳定脱贫"实际上应理解为一种长期状态，当脱贫户长期维持在贫困线以上，且具有一定的自主发展能力时，则可以认为其达到了稳定脱贫，因此对脱贫稳定性进行衡量需要建立长期的动态监测机制。国务院扶贫开发领导小组发布了《关于建立防止返贫监测和帮扶机制的指导意见》[①]，提出对建档立卡已脱贫但不稳定户进行动态监测，"人均可支配收入低于国家扶贫标准1.5倍左右的家庭"被包含在监测对象内，受此启发，本节基于对典型区域2018—2020年的动态抽样调查，根据农户家庭收入是否连续三年稳定在脱贫线1.5倍以上来判断脱贫的质量和稳定性。

脱贫稳定性研究不仅有利于脱贫质量巩固，更有利于高质量提升脱贫攻坚成果与乡村振兴战略的有效衔接，为实现从前者到后者的转变，发展农村人口内生动力是关键，因此要着力于促进全体脱贫人口的生计改善，培养其自主反贫困能力。当前从生计角度探讨提高脱贫稳定性的文献多停留在可持续生计框架内部，学者们从改善农户生计资本持有状况为稳定脱贫提出建议（苏芳等，2009；黎洁等，2009；许汉石、乐章，2012），而关于农户自身生计策略的减贫效应关注度不足，仅一些文献讨论了非农生计对脱贫的影响（柳建平等，2019；孙伯驰等，2019），何种生计策略更有利于农户脱贫质量稳定性的提高？还需实证分析。

整体而言，当前关于脱贫质量稳定性的实证研究大多关注政策效应（徐超等，2017；李聪，2018），鲜有对生计策略与脱贫质量稳定性之间关系的实证检验，未能从农户自身生计改善的角度为稳定持续的高质量脱贫提供理论参考，且当前研究多使用脆弱性方法或可持续生计框架来衡量脱贫稳定性，缺少对农户家庭的动态监测

[①] 参见中国政府网，http://www.gov.cn/zhengce/zhengceku/2020-03/27/content_5496246.htm。

数据，无法客观反映个体的脱贫状态。本节的贡献有以下几个方面：（1）通过对甘孜州和秦巴山区样本农户家庭收入的动态监测来判断其脱贫质量和稳定性，避免传统方法预测的不准确性，反映了农户实际脱贫状态。（2）对生计策略进行了两种分类：一是基于政策依赖和市场参与的角度；二是基于农业和非农业的角度，相比以往研究更全面地反映了农户生计状况。（3）实证检验了生计策略对脱贫质量稳定性的影响，弥补了已有研究的空白，为政府引导农户生计改善提供了理论和实证支持。（4）讨论了民族地区异质性，基于对甘孜州和秦巴山区的对比分析，得出生计策略对脱贫质量稳定性产生影响的民族地区差异，为因地制宜地持续巩固高质量脱贫成果提供了建议。（5）进一步探讨影响生计策略的因素，发现生计资本和政策认可度对生计策略产生的影响同样具有地区异质性。

后续文章安排如下：第二部分是理论框架和研究假设；第三部分是数据来源与模型设计，包括样本选择、变量定义及模型说明；第四部分是实证结果及解释；第五部分是研究结论与政策启示。

二 理论框架和研究假设

（一）理论框架

生计被定义为谋生所需的能力、资产和活动（Chamber 和 Conway），与后来英国国际发展署提出的可持续生计框架（SLA 框架）相对应，能力和资产即指生计资本，活动指生计策略，可持续生计框架认为生计资本决定个体采取的生计策略，从而进一步影响生计结果，已有生计研究也均停留在此框架内部。实际上生计结果指人们生计活动所得（Chambers and Conway, 1992），是家庭生活水平各方面指标的综合，包括家庭收入、衣食情况、住房质量等，一定程度上能够直接反映出家庭脱贫状态是否稳定，因此生计结果与脱贫质量和稳定性密切相关，生计策略自然对脱贫质量稳定性产生影响。基于生计资本→生计策略→生计结果→脱贫质量稳定性的逻辑基础，本节认为五方面生计资本和制度环境对个体所选择的生计策略产生影响，不同生计选择导致差异性生计结果，表现为脱贫质量差异（是否稳定脱贫），生计策略影响脱贫质量稳定性的理论框架如下：

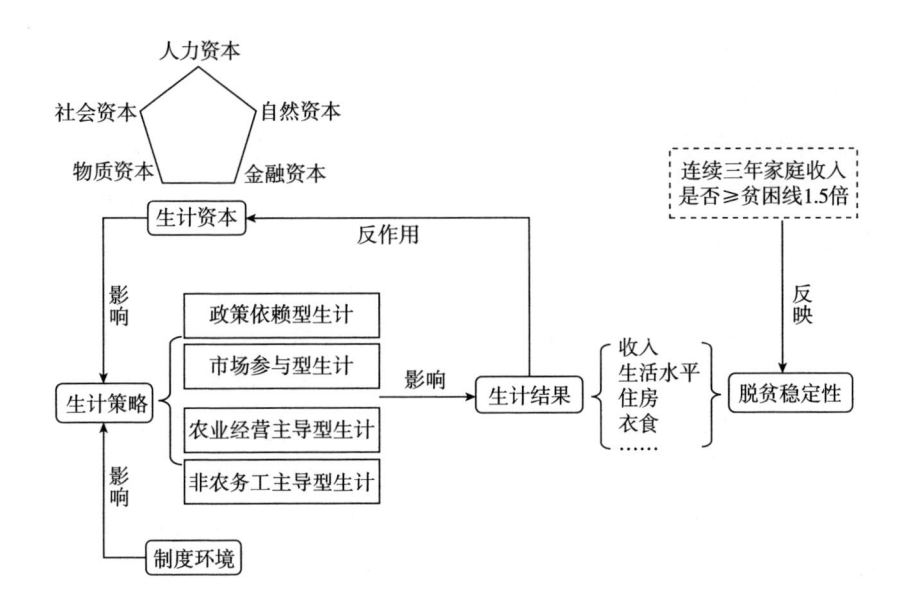

图 4-4 生计策略对脱贫稳定性的影响分析框架

(二) 研究假设

1. 政策依赖型生计、市场参与型生计与脱贫质量稳定性

除了谋生所需的能力、资产和活动以外，生计也包括国家提供的社会和公共服务（Lipton 和 Van der Gaag，1993；Blackwood 和 Lynch，1994）。当生计与贫困联系起来时，生计资本的极度缺乏可能导致农户无法选择能够维持自身基本生活的生计策略，此时只能依赖政策兜底，所以本节将社会福利也纳入生计策略中去。首先根据转移性收入占比将农户区分为政策依赖型生计或市场参与型生计，针对政策依赖与脱贫之间的关系，学者多认为政策依赖限制了农户的自主反贫困能力，不利于可持续脱贫（雷蕾，2019；马小虎，2017），关于政策依赖影响脱贫稳定性的实证研究非常少，但李波等（2017）基于分位数回归模型对高寒藏区的农户进行研究，发现政策依赖对农户减贫增收具有正效应，且边际贡献随着收入分位点的增加而缓慢上升，此外，他们还发现，低收入农户的自主反贫困能力带来的减贫增收效应不明显，但随着收入升高，这种边际效应也增强。也就是说，理论上一般认为政策依赖不利于稳定脱贫，但对少数民族地区的实证研究却发现政策依赖有利于减贫增收。

基于上述现象，本节做出以下分析：由于历史和现实等多种原因，我国民族地区经济发展普遍落后于全国平均水平，也一直是高质量脱贫的难点与痛点（周文、彭大峰，2019）。样本中甘孜州与秦巴山区均属于连片特困区，但前者具有天然的资源劣势，农户极为分散，组织化程度低，市场区位劣势明显，高质量脱贫实现需要依赖政策；而后者相对来说生计资本状况较为丰富，地理位置和交通条件好于前者，且市场参与度略高一些，能够依靠主观能动性达到高质量脱贫。再根据实际调研数据来看，甘孜州农户的贫困程度明显比秦巴山区农户的贫困程度深，样本中甘孜州农户可以类比为李波等人研究中的高寒藏区农户，所以根据甘孜州和秦巴山区的民族地区异质性提出以下假设：

H1：政策依赖型生计有利于甘孜州农户稳定实现高质量脱贫，但是不利于秦巴山区农户脱贫质量的稳定性。

2. 农业经营主导型生计、非农务工主导型生计与脱贫质量稳定性

大部分学者主要还是基于农业和非农业的视角来区分生计策略（赵雪雁，2013；陈良敏，2020；苏芳，2009），关于非农就业对脱贫的影响，国内外学者已有较为丰富的研究结果：C. B. Barret（2001）发现，非洲大部分农村地区的非农收入和家庭福利指标之间存在着正相关关系，葛霆（2014）研究发现非农就业是贫困农民群体脱贫的有效路径和方法，张鹏瑶等（2019）通过实证发现精准脱贫户非农主导型生计策略对其生计稳定作用十分显著。而相对于外出务工来讲，农业生产被视为不利于农户减贫的生计方式，这很可能是由于我国农村生产方式主要为家庭小规模生产，生产和经营成本高（郭熙保，2013），生产要素没有得到有效的配置和利用，未能产生规模经济效应。在已有研究的基础上，本节从农业和非农业的视角将农户划分为农业经营主导型生计和非农务工主导型生计，前者在具体活动上主要体现为家庭小规模的种养，后者在具体活动上主要体现为外出务工。由此提出假设2：

H2：农业经营主导型生计不利于农户稳定高质量脱贫，非农务工主导型生计有利于农户脱贫质量的持续稳定。

3. 生计资本、政策认可度与生计策略

关于影响生计策略的因素，已有大量学者基于可持续生计框架进行过研究，目前使用最为广泛的可持续生计框架是英国国际发展署（DFID）提出的 SLA 框架，该理论认为五方面的生计资本（包括人力资本、物质资本、自然资本、金融资本和社会资本）对生计策略产生影响。已有文献对不同地区、不同特征的样本进行生计分析得到不同的结论：苏芳等（2009）对张掖市甘州区的研究发现，自然资本促进农户选择农业生计，金融资本促进农户选择非农生计，但其余三方面的资本对生计策略无显著影响，郝文渊等（2014）对西藏林芝地区的研究发现，人力资本也对非农生计产生促进作用，徐定德等（2015）对西南典型山区的研究发现，提高人力资本、自然资本和物质资本均有利于农户类型由纯农型向兼业型转化。由此发现生计资本对生计策略产生的影响存在地区异质性。此外，由于发展生产与就业脱贫一批是从生计改善角度而采取的精准帮扶措施，与农户生计方式息息相关，所以本节在抽样调查中设置了两个指标性问题：一是对产业帮扶措施的满意度；二是对就业创业帮扶措施的满意度，用以度量农户获得的政策引导和支持情况，尝试探讨政策对农户生计选择的影响，由此本节提出假设 3：

H3：生计资本和政策因素对农户的生计策略产生影响，但具有民族地区异质性。

三　数据来源与模型设计

（一）数据来源

本节的数据来源于 2018—2020 年对甘孜州和秦巴山区进行的抽样调查。我国贫困具有明显的地域分异特征，呈现出区域性集中分布，其中民族地区贫困问题严重，14 个集中连片特困地区中有 11 个在民族地区（刘彦随等，2016），由于地理区位、自然资源、历史文化等因素，少数民族地区经济发展水平较低，被视为具有高脆弱性的群体，其返贫风险也受到众多关注（陈全功等，2009；庄天慧等，2011），因此在高质量巩固脱贫攻坚成果时应首先关注民族地区，优先解决易出现返贫风险问题的"硬骨头"。甘孜州位于四川西部，为藏族居民聚居地，属于集中连片特困地区中四省藏区的一部分，另外，秦巴山区也为集中连片特困地区，但主要以汉族居民为主，与甘孜州在民俗文化、地理位置、经济水平等方面存在差异，因此在对比民族地区异质性时选取两地作为研究对象具有较好的代表性，所以本节选取秦巴山区（四川地区）和甘孜州作为调研区域，具体调查过程如下：

第一步，在甘孜州选取甘孜藏族自治州的 D 县，考虑到地理位置与资源禀赋的平衡，抽取了三个近郊村和三个远郊村，其中五个村在 2018 年未退出贫困序列，一个村已退出贫困序列。在秦巴山区（四川地区）选取宜宾市的 X 县与 Y 县，抽取八个村（X 和 Y 县各四个），其中六个村在 2018 年未退出贫困序列，两个村在 2018 年已退出贫困序列。上述所有村县均在 2014 年建档立卡并实施精准帮扶，在 2020 年已全部完成贫困退出。

第二步，在抽取的十四个村中，对已脱贫农户进行随机抽样调查，获取样本中所有农户均为建档立卡户，且在 2018 年及以前完成脱贫。调查收集了样本农户家庭各项收入情况、人均年收入水平、家庭人力资本结构、家庭经济资本存量、家庭社会资本状态、所感受到的政策支撑导向、可感受到的基础设施与公共服务的支持导向、城乡地理区位等详细资料。另外，在 2018—2020 年，对样本中所有农户进行家庭收入的动态监测作为高质量脱贫测度。

按上述程序，选出 624 个甘孜州农户与 716 个秦巴山区农户进行调研，获得有效样本 1340 份，为本节研究提供了丰富的微观数据。

（二）样本特征

甘孜州和秦巴山区的样本农户收入特征存在明显差异：从家庭人均收入来看，秦巴山区样本农户人均年收入为 8606.9 元，甘孜州样本农户人均年收入为 4427.5 元，秦巴山区的平均收入水平高于甘孜州。在收入结构上，两者的差异更加明显，秦巴山区高达 92.18% 的样本农户不以转移收入为主，而甘孜州的这一数据仅为 40.87%，经计算，秦巴山区样本农户总转移收入占总收入的比重为13.3%，而甘孜州为58.0%，因此，可以推测甘孜州大部分农户为政策依赖型生计，表现为高占比的转移收入，脱贫更多地依赖于政策而非主观能动性。此外，秦巴山区样本农民扣除转移收入后，以工资收入为主的比例为81.28%，而甘孜州样本农户的这一数据为44.23%，可以看出秦巴山区农户多依赖打工收入为主，而甘孜州农户多依赖家庭小规模种养。此外，两地农户在人力资本、物质资本、社会资本以及对政策的认可度也存在显著的区别，差异如表4-11至表4-14所示。

表4-11　人均年收入

	Obs	Mean	Std. Dev.	Min	Max
秦巴山区	716	8606.905	5628.424	3166	64457.14
甘孜州	624	4427.514	951.0282	3619.67	11199.5

注：数据来源于对调研数据的统计测算。

表4-12　脱贫稳定性

脱贫稳定性	秦巴山区		甘孜州	
	Freq.	Percent	Freq.	Percent
不稳定（人均年收入<4000元）	27	3.77	219	35.1
稳定（人均年收入≥4000元）	689	96.23	405	64.9
Total	716	100	624	100

注：数据来源于对调研数据的统计测算。

表4-13　收入结构

	是否为经营主导型收入结构				是否为政策依赖型收入结构			
	秦巴山区		甘孜州		秦巴山区		甘孜州	
	Freq.	Percent	Freq.	Percent	Freq.	Percent	Freq.	Percent
否	582	81.28	276	44.23	660	92.18	255	40.87
是	134	18.72	348	55.77	56	7.82	369	59.13
Total	716	100	624	100	716	100	624	100

注：数据来源于对调研数据的统计测算。

表 4-14　　　　　　　　　农户对帮扶措施的评价

对增收是否有帮助	产业扶贫开发帮扶措施				就业创业帮扶措施			
	秦巴山区		甘孜州		秦巴山区		甘孜州	
	Freq.	Percent	Freq.	Percent	Freq.	Percent	Freq.	Percent
没有帮助	141	19.69	66	10.58	221	30.87	150	24.04
有帮助	575	80.31	558	89.42	495	69.13	474	75.96
Total	716	100	624	100	716	100	624	100

注：数据来源于对调研数据的统计测算。

（三）模型选择与变量说明

1. 生计策略对脱贫质量稳定性的影响

考虑到甘孜州与秦巴山区的差异性，本节分地区分别对两地农户生计策略对脱贫质量稳定性的影响进行研究，构建二元 Logit 模型，被解释变量为体现高质量脱贫维度的"是否稳定脱贫"，解释变量为"是否为政策依赖型生计"和"是否为农业经营型主导生计"，具体模型如下：

$$\Omega_i = \ln \frac{P_i}{1-P_i} = \alpha + \beta_1 X_1 + \beta_2 X_2 + \cdots + \beta_n X_n + \varepsilon_i$$

模型的因变量为二元类别变量，若符合因变量的定义，则赋值为 1，若不符合，则赋值为 0。P_i 表示符合因变量定义的概率。Ω_i 衡量了符合因变量定义这件事发生相对于不发生的概率或程度；其值越大，表明事件发生的概率越高。ε_i 为随机扰动项，代表事件发生概率的扰动，以及经济资料在统计、整理和综合过程中所出现的误差。α 为截距项，β_n 为收入结构对脱贫稳定性影响的回归系数。

由于主回归的因变量为定性变量，为了证实主回归结果的稳健性，本节将使用广义最小二乘法（GLS）构建一个定量回归模型，以"2018 年家庭人均年收入"作为被解释变量，解释变量与主回归模型相同，具体模型如下：

$$Y_i = \alpha + \beta_1 X_1 + \cdots + \beta_n X_n + \varepsilon_i$$

具体的变量设定标准如下：

被解释变量：农户的脱贫质量稳定性。本节以我国贫困线标准的1.5倍设置稳定脱贫线，并且通过连续三年的动态监测数据来判断农户是否稳定高质量脱贫，当样本农户2018—2020年家庭人均年收入均超过贫困线的1.5倍则认定为稳定高质量脱贫农户，赋值为1，否则赋值为0。此外，为证实模型稳健性，还将农户2018年的人均年收入也作为被解释变量进行定量分析。

核心解释变量：农户的生计策略。此处对生计策略的衡量进行说明，本节使用收入结构来衡量生计策略，除了传统意义上的农户为谋生所采取的具体活动外，也将社会福利加入生计策略中去。首先根据转移性收入在家庭总收入中的占比（是否高于50%）来判断农户为政策依赖型生计还是市场参与型生计，前者反映出农户的生计多靠政策兜底，赋值为1，后者则表明农户的生计多依赖自身发展，赋值为0。根据具体调研情况，当地农户经营性收入几乎全部来源于家庭小规模的种养，可定义为农业生计，而农户工资性收入几乎均来源于外出务工，可定义为非农生计，所以此处使用收入来源占比判断其生计策略是可行的。因此将样本农户的年总收入扣除转移收入后，通过比较经营性收入和工资性收入的占比大小来判断农户为农业经营型主导生计还是非农务工型主导生计，若农户为农业经营型主导生计，则赋值为1，否则赋值为0。除了定性分析外，本节还分别将转移性收入占比和经营性收入占比作为定量的解释变量，以增加结果的可靠性。具体的收入结构与生计策略对应如表4-15所示。

表4-15　　　　　　　　收入结构与生计策略对照表

收入结构	政策依赖型收入结构	非政策依赖型收入结构	经营型主导收入结构	工资型主导收入结构
生计策略	政策依赖型生计	市场参与型生计	农业经营型主导生计	非农务工型主导生计

控制变量：为有效控制其他因素对脱贫质量稳定性的影响，本节从家庭人力资本、家庭物质资本、家庭社会资本、可感受的政策支撑导向、地理区位等方面选取了相应的控制变量。由于甘孜州和秦巴山

区的具体情况存在差距，甘孜州全部样本农户户主的教育程度均为小学及以下，所以不需要再设置为控制变量，而秦巴山区则将户主教育程度作为控制变量；在地理区位的刻画上，由于秦巴山区缺少距县城距离及海拔高度这两个数据，所以拟用所在村是否为贫困村代替。具体的变量选择如表4-16所示。

表4-16 变量的界定与测度

维度	名称	变量说明及赋值
脱贫稳定性	脱贫稳定性	以2018年贫困线标准的1.25倍（4000元）作为稳定脱贫的收入标准，2018年人均年收入≥4000元认定为稳定脱贫，赋值为1，否则赋值为0
	人均年收入	样本农户家庭人均年收入，单位：元
生计策略	是否为农业经营主导型生计	减去转移收入之后，比较工资性收入与经营性收入，经营性收入占比高于工资性收入则认定为经营主导型生计，赋值为1，否则赋值为0
	经营性收入占比	家庭年总收入的经营性收入比重
	是否为政策依赖型生计	转移性收入超过家庭年总收入的50%则认定为政策依赖型生计，赋值为1，否则赋值为0
	转移性收入占比	家庭年总收入的转移性收入占比，体现农户生计的政策依赖程度
家庭人力资本	受教育程度	户主教育年限，分类变量：1 小学及以下；2 初中；3 高中；4 大专及以上
	技能水平	建档立卡以来，家里是否有人参加过就业培训，是则赋值为1，否则赋值为0
家庭物质资本	缺水情况	缺水情况：1 有缺水的时候，但连续时间不到30天；2 常年均有水喝
	取水便利程度	取水便利程度：0 单次取水往返时间超过20分钟；1 非自来水但单次取水往返时间在20分钟以内；2 自来水，不需要外出取水
	通电情况	是否通电，是则赋值为1，否则赋值为0
	广播电视信号接收情况	是否能接收到广播电视信号，是则赋值为1，否则赋值为0

续表

维度	名称	变量说明及赋值
家庭社会资本	帮扶责任人是否有帮助	问卷设置问题：帮扶责任人是否有帮助？0 帮助不大；1 有帮助；2 有明显帮助
	年帮扶次数	第一书记及驻村工作队队员一年到访次数
农户可感受的政策支撑导向	产业开发帮扶措施认可度	问卷设置问题：得到产业开发帮扶措施后，对家里增收有没有帮助？有则赋值为1，否则赋值为0
	就业创业帮扶措施认可度	问卷设置问题：获得的就业创业帮扶措施，对家里增收是否有帮助？有则赋值为1，否则赋值为0
	看病负担	问卷设置问题：现在看病和以前相比负担是否明显减轻？0 不明显；1 比较明显；2 非常明显
地理区位	距县城距离	农户所在村距离县城的距离，单位：km
	海拔高度	农户所在村的海拔高度，单位：m
	行政村是否属于贫困村	行政村是否属于贫困村，是则赋值为1，否则赋值为0

2. 探究影响生计策略的因素及中介效应

本节尝试在主回归的基础上探究影响生计策略的因素，从而进一步分析如何改善生计结构从而提高农户脱贫质量稳定性，在此步骤中仍使用收入结构反映农户的生计策略，以"是否政策依赖型生计"和"是否农业经营主导型生计"作为被解释变量，家庭人力资本、物质资本、社会资本、农户可感受的政策支撑导向以及地理区位等作为解释变量，具体的变量选取与赋值与表1相同。针对生计策略的定性和定量变量分别构建二元Logit模型和广义最小二乘法回归模型，具体模型同上。此外本节使用Bootstrap方法检验中介效应，探究哪些因素对生计策略产生影响从而进一步影响脱贫质量和稳定性。

四 模型估计结果及解释

（一）分地区变量统计性描述及回归结果

当使用定性变量"是否为农业经营主导型生计""是否为政策依赖型生计"衡量农户的生计策略时，模型结果显示，在控制了家庭人力资本、家庭物质资本、家庭社会资本、地理区位等方面的变量后，是否为农业经营主导型生计对两地农户的稳定性均未显示出显著的影响，甘孜州政策依赖型生计的系数为 0.811** (0.318)，秦巴山区政策依赖型生计的估计系数为 -1.036* (0.604)，表明甘孜州农户的政策依赖型生计有利于脱贫质量稳定性，但秦巴山区农户的政策依赖型生计不利于脱贫质量稳定性，两地生计策略对脱贫质量稳定性产生的影响存在地区异质性，H1 成立，但 H2 不显著。

表 4-17　　　　　　　　甘孜州变量统计性描述

变量名称	均值	标准差	最小值	最大值
脱贫稳定性	0.649	0.478	0	1
人均年收入	4427.514	951.028	3619.67	11199.5
是否为农业经营主导型生计	0.558	0.498	0	1
经营性收入占比	0.182	0.172	0	0.713
是否为政策依赖型生计	0.591	0.493	0	1
转移性收入占比	0.58	0.253	0.181	1
技能水平	0.712	0.454	0	1
缺水情况	1.962	0.193	1	2
取水便利程度	1.423	0.495	1	2
帮扶责任人是否有帮助	1.971	0.168	1	2
年帮扶次数	55.599	41.439	5	200
产业开发帮扶措施认可度	0.894	0.308	0	1
就业创业帮扶措施认可度	0.76	0.428	0	1
看病负担是否明显减轻	1.976	0.154	1	2
距县城距离	78.48365	70.68487	9.6	210
海拔高度	3711.236	255.5651	3195	4180

表 4-18　　　　　　　　秦巴山区变量统计性描述

变量名称	均值	标准差	最小值	最大值
脱贫稳定性	0.962	0.191	0	1
人均年收入	8606.905	5628.424	3166	64457.14

续表

变量名称	均值	标准差	最小值	最大值
是否为农业经营主导型生计	0.187	0.39	0	1
经营性收入占比	0.178	0.224	-0.246	1
是否为政策依赖型生计	0.078	0.269	0	1
转移性收入占比	0.133	0.205	0	1
受教育程度	1.254	0.467	1	4
技能水平	0.5	0.5	0	1
缺水情况	1.936	0.245	1	2
取水便利度	1.799	0.415	0	2
帮扶责任人是否有帮助	1.913	0.296	0	2
年帮扶次数	28.106	33.363	0	360
产业开发帮扶措施认可度	0.803	0.398	0	1
就业创业帮扶措施认可度	0.691	0.462	0	1
看病负担是否明显减轻	1.848	0.414	0	2
行政村是否属于贫困村	0.711	0.454	0	1

表4-19　　　　　生计策略对脱贫质量稳定性（定性）

	甘孜州		秦巴山区	
	（1）脱贫稳定性	（2）人均年收入	（3）脱贫稳定性	（4）人均年收入
是否为农业经营主导型生计	0.471 (0.318)	27.98 (142.6)	-0.377 (0.525)	-1036.0 (741.7)
是否为政策依赖型生计	0.811** (0.318)	307.8** (148.2)	-1.036* (0.604)	-771.1 (1185.4)
常数项	-0.0885 (0.243)	4229.9*** (131.1)	3.474*** (0.241)	8861.1*** (206.5)
N	624	624	716	716
R^2		0.027		0.009
adj. R^2		0.018		0.006

注：括号内为p值，***、**、*分别表示在1%、5%、10%的水平上显著。

表 4-20　　　　　生计策略对脱贫质量稳定性（定量）

	甘孜州		秦巴山区	
	（1）	（2）	（3）	（4）
	脱贫稳定性	人均年收入	脱贫稳定性	人均年收入
经营性收入占比	0.957 (1.089)	-1238.2* (664.9)	-1.512** (0.735)	-2379.2 (1484.5)
转移性收入占比	1.614** (0.751)	-201.5 (385.9)	-2.099*** (0.680)	-6137.5*** (752.4)
常数项	-0.480 (0.588)	4769.6*** (363.8)	3.956*** (0.336)	9844.6*** (325.1)
N	624	624	716	716
R^2		0.038		0.060
adj. R^2		0.029		0.058

注：括号内为 p 值，***、**、*分别表示在 1%、5%、10%的水平上显著。

当使用定量变量"经营性收入占比""转移性收入占比"衡量农户的生计策略时，模型结果显示，在控制其他因素后，甘孜州农户经营性收入占比对脱贫稳定性未显示出显著影响，但对人均年收入产生负效应，估计系数为-1238.2*（664.9），且在 10%的水平上显著，秦巴山区农户经营性收入占比对脱贫稳定性显示出负效应，系数为-1.512**（0.735），这表明两地农户经营性收入占比提高不利于稳定高质量脱贫或者收入的增加，反映出农业经营型生计策略不利于提高脱贫质量稳定性；转移性收入占比在此处对两地样本农户脱贫质量稳定性显示出完全相反的效应，与之前定性的回归结果互相印证，也就是说，秦巴山区农户生计策略的政策依赖程度越高，脱贫质量稳定性越差，而甘孜州农户生计策略的政策依赖程度越高，脱贫质量稳定性反而越好。

需要指出的是，两地区政策依赖型生计对脱贫质量稳定性产生的作用完全相反。从定性和定量的角度来看，甘孜州样本农户转移收入占主导或较高比例对脱贫稳定性都有积极的影响，在秦巴山区，情况恰恰相反。对比甘孜州和秦巴山区的调研情况发现，甘孜州在自然条件、教育、基础设施、收入等方面均落后于秦巴山区，且甘孜州的农户组织化程度低，较为分散，不论是外出务工还是在本地务农都存在较大障碍，因此维持稳定高质量脱贫仍需要依赖政策，而秦巴山区条件相对较好，已经度过了原来的深度贫困时期，保障性的帮扶手段已不再适用，发展自主反贫困能力才能进一步提高脱贫质量稳定性。

（二）生计资本、政策认可度与生计策略

1. 甘孜州

模型（1）中家庭技能水平的系数为-0.958^*（0.492），农民所在村庄到县城的距离系数为-0.0181^{***}（0.00443）。这表明，在控制其他变量的情况下，农户技能水平越低，距离县城越近，越有可能为农业经营主导型生计，这可能是由于从事经营活动需要的技能门槛较低，且县城对周边郊区农户经营活动会产生辐射效应。模型（1）中对产业帮扶措施的主观评价系数为1.137^*（0.676），说明产业帮扶措施的认可度越高，甘孜州农户越可能从事农业经营生计。模型（1）和模型（2）均表明，高海拔对农户从事经营活动有轻微的正向影响，可能是因为高海拔阻碍了农民的外出务工，从而不得不选择在本地从事农业活动。模型（3）中家庭技能水平系数为-0.949^{**}（0.462），就业创业帮扶措施主观评价系数为-1.085^{**}（0.510），这表明，在其他变量的控制下，家庭技能水平越高，对就业创业帮扶措施的主观评价越高，农户越不以政策依赖型生计为主导。模型（4）的结果与模型（3）相似，说明结果具有可靠性。

表 4-21　　甘孜州样本农户生计策略的影响因素

	（1）是否为农业经营主导型生计	（2）经营性收入占比	（3）是否为政策依赖型生计	（4）转移性收入占比
技能水平	-0.958^* (0.492)	0.0568 (0.0350)	-0.949^{**} (0.462)	-0.147^{***} (0.0535)

续表

	（1） 是否为农业 经营主导型生计	（2） 经营性 收入占比	（3） 是否为政策 依赖型生计	（4） 转移性 收入占比
缺水情况	-1.603 (1.090)	-0.1000* (0.0547)	0.0769 (0.978)	0.0720 (0.102)
取水便利程度	-0.641 (0.411)	-0.00170 (0.0300)	-0.423 (0.390)	-0.0491 (0.0473)
帮扶责任人是否 有帮助	-0.512 (0.940)	0.110 (0.0769)	0.124 (0.992)	-0.0361 (0.107)
年帮扶次数	-0.00531 (0.00495)	-0.000813*** (0.000262)	-0.00108 (0.00453)	0.000429 (0.000504)
产业开发帮扶措施对 增收是否有帮助	1.137* (0.676)	0.00597 (0.0393)	0.302 (0.636)	0.0946 (0.0786)
就业创业帮扶措施对 增收是否有帮助	-0.0817 (0.520)	0.0145 (0.0413)	-1.085** (0.510)	-0.120** (0.0587)
看病负担是否 明显减轻	-1.545 (1.231)	-0.103 (0.107)	1.163 (1.230)	0.0660 (0.0947)
距县城距离	-0.0181*** (0.00443)	-0.000934*** (0.000272)	0.00127 (0.00414)	-0.000428 (0.000423)
海拔高度	0.00450** (0.00184)	0.000351*** (0.000104)	-0.00349* (0.00198)	-0.000176 (0.000157)
常数项	-6.721 (6.952)	-0.826** (0.398)	12.02 (7.501)	1.207* (0.618)
N	624	624	624	624
R^2		0.178		0.146
adj. R^2		0.123		0.089

注：括号内为 p 值，***、**、*分别表示在1%、5%、10%的水平上显著。

2. 秦巴山区

模型（1）中产业帮扶措施的主观评价系数为 0.611*（0.360）。这表明，在其他变量控制相同的情况下，对产业帮扶措施的主观评价越高，秦巴山区的农户越有可能为农业经营主导型生计，这一点与甘孜州的结果相同，模型（2）的结果也验证了这一结论。模型（3）中户主受教育程度系数为-1.210**（0.614），家庭技能水平系数为-0.745**（0.375），就业创业帮扶措施主观评价系数为-0.718*（0.433）。这表明，当其他变量控制相同，教育水平越高，技能水平越高，对就业创业帮扶措施的主观评价越高，农户越不体现为政策依赖型生计，模型（4）的结果与模型（3）的结果是一致的。

表4-22　　　　秦巴山区样本农户生计策略的影响因素

	（1）是否为农业经营主导型生计	（2）经营性收入占比	（3）是否为政策依赖型生计	（4）转移性收入占比
受教育程度	-0.326 (0.265)	-0.00909 (0.0246)	-1.210** (0.614)	-0.0313** (0.0152)
技能水平	0.210 (0.249)	0.0777*** (0.0228)	-0.745** (0.375)	-0.0437** (0.0192)
缺水情况	0.506 (0.579)	0.0624* (0.0347)	0.953 (1.063)	0.0271 (0.0411)
取水便利程度	-0.781*** (0.259)	-0.0655** (0.0274)	-0.651* (0.375)	-0.0406* (0.0243)
帮扶责任人是否有帮助	-0.329 (0.442)	-0.0443 (0.0524)	-0.156 (0.681)	-0.00623 (0.0375)
年帮扶次数	-0.00567 (0.00471)	-0.000313 (0.000241)	0.00171 (0.00397)	0.0000476 (0.000324)
产业开发帮扶措施对增收是否有帮助	0.611* (0.360)	0.0787** (0.0312)	0.353 (0.488)	0.0448 (0.0286)
就业创业帮扶措施对增收是否有帮助	-0.492 (0.319)	-0.0267 (0.0293)	-0.718* (0.433)	-0.0690** (0.0285)
看病负担是否明显减轻	0.235 (0.389)	0.0288 (0.0283)	0.781 (0.742)	0.0364 (0.0247)
行政村是否属于贫困村	0 (.)	0 (.)	0 (.)	0 (.)

续表

	(1) 是否为农业经营主导型生计	(2) 经营性收入占比	(3) 是否为政策依赖型生计	(4) 转移性收入占比
常数项	−0.478 (1.551)	0.156 (0.135)	−2.514 (2.850)	0.177 (0.119)
N	716	716	716	716
R^2		0.055		0.051
adj. R^2		0.038		0.034

注：括号内为 p 值，***、**、* 分别表示在 1%、5%、10%的水平上显著。

3. 两地生计策略影响因素的差异分析

两地的结果表明，对产业帮扶措施的评价越高，农户为经营型主导生计的可能性越大，但与甘孜州相比，秦巴山区的系数较小。从生计资本的角度看，甘孜州农户的资源十分稀缺，所以一旦政府给予相应的帮助，带来的政策效应就十分明显，与甘孜州相比，秦巴山区农户的生计资本相对丰富，因此政府进行产业帮扶带来的边际效用较低。也就是说，甘孜州的政策敏感性高于秦巴山区。此外，甘孜州家庭技能水平越高，农户为农业经营型主导生计的可能性越小，而秦巴山区则无明显效应。根据调查的实际情况，农户的工资性收入几乎均来源于外出务工，且大多从事体力劳动。对于秦巴山区的样本农户来说，外出务工的交通成本低，且不具有语言障碍，只要身体状况良好，就很容易找到此类工作，而对于甘孜州的样本农户来说，不仅存在海拔高、交通条件差的问题，还存在语言和文化的障碍，因此，找到一份有正式工资的工作需要较高的技能门槛，这可能是技能这一因素在甘孜地区样本农户中对生计策略产生显著影响的原因。根据以上分析，政策认可度和技能水平对甘孜地区和宜宾地区农户的生计策略产生的影响具有异质性，H3 成立。

4. 中介效应检验

从以上分析可以看出，样本农户的人力资本、政策认可度、地理区位等因素影响了生计策略,而生计策略对农户的脱贫稳定性起着直接作用,因此本节将考察生计策略是否为中介变量。

5. Bootstrap 测试结果

秦巴山区的定量变量"转移收入占比"(体现生计的政策依赖程度)是一个中介变量。"家庭技能水平"对脱贫质量稳定性有正向的间接影响,但没有直接影响。"户主受教育程度"对脱贫质量稳定性具有正向的间接影响,但不具有直接影响。"就业创业帮扶措施的认可度"对脱贫质量稳定性有正向的间接影响,但没有直接影响;"取水便利程度"对脱贫质量稳定性具有正的直接和间接效应。这说明秦巴山区农户的人力资本情况、对政策的认可度、物质资本等通过影响生计策略进一步影响脱贫质量稳定性,但甘孜州可能受样本量的限制,未能通过中介效应检验。

(三)稳健性检验

本节采取变量替换的方法证实模型稳健性。在探讨生计策略对脱贫质量稳定性的影响中:(1)将被解释变量"脱贫质量稳定性"替换为"家庭人均年收入";(2)将解释变量"是否为政策依赖型生计"替换为"转移收入占比"。在探讨影响生计策略的因素时:(1)将解释变量"是否为政策依赖型生计"替换为"转移收入占比";(2)将被解释变量"是否为农业经营主导型生计"替换为"经营性收入占比"。具体结果如表 4-23 至表 4-26 所示,替换前后估计结果基本一致,足以证明结果的可靠性。

表 4-23　　生计策略对脱贫稳定性的稳健性检验

	甘孜州		秦巴山区	
	(1)脱贫质量稳定性	(2)家庭人均年收入	(3)脱贫质量稳定性	(4)家庭人均年收入
是否为政策依赖型生计	0.811** (0.318)	307.8** (148.2)	-1.036* (0.604)	-771.1 (1185.4)
转移性收入占比	1.614** (0.751)		-2.099*** (0.680)	

续表

	甘孜州		秦巴山区	
	（1）脱贫质量稳定性	（2）家庭人均年收入	（3）脱贫质量稳定性	（4）家庭人均年收入
N	624	624	716	716
R^2		0.027		0.009
adj. R^2		0.018		0.006

注：括号内为 p 值，***、**、* 分别表示在 1%、5%、10%的水平上显著。

表 4-24　两地样本农户政策依赖型生计策略的影响因素的稳健性检验

	甘孜州		秦巴山区	
	（1）是否为政策依赖型生计	（2）转移性收入占比	（3）是否为政策依赖型生计	（4）转移性收入占比
技能水平	-0.949** (0.462)	-0.147*** (0.0535)	-0.745** (0.375)	-0.0437** (0.0192)
就业创业帮扶措施是否有帮助	-1.085** (0.510)	-0.120** (0.0587)	-0.718* (0.433)	-0.0690** (0.0285)
N	624	624	716	716
R^2		0.146		0.051
adj. R^2		0.089		0.034

注：括号内为 p 值，***、**、* 分别表示在 1%、5%、10%的水平上显著。

表 4-25　甘孜州农户农业经营主导型生计策略的影响因素的稳健性检验

	（1）是否为农业经营主导型生计	（2）经营性收入占比
距县城距离	-0.0181*** (0.00443)	-0.000934*** (0.000272)

续表

	（1） 是否为农业经营主导型生计	（2） 经营性收入占比
海拔高度	0.00450** （0.00184）	0.000351*** （0.000104）
产业开发帮扶措施是否有帮助	1.137* （0.676）	0.00597 （0.0393）
N	624	624
R^2		0.178
adj. R^2		0.123

注：括号内为 p 值，***、**、* 分别表示在 1%、5%、10% 的水平上显著。

表 4-26　秦巴山区农户农业经营主导型生计策略的
影响因素的稳健性检验

	（1） 是否为农业经营主导型生计	（2） 经营性收入占比
取水便利程度	-0.781*** （0.259）	-0.0655** （0.0274）
产业开发帮扶措施是否有帮助	0.611* （0.360）	0.0787** （0.0312）
N	716	716
R^2		0.055
adj. R^2		0.038

注：括号内为 p 值，***、**、* 分别表示在 1%、5%、10% 的水平上显著。

五　研究结论与政策启示

（一）研究结论

甘孜州和秦巴山区样本农户的生计策略均对脱贫质量稳定性产生显著影响，但这种影响存在异质性。在控制其他变量的情况下，政策依赖型生计有利于甘孜州农户的脱贫质量稳定性，但不利于秦巴山区农户的稳定高质量脱贫，此外，两地样本农户的农业经营型生计策略均不利于脱贫质量稳定性。

家庭人力资本、地理区位以及政策因素均对农户的生计策略产生影响，且同样具有民族地区异质性。在控制其他因素的情况下，甘孜州的样本农户技能水平越低、距离县城越近、海拔越高，越可能为农业经营主导型生计，而秦巴山区农户的技能水平对是否农业经营主导型生计不产生显著影响。两地样本农户对产业帮扶措施的认可度越高，越可能为农业经营主导型生计，但甘孜州这一效应较秦巴山区更为明显。此外，两地农户的技能水平以及对就业创业帮扶措施的认可度均对政策依赖型生计产生负效应。

通过中介效应检验，发现秦巴山区的"教育水平""技能水平"和"对就业创业帮扶措施的认可度"通过影响生计策略从而进一步影响脱贫质量稳定性，但甘孜州未通过中介效应检验。

（二）政策启示

根据区域异质性进行针对性高质量脱贫成果巩固。甘孜地区自然条件恶劣，政府应该加强基础设施建设力度，改善道路交通条件，加强信息基础设施部署，减少不利的空间位置对民族地区农户造成的进行生计选择的障碍，破解代际贫困。此外，要加大政府补贴力度，增加农民转移收入，防止其再次落入贫困，在稳定脱贫质量的基础上，需要进一步普及普通话教育，对农民进行技能培训，试图培养其自主反贫困能力；而针对秦巴山区，较多农户已经通过外出务工实现了稳定脱贫，政府应促进城乡融合，建立健全农民工社会保障制度，为外出务工的农民保驾护航。另外，需要从给予农户可持续生计资本的角度去进一步促进稳定高质量脱贫，促进教育公平化，提高原脱贫地区人口综合素质。此外，政府要大力发展乡村振兴，加强农村专业人才队伍建设①，引导高校毕业生到基层就业，建设家乡。

政府应促进农业经营的规模化。上述结论显示出，两地农业经营型生计策略均不利于农户提高脱贫质量稳定性，根据实际调研情况，农户经营收入多来源于家庭小规模的种养，过度分散的小规模种养已

---

① 国务院：《关于实施乡村振兴战略的意见》，《人民日报》2018年2月5日第1版。

经不适应农业现代化的要求（李文明等，2015），在规模无法扩大的情况下，同样的生产要素应用于生产所产生的经济价值是有限的，生产要素没有得到有效配置，自然经济效益就上不去，这可能也是农户外出务工带来的减贫效应远远好于在本地务农的原因。所以政府应推进农业经营的规模化进程，尽量把家庭小规模的种养融入现代产业链中，促成规模经济效应，解放农村劳动力，提高生产效率，使一部分家庭成员从事农业活动的同时，另一部分成员可以选择进行非农就业，促进生计多样化，进一步提高农户抗风险能力。

政府应为农民提供更多的非农就业机会。促进城乡一体化，尽力破除劳动力转移的制度障碍，进一步完善劳动力市场准入机制，放宽对小微企业的许可与监管要求，对吸纳贫困劳动力就业，且对工资水平、就业时间达到一定标准的用人企业设置奖励（Barrett，2001），鼓励脱贫农户进入非农劳动力市场。此外，可以通过发展本地特色产业促进农村劳动力在本地进行非农就业，从而实现稳定高质量脱贫与乡村振兴的战略接续。

第三节　易地搬迁后的产业可惠及性与农户高质量脱贫：基于湖南湘西州的乡村调研

搬迁农户能否融入乡村产业振兴产生生计赋能机制，决定了易地搬迁脱贫的稳定性与长效性，关系到高质量脱贫成果巩固与乡村振兴的战略衔接。易地搬迁通过调整农户与资源地理组合，接入市场与信息网络，使之获得产业可惠及性与生计可持续性，确保农户高质量脱贫稳定实现。产业惠及效应的发挥受到农户异质性和政策因素的耦合影响。本节基于课题组在湖南湘西州的农户调研数据，对农户搬迁之后的乡村产业可惠及性与农户脱贫质量成效进行实证研究。结果表明：原深度贫困农户搬迁之后疏离于乡村产业发展，陷入生计失能风险，相对贫困程度加深，制约了易地搬迁的脱贫质量成效；户主技能或技术、信息接收渠道对农户搬迁之后的产业参与及产业增收均有正向影响；信贷支持搬迁农户产业经营的精准性和有效性欠缺；集体经济组织及龙头企业带给搬迁农户的产业惠及有限；相比基建环境，定向扶持政策有助于引导农户融入乡村产业链并从中受益。重视原深度贫困农户搬迁之后的生计接续和产业赋能，精准开展搬迁农户的产业技能培训，加强搬迁农户融入乡村产业振兴的信贷支持和信息供给，优化政策安排与组织链接，有助于推动搬迁农户深度融入乡村产业链，巩固高质量脱贫效益（贺立龙、杨祥辉，2020）。

一 问题的提出：农户搬迁之后可否融入乡村产业实现高质量脱贫？

易地帮扶搬迁已进入到后续扶持为主的阶段。习近平于2019年4月16日在解决"两不愁三保障"突出问题座谈会上讲话指出，全面高质量打赢脱贫攻坚战面临需要长期逐渐解决的问题，其中之一是产业发展基础薄弱，易地帮扶搬迁后续帮扶措施乏力，高质量稳定脱贫的长效机制没有建立。易地搬迁是农户人力资本与区域资源的配置优化过程，是乡村产业培育及布局重塑过程，也是农户生计转型与生活方式现代化的过程。易地搬迁脱贫不仅意味着居住改善，更是农户通过搬迁，优化人口与资源、环境的空间配置，借助精准脱贫与乡村振兴的聚合冲击效应，融入城乡现代经济体系，实现生计赋能与稳定脱贫。易地搬迁脱贫的成效与质量，取决于搬迁农户生产与就业状态的改进，这与搬迁后的产业培育、就业扶持相关。贫困农户易地搬迁实现脱贫质量效能提升，有两种传导途径，一是外地务工、融入城镇，体现为城镇化导向的生计赋能，二是留乡生产、融入产业，体现为乡村振兴导向的生计赋能。本节研究后者，即搬迁农户融入乡村产业的脱贫质量成效。

既有文献多是基于区域调查或典型案例，进行产业发展模式及对策的规范研究，缺乏对搬迁农户行为及产业政策成效的实证考察。本部分引入产业可惠及性这一概念，刻画搬迁农户在乡村产业振兴中的融入程度及减贫质量成效，研究搬迁后续政策对贫困农户的产业支持与生计赋能效应。选择湘西土家族苗族自治州的易地搬迁样本，采集搬迁农户的生计数据，揭示搬迁脱贫的产业赋能机理与关键影响因素。

二 数据来源、理论分析与实证模型

研究数据来自于课题组（贺立龙、胡闻涛、杨祥辉、李敬、李浩然等）2018年7—8月在湖南省湘西土家族苗族自治州进行的入户问卷调查。州内各贫困县均实行了易地帮扶搬迁政策，随机调查660户，其中有效样本472户。调研内容包括搬迁户贫困特征（致贫因素、人均收入水平、搬迁前后收入对比情况等）、生计方式选择（搬迁前后生计方式、对搬迁政策的评价、对搬迁后的基础设施及产业环境的评价等）、农户家庭异质性特征（户主人力资本、家庭人口特征、经济资源、社会资本等）及生计信息匹配情况（信息需求与供给情况、供需匹配情况、信息渠道等）。基于调查信息构建了涵盖农户搬迁前后生计对比、相对贫困程度、政策环境评价、家庭异质性、搬迁之后产业参与度、产业收入占比等指标在内的数据体系。

对调研数据进行统计分析，基本情况如下：（1）生存环境与人力资本不佳导致的原生性贫困发生率高；（2）搬迁安置及生存环境优化对外出务工的正面促进作用更为明显；（3）搬迁农户生计的非农化、产业化倾向明显，但也存在生计失能风险；（4）搬迁之后农户总体收入提高，但差距扩大，精准性、公平性有所不足。

农户搬迁之后产业可惠及性如何界定和测度？本部分提出产业可惠及性这一概念，刻画搬迁农户参与乡村产业振兴，并从中获得稳定增收，实现高质量脱贫的经济效应，即农户在搬迁之后，由小农生产、零工或进城务工的生计状态，转向在乡村从事规模化种养、工商业经营的生计状态——融入乡村现代产业体系、嵌入乡村产业链或供应链，并因这种生计转型而获得显著的乡村产业回报，实现在所在村户群体内的相对收入水平提升。这个实现过程可分解为两个传导阶段。

第一，易地搬迁推动农户生计转型，使之从游离于"乡村产业圈之外"的小农生产、进城务工，进入"乡村产业圈之内"的规模化种养与乡村工商业经营。第二，搬迁农户通过乡村产业参与获得了稳定的收益回报，提升了乡村产业回报在家庭总收入中的比重，实现高质量脱贫。针对农户搬迁之后的产业可惠及性，提出两种测度方法：

一是直接测度法，即核算农户参与乡村产业的收入（包括规模种养收入、乡村工商业经营收入以及参与乡村产业链的其他收益），计算其加总量在家庭总收入中的占比是否提升，以衡量"产业可惠及"。可设置变量 Y_A 为"农户乡村产业收入在家庭总收入占比是否提升"（设定为哑变量，0 代表未提升，1 代表提升）。二是间接测度法，即首先识别农户搬迁之后是否"融入乡村产业"（由小农生产、零工或进城务工的生计，转向在乡村开展规模化种养、工商经营或其他途径产业参与的生计）；进而估测家庭和政策变量以及产业参与对其收入排序提升的影响，间接衡量农户搬迁之后是否产业可惠及。设置中介变量和因变量：将农户参与乡村产业状态变化设为中介变量，即搬迁之后农户转向在乡村开展规模化种养、工商业经营，或在乡村企业就业，视为新进入乡村产业，为"农户搬迁之后是否转向参与乡村产业经营"（0 代表未参与，1 代表新参与）；因变量 Y_B 为"参与乡村产业经营之后相对收入排序是否提升"（0 代表未提升，1 代表提升）。

基于两种测度方法，对农户搬迁之后的产业可惠及性及影响因素进行分析。第一条线索是以"乡村产业收入在家庭总收入占比是否提升"为反映产业可惠及性的因变量，研究家庭异质性特征以及基建、政策因素对这一因变量的影响。第二条线索先以"农户搬迁之后是否转向参与乡村产业经营"为中介变量，研究农户异质性特征以及政策、基建因素对这一中介变量的影响；研究中介变量以及农户家庭异质性特征及政策、基建等环境变量对"参与乡村产业经营之后相对收入排序是否提升"这一因变量的影响，间接估测产业可惠及性及影响因素。

选用 Probit 模型进行实证分析。因变量指标为农户搬迁之后是否实现产业可惠及性（后面分为 Y_A 和 Y_B）。若实现产业可惠及性，记为 $Y=1$；若农户未实现，记为 $Y=0$。实现产业可惠及性的模型表示为：

$$P(Y=1 \mid T_i = t_i) = P(Y^* > 0 \mid T_i = t_i)$$
$$= p(\beta_0 + \beta_i t_i + \mu > 0)$$

$$= p[\mu > -(\beta_0 + \beta_i t_i)]$$
$$= \psi(\beta_0 + \beta_i t_i)$$

基于两种测度方法的因变量设置及取值如表 4-27 所示;反映农户家庭异质性的自变量系列(X_1)具体如表 4-28 所示;反映产业环境影响的自变量系列(X_2)具体如表 4-29 所示。

表 4-27　　　　　　　基于两种测度方法的因变量设置

测度方法	变量名称	变量取值	均值	标准差	样本数
直接测度	因变量:乡村产业收入在家庭总收入的占比是否提升(Y_A)	未有明显提升=0 明显提升=1	0.657	0.477	472
间接测度	中介变量:农户搬迁之后是否转向参与乡村产业经营(M)	未转向乡村产业经营=0 转向乡村产业经营=1	0.148	0.357	472
	因变量:农户转向参与乡村产业经营之后,相对收入排序是否提升(Y_B)	相对收入排序未提升=0 相对收入排序提升=1	0.352	0.480	472

注:数据来源于对调研数据的统计测算。

表 4-28　　　　　　反映农户家庭异质性的自变量系列(X1)

变量类别	变量名称	变量取值	均值	标准差	样本数
搬迁前贫困	是否处于深度贫困	非深度贫困=0,深度贫困=1(判断标准是同村相对收入水平的25%以下)	0.537	0.501	472
搬迁前生计	是否进城务工	未进城务工=0,进城务工=1	0.630	0.485	472
户主人力资本	受教育年限	接受学历教育的年数(年)	6.778	2.996	472
	有无可进行职业资格鉴定的技能技术	无=0,有=1	0.444	0.675	472
	是否参加生产培训	否=0,是=1	0.241	0.430	472

续表

变量类别	变量名称	变量取值	均值	标准差	样本数
家庭人口特征	户主是否病残	非病残=0，病残且影响劳动能力=1	0.481	0.502	472
	有无其他病残人口	有其他病残人口=0，无其他病残人口=1	0.472	0.502	472
	家庭人口数量	户口本上所登记的人口数量（个）	4.972	1.911	472
家庭经济资源	是否便于获得金融机构信贷支持	不便=0，便于=1	0.074	0.263	472
	能否从龙头企业或集体组织获得经营资源	不能=0，能=1	0.204	0.405	472
家庭社会资本或关系网络	有无亲朋好友在当地政府部门任职	0=无，1=有	0.472	0.501	472
	有无干部帮助参与乡村产业经营	0=无，1=有	0.315	0.467	472
家庭信息可得性	是否需要产业经营信息	不需要=0，需要=1	0.741	0.440	472
	是否得到产业经营信息	否=0，是=1	0.435	0.498	472
	日均浏览网络信息时间	日均浏览小时数（个）	1.231	0.527	472

表4-29　反映产业环境影响的自变量系列（X_2）

变量类别	变量名称	变量取值	均值	标准差	样本数
产业环境对农户参与产业经营的差异性影响	搬迁后续扶持政策是否有利于乡村产业经营	无明显影响=0，有利于=1	0.278	0.450	472
	基础设施建设与公共服务配套是否有利于乡村产业经营	无明显影响=0，有利于=1	0.315	0.467	472

注：数据来源于对调研数据的统计测算。

三　实证结果分析

根据表4-30结果，利用Probit模型进行建模估计的拟合效果较好，该模型在1%的水平上显著。基于直接测度法，对产业可惠及性

影响因素的实证分析结果可总结如下:

表 4-30　农户异质性、政策环境变量对产业收入占比提升的影响

VARIABLES	coef	robust se	p value	beta coef
Y_A（乡村产业收入在家庭总收入占比是否提升）				
是否处于深度贫困	-1.049***	(0.354)	0.00306	-1.102***
是否进城务工	-0.536	(0.345)	0.120	-0.546
受教育年限	-0.0313	(0.0581)	0.590	-0.197
有无可进行职业资格鉴定的技能或技术	0.711**	(0.325)	0.0287	1.006**
是否参加生产培训	0.350	(0.411)	0.394	0.315
户主是否病残	-0.545*	(0.323)	0.0913	-0.574*
有无其他病残人口	-0.183	(0.296)	0.536	-0.193
家庭人口数量	0.119	(0.0882)	0.176	0.478
是否便于获得金融机构信贷支持	-1.108*	(0.640)	0.0836	-0.611*
能否从龙头企业或集体组织获得经营资源	-1.011**	(0.399)	0.0112	-0.858**
有无干部帮助参与乡村产业经营	0.421	(0.342)	0.218	0.412
是否需要产业经营信息	-0.377	(0.404)	0.350	-0.348
是否得到产业经营信息	0.0575	(0.328)	0.861	0.0600
有无亲朋好友在当地政府部门任职	-0.383	(0.313)	0.222	-0.403
日均浏览网络信息时间	0.759**	(0.309)	0.0140	0.839**
基础设施建设与公共服务配套是否有利于乡村产业经营	-0.120	(0.764)	0.875	-0.118
搬迁后续扶持政策是否有利于乡村产业经营	0.359	(0.846)	0.672	0.339
Constant	0.674	(0.858)	0.432	
Observations	432			
Log pseudolikelihood	-48.43			
Prob > chi2	0.00202			
Pseudo R^2	0.302			
Wald chi2	38.61			

注：括号内为 p 值，***、**、* 分别表示在 1%、5%、10%的水平上显著。

一是相比一般贫困农户，原深度贫困农户搬迁之后产业收入占比提升的概率更小。原深度贫困农户大多是无劳动能力或半（弱）劳动力主导的家庭，搬迁之后难以开展规模化种养或非农产业经营。这表明，搬迁后续产业的发展扶持难以精准惠及深度贫困家庭，原深贫农户的脱贫质量成效受到显著制约。

二是户主技能有助于提升家庭产业收入占比，但学历和培训未有显著影响。户主掌握的生产、经营专业技能，如种养、驾驶、烹饪、酿酒等，对农户搬迁之后的产业收入占比提升产生正向影响。但是受教育水平、是否参与培训，对产业收入提升没有显著影响，调研发现，该区域农户学历普遍在小学及以下，差异不大；培训以种养常识和政策宣传为主，缺乏精准的产业技能辅导，培训时间大多与务工重叠。

三是户主劳动能力正向影响搬迁之后的产业收入占比提升。户主作为生计支柱，其劳动能力制约家庭产业可惠及性和高质量脱贫成效，户主病残则难以参与产业并从中受益。成员数量对产业收入提升概率影响不明。

四是经济资源可得性反向影响农户搬迁之后的产业收入占比提升和脱贫质量提升。是否便于获得金融机构信贷支持，能否从龙头企业或集体组织获得经营资源，对农户搬迁之后产业收入占比变化和脱贫质量提升起到负向影响。调研发现，外出务工者更加有渠道和能力获得经济资源，但其在搬迁安置后，留乡参与产业经营的积极性不足，此外，该区域农户获得的信贷主要投向建房、看病、子女上学，产业动机薄弱，小额贷款也多以集体统筹方式转投于一些企业或集体项目以获得微薄利息。农户以土地入股、原材料供给等方式参与集体经济或产业，分红收益有限，脱贫质量成效一般。

五是日均浏览网络信息时间与搬迁之后产业收入占比提升概率存在正相关性。日均浏览网络信息时间越长，搬迁农户产业收入占比提升概率越大。在调研区域乡村网络和智能手机还未完全普及，农户信息化水平存在差异，制约其产业经营机会的识别。日均浏览网络信息时间长印证农户信息能力强，有助于农户提升乡村产业经营回报。

但是，搬迁之前生计方式、有无亲朋好友在政府部门任职、农户对基建公服以及政策环境的评价等反映初始生计、关系资源、政策扶持的变量，都未能表现出对农户搬迁之后产业收入占比的显著影响。这在一定程度上说明，后续产业扶持的支农惠农成效有待提升。

进一步，在考虑中介变量情况下，研究农户异质性、政策环境对相对收入排序变化的影响。实证分析结果表明，中介变量"农户搬迁之后是否转向参与乡村产业经营"在"基础设施建设与公共服务配套是否有利于乡村产业经营"和"搬迁后续扶持政策是否有利于乡村产业经营"两个变量上存在中介效应，即基础设施建设与公共服务配套通过推动农户搬迁之后转向参与乡村产业经营，产生精准帮扶效应。

四 研究结论与启示

结果表明：（1）搬迁安置政策以及基础设施和公共服务改进，对样本农户外出务工的促进作用较强，但对其留乡参与产业经营的激励作用较弱；农户搬迁之后生计选择的非农化、产业化倾向明显，收入差距有所扩大；原深度贫困农户陷入生计失能风险，相对贫困程度加深，脱贫质量受到负面影响。（2）家庭异质性因素对农户搬迁之后的产业可惠及性有不同影响。有无技能或技术对搬迁农户的产业可惠及性和脱贫质量有正向影响；农户信息水平与搬迁之后产业收入占比提升有正向关系；信贷支持搬迁农户产业经营的精准性和有效性欠缺；乡村产业项目开发与集体经济组织发展未能显著提升农户产业参与的收益回报。（3）产业扶持政策对农户产业参与及产业可惠及性有促进作用，但基建环境与公共服务的改进对农户参与产业经营却未产生直接影响，定向产业支持更关键。政策环境变量通过引导农户参与乡村产业经营，发挥产业惠及效应。

得到启示：第一，搬迁应与产业培育协同推进，住房安置与经营扶持一体施策，巩固提升脱贫质量。着眼于乡村产业培育与外部市场接入，确立搬迁选址的产业导向，即趋向中心城镇或市场枢纽、旅游集散地、产业集聚区。搬迁应与基建、经营扶持一体推进，通过交通物流与电子商务协同建设，扶持政策优化，为搬迁农户开展经营提供好的基建和营商环境。

第二，普惠支撑应与精准帮扶双管齐下，产业帮扶与精神帮扶有效融合，实现农户高质量脱贫。在搬迁安置地政府应完善信息、教育、医疗、培训等普惠性支持，帮扶干部引导农户重塑生计。利用安置地产业规划与培育中的后发优势，确立特色产业培育方向，将帮扶力量聚焦在产业链培育上来，发挥"传统农业转型""安置地工商业集聚""龙头企业带动"效应，推动有市场和商业渠道的务工经商者回乡创业；区分健全劳动力、半（弱）劳动力，实施生产奖补、公益岗支持、庭院经济奖励等自主生计激励，克服精神贫困，规避"救济陷阱"。

第三，高度重视原深度贫困农户搬迁之后的生计接续和产业赋能，巩固深贫农户脱贫质量。通过庭院经济开发、帮扶车间设置、低劳动强度种养及工商业扶持，推动半（弱）劳动力为主的贫困家庭，有效融入乡村产业发展，获得可持续收益回报，降低搬迁之后生计脆弱性，缓释相对贫困。构建原深度贫困农户搬迁之后的生计失能监测与返贫风险预警机制。

第四，精准开展搬迁农户的产业技能培训，确保可持续内生动能的高质量脱贫。结合搬迁安置之后的产业转型与产业培育方向，开展种养专业技能培训和工商经营知识教育，针对农户规模化种养的虫害疫病防治难题，建立健全专业技术队伍入村指导与培训的长效机制。发挥龙头企业和产业组织主导功能，推动技能培训与就业、经营一体化，强化技能培训的市场导向与职业实效。优化时间安排、发展在线培训，提升青壮年劳动力培训参与度。

第五，加强搬迁农户融入乡村产业的信贷支持和信息供给。优化帮扶小额信贷审批监管流程，抑制其消费性泛用和滥用以及城镇化外流，提升其对搬迁农户的产业引导和扶持功效；探索构建搬迁农户经营扶持专项基金；在产业链发育较好的安置区域适度引入产业链、供应链金融，支持搬迁农户产业经营融资。推进安置区域信息网络建设，由县乡政府主导构建产业信息公共服务体系，提升产业信息引导的精准性，支持乡村企业家、种养大户、创业者到先进地区培训与学习。

第六，优化政策安排与组织链接，推动搬迁农户深度融入乡村产业链，巩固提升农户脱贫质量效益。基于安置区域比较优势，精选和培育有市场前景、收益分享度高的乡村产业链，通过土地、信贷和产业政策优化和信用、营商环境改进，引进产业链平台类龙头企业，如大型农副产品电商平台和乡村创业孵化平台，带动搬迁农户进入产业链的较高层次环节，开展高附加值生产经营，分享产业链的增值收益。合理使用涉农资金，争取扶持资金，建设冷链物流等关键基础设施，补齐产业链短板。争取人才、税收、土地政策支持，孵育集体经济组织和规模化农户，通过政策动态优化，促进集体经济组织与规模农户向现代企业转型。

第五章　巩固提升脱贫质量：返贫风险防控与相对贫困施治

通过实施精准帮扶方略，中国脱贫攻坚取得全面胜利，绝对贫困问题得到历史性解决。在全面建成小康社会的后脱贫攻坚时代，防止返贫和新增贫困，治理相对贫困，实现高质量减贫，将成为贫困治理新的战略重心。为此应推动精准帮扶方略向精准治贫方略的转型升级，实现绝对贫困与相对贫困的协同治理、建立系统完备的防治返贫风险以及解决相对贫困的体制机制。

第一节　绝对贫困与相对贫困的转换与协同治理：巩固脱贫的长效机制

巩固拓展脱贫攻坚成果，构建解决相对贫困的长效机制，是全面小康建成后的重要命题。但巩固脱贫成果与解决相对贫困不能并列而行、分割而治，二者存在明显的转换关系：其一，不稳定脱贫人口、边缘易致贫人口，以及相对贫困人口可能"重新落入"绝对贫困——绝对贫困再生管控是全面小康时代贫困治理的重要主题；其二，绝对贫困问题解决的成效与质量关系到相对贫困生成的规模与结构——不稳定脱贫人口、被忽视的边缘及隐性贫困人口易转化为相对贫困群体。因而，做好对相对贫困与绝对贫困双向转化的动态管控，抑制绝对贫困再生风险，是高质量脱贫的治理要求。

基于此，本节聚焦于绝对贫困与相对贫困的动态转换机制与协同治理实现问题研究。一方面，立足于马克思主义政治经济学立场、观点与方法，研究绝对贫困与相对贫困的结构转换规律；另一方面，建构后脱贫时代绝对贫困与相对贫困协同治理的理论，探寻协同治理之策，巩固全面小康时代的脱贫质量与成效。这既是新发展阶段下城乡发展与贫困治理的需求，也是中国特色社会主义减贫的理论拓展。

一 绝对贫困与相对贫困的转换：马克思经济学的阐释

剖析绝对贫困与相对贫困的结构转换规律，是对贫困协同治理和长效解决的研究前提。基于历史和逻辑结合方法，探究贫困形态的结构转化规律，可以得到关于绝对贫困与相对贫困结构转换的基本认识和理性论断。

（一）绝对贫困向相对贫困的转化机制

1. 基于劳动者和生产资料分离的贫困转化机制

"赤贫"（也即绝对贫困）源于劳动者和生产资料的相互分离（陆立军，1980），值得注意的是，这种分离在资本主义发展过程中存在着程度上的差异。当分离程度加深时，绝对贫困也会加深，股份制企业形式的出现便是这种分离扩大化的一个表现。股份制企业为大资本家进行资本集中提供了新的途径，除最下层的工人之外，那些失去资本的小资本家也成了与生产资料相分离的劳动者，如马克思在《资本论》中指出的，"实际执行职能的资本家，转化为单纯的经理，别人的资本的管理人，而资本所有者则转化为单纯的所有者，单纯的货币资本家……经理的薪金只是，或者应该只是某种熟练劳动的工资"。马克思（Marx，1894）指出，大资本家所获得的利润"表现为对他人的剩余劳动的单纯占有，这种占有之所以发生，是因为生产资料已经转化为资本，也就是生产资料已经和实际的生产者相异化，生产资料已经作为他人的财产，而与一切在生产中实际进行活动的个人（从经理一直到最后一个短工）相对立"。

但是，劳动者和生产资料的分离状况是会改变的，与股份制公司相对立的是，资本主义社会合作工厂的出现使绝对贫困向相对贫困的转化成为可能（谢瑞淡，1980）。马克思（Marx，1867，1894）指出,合作工厂"是在旧形式内对旧形式打开的第一个缺口",它显示了雇佣工人为了摆脱资本家的压迫而寻求自我解放的强烈意愿。在合作工厂中,工人们共同出资出力设厂,他们的劳动归他们自己所有,这实现了生产资料和劳动力自身的结合,如马克思所说,"资本和劳动之间的对立在这种工厂内已经被扬弃……也就是说,他们利用生产资料来使自己的劳动增殖"。合作工厂的出现,"应当被看作是由资本主义生产方式转化为联合的生产方式的过渡形式……对立是积极的扬弃的",劳动者和生产资料的结合,使自己获得了"实现自己的劳动力所必需的东西",这就打破了"劳动者完全自由"的假定,绝对贫困问题因此在一定程度上得以缓解。

在劳动力成为商品的条件下,马克思(Marx,1837—1848)揭示了无产阶级绝对贫困的本质——再生产条件的丧失。无产阶级绝对贫困是"丧失所有权",马克思将生产资料贫困与劳动能力贫困视为绝对贫困再生产的基础,他认为"被剥夺了劳动资料和生活资料的劳动能力是绝对贫穷本身","劳动能力不仅生产了他人的财富和自身的贫穷,而且还生产了这种作为自我发生关系的财富同作为贫穷的劳动能力之间的关系"。股份制企业向合作工厂的转变正是打破了绝对贫困再生产的基础,使其演绎为经济地位和贫富差距悬殊的相对贫困。但是我们应当看到能够参与到这种转变中去的只是小部分工人,在资本主义经济中,合作工厂直到目前仍不是主要的经济组织形式,雇佣劳动制作为其根本的经济架构基础,资本家掌握社会财富的绝大部分这一局面没有任何改变。与较为成熟的股份制等经济形式相比,合作工厂在资本主义经济中处于劣势地位,摆脱了绝对贫困而获得新生的工人仍然生活在相对贫困的阴影之下,整个国民收入中工人所得与资本家所得的差距仍在扩大。

2. 基于劳资力量对比的贫困转化机制

恩格斯(Engels,1891)曾在《1891年社会民主纲领草案批判》中指出,由于工人运动的进行,"工人的组织,他们的不断增强的抵抗,会在可能范围内给贫困的增长造成某些障碍",这促使了绝对贫困向相对贫困的转化。在雇佣劳动制实行的前期和中期,工人运动以提高工资和缩短工作日为主要诉求，工人和资本家之间的力量对比决定了绝对贫困如何向相对贫困转化（荀旸，1986），但这经历了漫长的斗争过程。

当工人运动的力量发展到足以使资本家做出改变时，过去工资表现为跌破到劳动力价值的最低限度，而现在则"不应得出结论说，工人从中取得收入的基金会绝对地减少。这种基金同他们所生产的总产品相比，只是相对地减少"（Marx，1904—1910）；过去资本家"通过延长工作日，不仅使人的劳动力由于被夺去了道德上和身体上正常的发展和活动的条件而出于萎缩状态，而且使劳动力本身未老先衰和过早死亡"，而现在则出现了 8 小时工作制的萌芽，"不仅突破了工作日的道德界限，而且突破了工作日的纯粹的身体极限"（Marx，1867）的状况因此得到了改变。

3. 基于劳动力价格波动的贫困转化机制

劳动力价格的波动也会造成绝对贫困向相对贫困的转化。如马克思（Marx，1833—1843）所说，"劳动报酬忽而提高，忽而降低，是依需求和供给的关系为转移的，依购买劳动力的资本家和出卖劳动力的工人之间的竞争情形为转移的"。恩格斯指出，当劳动力成为商品以后，它和其他商品一样具有价值和使用价值的属性，其价格波动会受到劳动供求关系的影响，"这些不得不把自己零星出卖的工人，像其他任何货物一样也是一种商品，所以他们同样地受到竞争的一切变化、市场的一切波动的影响"，"如果对工人的需求增加，他们的价格也就上涨；如果需求减少，价格也就下跌"（Marx and Engels，1848）。

马克思（Marx，1867）认为，劳动的供给和需求不总是平衡的，劳动力价格会因为劳动的供不应求而提高，"资本的积累的需要，能够超过劳动力或工人人数的增加，对工人的需要，能够超过工人的供给"，"投入生产的资本即生产资本增加越快，从而产业越繁荣，资产阶级越发财，资本家需要的工人也就越多，工人出卖自己的价格也就越高"。工人的实际工资会因为劳动力价格的提高而上升，这表现为"在工人自己所生产的日益增加的并且越来越多地转化为追加资本的剩余产品中，会有较大的部分以支付手段的形式流回到工人手中，使他们能够扩大自己的享受范围，有较多的衣服、家具等消费基金，并且储蓄一小笔货币准备金"。虽然工人会因为生活状况的改善而摆脱绝对贫困，但马克思指出这并不能否定相对贫困的必然性，"由于资本积累而提高的劳动价格，实际上不过表明，雇佣工人为自己铸造的金锁链已经够长够重，容许把它略微放松一点"，"资本主义积累的本性，决不允许劳动剥削程度的任何降低或劳动价格的任何提高有可能严重地危及资本关系的不断再生产和它的规模不断扩大的再生产"。马克思认为，即便当劳动力价格的提高在资本积累规律所允许的范围内达到最大，工人的生活状况有所好转时，"他（指工人）的相对工资以及他的相对社会地位，也就是与资本家相比较的地位，却会下降"。

4. 基于劳动者人力资本差异的贫困转化机制

马克思虽然没有明确地提出过人力资本概念，但是"劳动力"便是一种人力资本。马克思（Marx，1867）认为，教育和培训是劳动者人力资本中最重要的一部分，劳动力商品的价值"是由生产、发展、维持和延续劳动力所必需的生活必需品的价值决定的"，这其中包括了为提升劳动者人力资本而进行的教育和培训的花费，如他在《资本论》中所指出的，"为改变一般人的本性，使它获得一定劳动部门的技能和技巧，成为发达的和专门的劳动力，就要有一定的教育或训练，而这又得花费或多或少的等价物"。

人力资本水平会由于生产部门的差异而不同，马克思（Marx，1867）指出，由于人力资本水平差异而带来的简单劳动和复杂劳动的划分是造成实际工资水平差异的重要原因，由此可把工人划分为绝对贫困和相对贫困，"各种不同质量的劳动力的生产费用既然各不相同，所以不同行业所用的劳动力的价值也就一定各不相同。因此，要求工资平等是根本错误的，这是一种决不能实现的妄想"。简单劳动的从事者缺乏专门的技能和必要的劳动培训，"这种劳动的教育费和训练费是微不足道的"，他们因为处在生产的下游而大多停留在绝对贫困的状态。而复杂劳动是一种较高级、不可替代性更强的劳动，马克思指出，"比较复杂的劳动只是自乘的或不如说多倍的简单劳动，因此，少量的复杂劳动等于多量的简单劳动",其在相同的劳动时间内创造的价值量数倍于简单劳动,这就从数量上决定了从事复杂劳动的工资也数倍于简单劳动;同时,复杂劳动对先进机器及技术的使用更加广泛,因而复杂劳动所创造的无酬劳动量的增长也是不断加快的。马克思认为,"如果工人阶级提供的并由资本家阶级所积累的无酬劳动量增长的十分迅速,以致只有大大追加有酬劳动才能转化为资本,那么,工资就会提高",这就从剩余价值上决定了复杂劳动的工资也高于简单劳动。

由单一从事简单劳动向从事复杂劳动改变,能够使工人从绝对贫困转化为相对贫困,而教育和培训便是其最重要的途径,马克思(Marx,1867)指出"劳动力的教育费用随着劳动力性质的复杂程度而不同",人力资本的投入与产出在这里也是成正比的。当从事简单劳动的工人获得了必要的技能和教育培训,使他们能够从事专门性的复杂劳动时,实际工资的提高会在很大程度上改善其生活水平,这也是绝对贫困向相对贫困转化的途径之一。

(二)相对贫困向绝对贫困的转化机制

绝对贫困和相对贫困的转化在一些情况下是可逆的。在不同的社会经济状况条件下,相对贫困存在向绝对贫困转化的可能性,这是因为造成相对贫困的原因虽然不会消失,但是其具体表现形式会发生改变。由于工人运动的高涨,基于劳资力量对比而产生的绝对贫困会转化为相对贫困,但是当工人运动稍有放松时,工资的降低会使他们重新转化为绝对贫困。马克思(Marx,1867)指出,资本家和资本主义制度剥削的本性不会变,工人们必须时刻保持斗争才能维持自己的必要工资水平而避免陷入赤贫,"为了'抵御'折磨他们的毒蛇,工人必须把他们的头聚在一起,作为一个阶级来强行争得一项国家法律,一个强有力的社会屏障,使自己不致再通过自愿与资本缔结的契约而把自己和后代卖出去送死和受奴役"。

在供求规律的作用下,劳动力价格会因劳动的供不应求而提高,绝对贫困因此而向相对贫困转变,但值得注意的是,由于劳动力价格波动而造成的贫困形态的转化是极其不稳定的,恩格斯(Engels,

1857—1871）认为，当劳动的供给重新富裕起来的时候，工人还会"从相对的舒适转到极端的贫困，甚而至于饿死"，马克思（Marx，1867）曾指出，"……劳动价格的低廉在这里起了刺激劳动时间延长的作用。但是劳动时间的延长反过来又会引起劳动价格的下降，从而引起日工资或周工资的下降"，实际工资的下降会催生大量的产业后备军，绝对贫困因劳动供给进一步超过需求而陷入了螺旋，这为资本家加剧对在业劳动力的剥削提供了再好不过的理由。工人们由于劳动力价格低廉和劳动供给过剩而无法维持正常的就业和生计，他们生产的财富越多，却变得越加贫困，绝对贫困在整个社会范围内迅速扩大（顾婷婷、杨德才，2014），如马克思（Marx，1867）所说，"开头是创造出相对过剩人口或产业后备军，结尾是现役劳动军中不断增大的格阶层的贫困和需要救济的赤贫的死荷重"。

（三）绝对贫困与相对贫困的协同解决

1. 推动生产力进步

生产力是人与自然之间矛盾的产物，科技的发展是缓解这一矛盾的关键性条件，恩格斯（Engels，1848）指出，"资产阶级在它的不到一百年的阶级统治中所创造的生产力，比过去一切世代创造的全部生产力还要多，还要大。自然力的征服，机器的采用……过去哪一个世纪料想到在社会劳动里蕴藏有这样的生产力呢"。而以科技进步为主要内容的生产力发展能够创造出更加丰裕的社会物质生活资料，这为工人消费的扩大提供了条件，马克思（Marx，1857）指出，"生产生产着消费……它生产出消费的对象，消费的方式，消费的动力"，工人的贫困问题最终会随着消费水平的提高而得到缓解，而消费又会进一步引导生产的扩大从而促使生产力在更高的水平上进步，"机器的发展是市场需求的必然结果"，"消费创造出生产的动力；它也创造出在生产中作为决定目的的东西而发生作用的对象"，这一良性循环的形成对于贫困问题的改善起着不可代替的作用。

另外，生产力的进步能够引起生产关系和社会制度的变革，马克思和恩格斯（Marx and Engels，1857，1903）指出，"每一历史时代的经济生产以及必然由此产生的社会结构，是该时代政治的和经济的历史的基础","资产阶级除非对生产工具从而对生产关系，从而对全部社会关系不断地进行变革，否则就不能生存下去","社会的物质生产力发展到一定阶段，便同它们一直在其中运动的现存生产关系或财产关系发生矛盾。于是这些关系便由生产力的发展形式变成生产力的桎梏。那时社会革命的时代就到来了"。通过促进生产力的进步来为生产关系的调整和社会制度的变革提供动力，将为资本主义条件下市场分配制度的改革、法律制度的完善、劳资关系的缓解提供新的可能性，而随着生产力向更高层次的发展，工人阶级觉悟得到了提高，高度发达的经济终将带来社会制度的变革，当雇佣劳动制被消灭时，贫困问题也将不复存在。

2. 推动市场经济制度的自我调整

在资本主义市场经济中，利润是生产的最终目的，私有制是其所有制结构的核心，这决定了按资分配是资本主义首要的分配方式，工人们虽然无法改变这种分配体制，但并不代表他们无法参与到资本主义市场经济制度的自我调整中去。在前面已经提及，缩短工作日和提高工资虽然不能消灭相对贫困，但却是帮助工人消除绝对贫困问题最直接性的办法，这在资本主义社会中主要表现为 8 小时工作制和最低工资制度的确立。

要求缩短工作日的斗争曾首先在英国进行，马克思（Marx，1867）指出，"英国的工厂工人不仅是英国工人阶级的先进战士，而且是整个现代工人阶级的先进战士"，英国最先在 1833 年通过了少年工作日不得超过 12 小时的立法，1847 年又通过立法规定少年和女工的工作日不得超过 11 小时，最后在 1848 年这一工作时限缩短为了 10 小时。随后，二月革命的爆发催发了法国的 12 小时工作制，与英国相比较，法国的 12 小时工作制进步之处在于"它一下子就给所有的作坊和工厂毫无区别地规定了同样的工作日界限，而英国立法却时而在这一点上，时而在那一点上被迫向环境的压力屈服"。美国 8 小时工作日诉求的提出是南北战争的产物，同一时期的 1866 年，在马克思的倡导下，国际工人代表大会提出，"限制工作日是一个先决条件，没有这个条件，一切进一步谋求工人解放的尝试都将遭到失败……我们建议通过立法手续把工作日限制为 8 小时"。工人阶级为了实现缩短工作日的诉求进行了一系列包括罢工在内的斗争，资本主义正常的市场经济秩序因此而受到冲击，导致劳动力市场供不应求，生产和扩大再生产难以为继，这成了倒逼资本主义市场经济自我调整的动力。现如今 8 小时工作制已经在资本主义社会中得到了广泛的确立，这是资本主义市场经济制度自身调整的结果，也是无产阶级为了改善自身生存状况、消除绝对贫困而进行不懈斗争所取得的成果。

资本主义国家最低工资制度的确立同样经历了一个漫长的过程。马克思（Marx，1867）在工资理论中就已经指出，工资即劳动力价值"是由维持和再生产劳动力所需要的生活必需品的价值决定的，而这些生活必需品的价值最后又是由生产它们所需要的劳动量决定的"，但是劳动生产率的提高会降低劳动力价值，造成平均工资在长期范围内有下降的趋势，并制造出大量的产业后备军，这是造成工人贫困的重要原因，所以马克思讲到"工人为提高工资的努力，在一百回中有九十九回都是力求维持劳动的现有价值"。工人阶级由于工资水平得不到保障而长期生活在恶劣的环境之中，他们吃不饱穿不暖，以及疾病的多发造成身体素质变差。现在他们无法培育下一代，身体状况也无法承受资本家所期待的劳动强度和劳动时长。低廉的工资还限制了人数众多的工人们的消费能力，造成产品市场的过剩，这已经孕育了资本主义经济危机的萌芽，为了最大限度避免工人动乱和经济危机爆发的可能性，在资本主义市场经济的自行调节下，维持正常的劳动力市场秩序和消费秩序的最低工资制度便由此而产生，最低工资制的确立在维持工人的正常消费、改善生活条件上起到了重大作用，它为贫困问题的消除提供了一条新的途径。

二 绝对贫困与相对贫困的治理："协同治贫"的新理念与新方略

在迈向全面建设社会主义现代化国家新征程上，人民生活的美好需求同不平等不充分的社会发展已经成为我国的主要矛盾。随着绝对贫困问题的消解，以及主要矛盾变化，中国治贫重点转移到相对贫困问题。巩固拓展脱贫成果、缓解相对贫困成为全面小康时代贫困治理的核心要务。但绝对贫困与相对贫困之间的相互纠缠和相互转化无法避免，在特定条件下可能诱发"相对贫困—绝对贫困再转化"风险。因此在全面建成小康时代后，为进一步巩固高质量脱贫成果，在以相对贫困的防治为主要目标的同时，也要警惕绝对贫困的隐性存续与再生。

基于此，本节提出全面小康时代缓解相对贫困、防返贫的新理念与新方略——"协同治贫"。与过去绝对贫困的治理体系不同，协同治贫着眼于绝对贫困与相对贫困的相互转化关系，实现相对贫困与绝对贫困的协同共治，让贫困治理与乡村振兴有效衔接，构建协同治贫新体系。

(一)"协同治贫"的机制构建

1. 建立健全相对—绝对贫困转化的识别、监测和预警机制

首先需要确定绝对及相对贫困标准。与绝对贫困主要考虑收入维度不同，相对贫困是多维和动态的，包括经济发展维度、社会发展维度和生态环境维度等，通过构建相对贫困指标体系或检测指标以及时识别相对贫困。其次，基于脆弱性分析，构建绝对贫困人口"相对贫困化"、相对贫困人口"绝对贫困化"倾向测度方法。参考波尔斯基（Polsky，2007）和张永丽等（2022）的研究结果，构建"风险暴露—敏感性—抵御能力"的动态防返贫监测框架。生计资本、暴露风险、敏感性是三大核心指标，可以体现农户的生计脆弱性，对农户的生计状态和特征进行综合评价，可以辅助识别未来潜在的高脆弱性群体，即易重返"绝对贫困"的人群。再次，明确转化发生条件和易出现返贫风险群体。突发事件风险主要来源于农户的投资失败、婚姻失败、生老病死等重大家庭变故等，其突发性和毁灭性会对"相对贫困人口"向"绝对贫困人口"的转化倾向造成巨大冲击，直接导致返贫风险。同时家庭收入结构单一，劳动力不完整及素质低下，地区经济造血能力不足等因素都会在较长时期内对相对贫困人口"贫困绝对化"倾向产生促进作用（周迪等，2022）。最后，通过大数据、互联网等现代技术手段监测和预警机制。通过定期实地走访，结合监测结果建立高脆弱性家庭清单，重点关注劳动力严重缺乏家庭、五保户、单亲家庭等特殊家庭和老年人口，并对特殊家庭实施社保兜底，此

外，农村老龄化问题越来越凸显，作为潜在的高脆弱性群体，应及早建立应对农村老龄人口的机制策略。

2. 建设系统化风险防控机制

首先，完善农村公共服务体系，全面提升农村教育、医疗、住房等公共服务水平和能力，降低农户教育和医疗成本；优化医疗保险报销制度和大病救助制度，加大对慢性病患者和大病患者群众的帮扶与救助力度，提高大病保险的报销比例；落实养老保险等老龄化人口收入保障措施，对空巢独居老人提供额外物质及精神支持。其次，进一步提高农村基础设施建设水平，坚定不移推动农村基础设施补短板强弱项，促进交通、互联网等基础设施提质增效，提升基础设施保障功能。最后，在"双碳"目标下全方位加强生态环境治理和保护，通过完善大中型水库、河道堤防、山洪防治等工程体系和自然灾害预警机制，降低自然灾害对农户生产生活的冲击。

3. 建立健全精准脱贫户的可持续生计长效机制

可持续生计理论是解决贫困问题的重要理论之一，也是避免相对贫困人口向绝对贫困人口转化的重要理论依据。在现行贫困标准下，我们已经解决了绝对贫困问题，要巩固精准脱贫的成效，防范脱贫人口返贫风险，需要巩固和加强脱贫户的可持续生计长效机制。基于《可持续生计指南》提出了以生计资本、生计策略和生计结果为核心的可持续生计分析框架，配套政策应该重点围绕产业帮扶、教育帮扶、金融帮扶、生态帮扶和捐赠帮扶等方面，综合发挥五大资本的作用，帮助贫困户形成可持续发展能力；同时，相关政府机构应该引导、鼓励贫困户由以传统农业谋生存的生计策略转向以现代农业、制造业和服务业等谋发展的生计策略，获得更多的资金收入并丰富收入结构，提升家庭抗风险能力。

4. 建设贫困治理同乡村振兴有效衔接的长效机制

乡村振兴战略是新时代解放和发展农村生产力、实现共同富裕的重要抓手，也是实现农业农村农民现代化，进而从根本上解决相对贫困问题的战略性举措。首先，将贫困治理与乡村振兴政策体系有效衔接。在中央形成顶层设计，各级地方政府形式统一的规划、协调和落实机制。同时，充分利用财政政策、货币政策、产业政策、收入分配政策等宏观调配手段，引导社会资本进入乡村，为乡村造血。其次，将贫困治理与乡村振兴产业发展有效衔接。产业兴旺是乡村振兴的关键，是解决农村一切问题的前提。挖掘乡村特色，鼓励和支持有条件的农村发展现代化、数字化、多元化产业群，包括农业、手工业和旅游业等，进一步提高乡村自我发展能力，通过创业和就业等不断提高脱贫人口的收入。最后，将城乡融合和地区帮扶机制有机融合。一方面通过以工带农、以城促乡等进一步缩小城乡之间的差距，另一方面完善东部发达地区对中西部相对落后地区的帮扶机制，通过结对帮扶、产业转移、转移支付、技术支持等方式，实现先富带动后富（陈谦、肖国安，2021）。

（二）"协同治贫"的新特征

基于相对贫困与绝对贫困转换的"协同治贫"模式，是全面小康时代长效巩固脱贫的新理念和新方略。相较于以绝对贫困为主的治理模式，协同治贫呈现出一系列新特征：

第一，协同治贫对经济基础和治理能力要求更高。社会经济基础薄弱阶段，以绝对贫困治理为主，绝对贫困只需要达到国家规定的脱贫标准，目标单一，途径明确，并且在短期内取得显著成效；而随着社会经济不断发展，相对贫困治理代替绝对贫困治理成为新阶段新命题，对贫困问题的认识及治理能力提出了新要求。人们对贫困问题的理解从"两不愁""三保障"向"绝对贫困—相对贫困"的可转化整体性概念转变。

第二，协同治贫更强调运用辩证思维，把握"绝对贫困—相对贫困"的动态转化关系。协同治贫立足于绝对贫困和相对贫困的相互纠缠、双向转化关系，重点关注两者在不同外部条件下的动态转化倾向与转化过程，以高质量脱贫事先防控相对贫困化，以相对贫困制度化治理守住返贫风险。在协同治贫过程中，以构建长效脱贫机制为核心目标，原因在于长效可持续性脱贫是永久解决绝对贫困问题，防止相对贫困人口向绝对贫困人口转化的根本途径。

第三，协同治贫更强调运用系统性思维，进行资源统筹和多维共治。协同治贫更关注地区间、城乡间发展不平衡问题，通过以政府为主导，市场与社会深度参与的方式在不同地区间实现资源调配。同时，相对贫困是多因素、多维度的，仅仅从收入层面考察是不全面的，会造成贫困群体被低估的现象，所以需要政策制度、文化教育、公共服务等多方位保障。

第四，协同治贫更强调执政党领导下的有效市场和有为政府结合。绝对贫困问题的政策性显著，主要依靠国家意志引导市场、社会进行帮扶工作。因此，在绝对贫困治理阶段，难免出现过于倚重"输血"而忽视"造血"的脱贫方式（李永军、许鹤，2022）。相对贫困问题本质在于社会主义与市场经济有机结合过程中的特殊关系。有效市场和有为政府的结合是中国共产党经过实践探索出的最有效措施之一，也是中国特色社会主义的核心优势之一。让市场在资源配置中起决定性作用，更好发挥政府作用才能在保持市场活力的同时，避免出现权力越位、错位和缺位、不到位，资本无序扩张和市场失灵的问题。

三 "协同治贫"的制度安排与结构实现：权利、资本与体系赋能

有别于以集中攻克绝对贫困为目标的政府推进的超常规帮扶过程，绝对贫困与相对贫困的协同治理是一个政府进行战略先导、市场发挥决定作用的常态化贫困治理过程：将脱贫成果巩固与相对贫困治理纳入一个完整战略范畴，夯实脱贫（低收入）人口和脱贫（欠发达）地区充分融入城乡经济循环、实现高质量发展的制度支撑，为之实现全面发展而综合赋能。要从权利、资本、体系三方面对相对贫困群体进行赋能，落实协同治贫策略。

（一）权利赋能

1. 继续深化农村土地制度改革

土地是农村最基本的生产资料，是农民赖以生存和发展的基本条件，农民与土地的关系也是农村最基本的生产关系。《"十四五"规划和2035年远景目标纲要》明确指出："巩固完善农村基本经营制度，落实第二轮土地承包到期后再延长30年政策，完善农村承包地

第五章　巩固提升脱贫质量：返贫风险防控与相对贫困施治

所有权、承包权、经营权分置制度，进一步放活经营权。"进入新发展阶段，要坚定不移地深化农村土地制度改革。通过脱贫地区农村改革深化的先行先试，推动集体所有权、农户承包权、土地经营权有效实现，释放脱贫人口发展动力与活力，使其成长为新型农业经营主体。

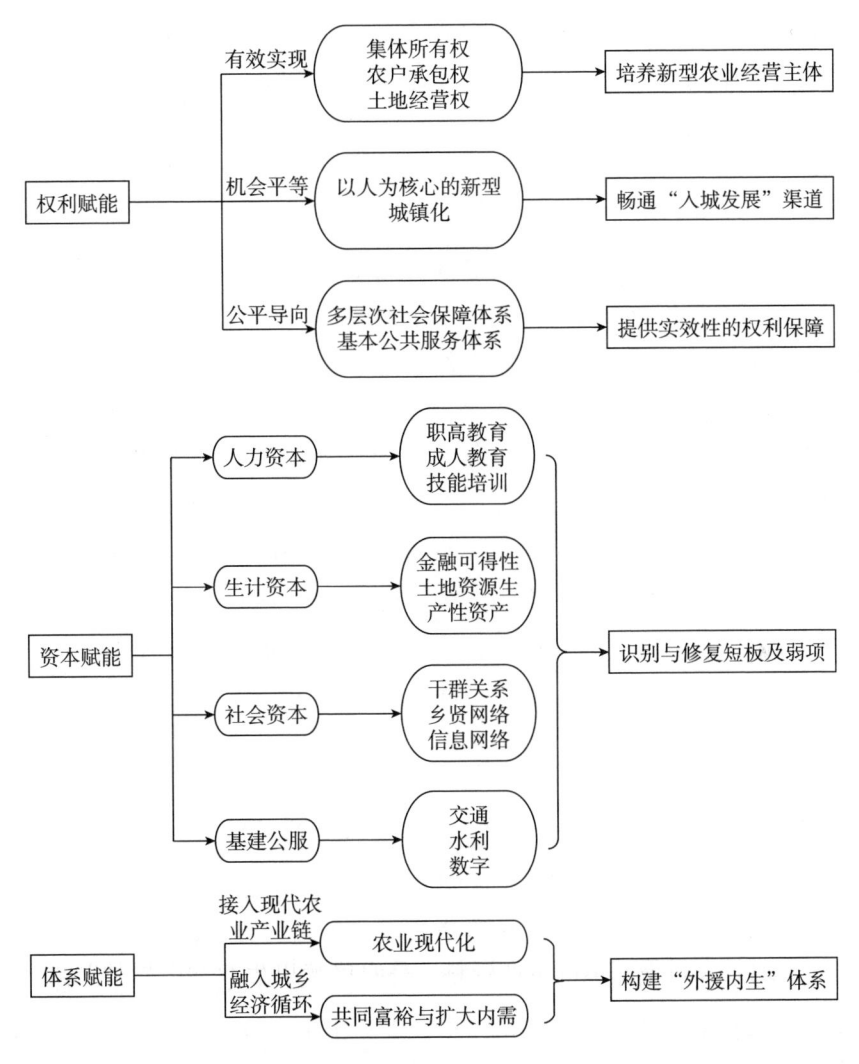

图 5-1　协同治贫的制度安排与结构实现

一是在坚持农村土地集体所有制的基础上，正确把握"稳定"与"放活"的关系。要保持农村土地集体所有权的根本地位不动摇，增强土地产权的稳定性。同时，要多形式放活农村土地经营权，扎实开展"资源变资产、资金变股金、农民变股东"的"三变"改革。引导农村土地经营权规范有序流转，鼓励流向家庭农场、专业大户等适度规模经营主体；积极引导农户实行以地入股组建股份合作组织，采取自营或委托经营等方式发展农业适度规模经营；支持城市商业资本到农村投资高标准设施农业、规模化养殖等适合企业化经营的现代农业。除了土地经营权的单向度放活，还需要不断调整"三权"之间的关系。应具体分析不同的农业经营形态，明确不同耕地使用者诉求的差异性，让集体经济组织来对接不同使用者的诉求。从而满足不同使用者的地权诉求，实现农业经营实践形态间的良性互动和健康发展，进而全面提升农业经营的效益（印子，2021）。

二是坚持市场在农村土地要素配置中的决定性地位，更好地发挥政府的作用。要建立完善的农用地市场和城乡统一的建设用地市场，充分发挥价格机制、供求机制、风险机制等的作用，依靠市场这只"看不见的手"自发配置资源，有效打破城乡二元土地市场的分割，全面提高土地要素配置效率。与此同时，对于由外部性、公共物品、信息不对称等原因造成的市场失灵，政府要行使管理与监督职权，发挥宏观调控的作用。政府应通过增加公共物品和公共服务供给、执行相关的法律法规和行政命令、拓宽农村土地市场信息渠道等措施来纠正农村土地市场失灵，为建立农村土地市场提供多元保障（严金明等，2022）。

三是以数字化、信息化、智能化作为关键技术抓手，全面支撑农村土地制度改革。随着移动互联网的普及和"信息惠民"工程的持续推进，农村已经具备了信息化的基础。因此，未来需要集成整合基础自然属性数据、农业生产数据及农村经济社会信息，构建地上地下、可持续更新的农村土地大数据体系。进一步地，以大数据为支撑，结合AR、VR、区块链等技术，建立农村土地制度改革信息化操作平台，实现农村一家一户的零散田地的数字化登记、数字化流转、数字化分配。同时，还可以构建智能化监测和决策支持系统，运用机器学习、数据挖掘、模式识别等 AI 技术梳理、评估、优化改革策略，辅助农村土地使用者、经营者、管理者进行智能化决策。

2. 畅通脱贫群体入城发展渠道

在深入推进以人为核心的新型城镇化的过程中，城乡分割逐步打破，城乡联系显著加强。截至 2021 年年末，我国户籍人口城镇化率提高到 46.7%，但与常住人口城镇化率依旧相差 18.02%。换句话说，常年外出务工农民及其随迁家属被统计为常住城镇人口，却没有获得城镇户口。他们尚未全面享有与当地居民同等的城镇基本公共服务，农业转移人口市民化工作仍需持续有序推进。政府应当重视城镇化进程中的机会平等和权利赋能，畅通脱贫人口和相对贫困群体入城发展渠道，加快推动农业转移人口全面融入城市。

首先要进一步深化户籍制度改革，让农业转移人口"入城发展"，增强其归属感。应持续降低落户门槛，坚持户口与居住证双轨运行，推动社会福利和户籍制度同步改革，逐渐让非户籍常住人口享有与城市居民相同的待遇。一方面，放开放宽除个别超大城市外的落户限制，让更多有意愿有条件的农业转移人口落户城镇，并确保外地与本地农业转移人口进城落户标准一视同仁。另一方面，改变公共服务等社会福利与户籍的单挂钩体制，健全公共服务等权益与户籍、居住证、居住年限的多挂钩体制，以居住证"强功能、扩数量"让农业转移人口享有城市居民同等福利（欧阳慧、李智，2021）。

其次要健全农业转移人口市民化配套政策体系。第一，匹配财力和事权，落实"人地钱挂钩"配套政策，提高城市吸纳农业转移人口落户的积极性。完善财政转移支付与农业转移人口市民化挂钩相关政策，中央财政市民化奖励资金分配主要依据跨省落户人口数量确定。第二，根据人口流动实际调整人口流入流出地区教师、医生等编制定额和基本公共服务设施布局，同时建立财政性建设资金对吸纳落户较多城市的基础设施投资补助机制，加大中央预算内投资支持力度。第三，激发脱贫人口的内生动力，多途径帮扶脱贫人口提升就业技能，增强其主动融入城市市场的主动性和积极性。第四，依法保障进城落户农民农村土地承包权、宅基地使用权、集体收益分配权，建立农村产权流转市场体系，健全农户"三权"市场化退出机制和配套政策。

3. 完善社会保障和公共服务体系建设

社会保障体系和基本公共服务体系具有助推经济发展，维护社会稳定，促进公平正义，助力帮扶和遏制返贫等功能。在解决绝对贫困阶段，社会保障和基本公共服务为脱贫攻坚发挥了非常重要的兜底作用。进入相对贫困阶段，一些已经摆脱绝对贫困的困难群众，往往难以抵御灾害、疾病、失业等风险而容易反贫。且相对贫困仍会以各种各样的形式继续存在，具体表现为低收入贫困、特殊困难群体贫困、城乡流动型贫困、区域不平衡发展型贫困等。而要有效遏制返贫现象且使相对贫困治理落实到位，就需要完善实质公平导向的多层次社会保障体系和基本公共服务体系建设，为切实促进低收入群体的全面发展和脱贫地区全面进步，提供实效性的权利保障。

在完善多层次社会保障体系方面，要扩大社会保障范围，促进保障与激励融合。第一，虽然当前绝对贫困已经全面消除，但仍有部分贫困边缘户处于生计脆弱状态，社会保障"由兜转防"对此部分群体来说至关重要。因此，应将生计脆弱性纳入判断相对贫困的标准中，实现相对贫困线与贫困群体生计脆弱性挂钩，建立生计脆弱监测体系。第二，关注生计脆弱群体的生产实践风险预防，生计脆弱群体在生产发展过程中大多存在因不敢承担风险而缩手缩脚，怯于转变生计方式。由此，可通过引入生产风险类保险、防贫保险等保险类社会投入，增强相对贫困群体、生计脆弱群体生产实践的积极性和信心。第三，扩大和提升社会保障、社会救助的覆盖范围和补贴标准，补充、完善各类保障措施，防止低收入群体返贫风险，并且在教育、就业等方面开展福利性保障支援，促进相对贫困家庭发展的自立和自足。

在推进基本公共服务城乡均等化方面，从赋权和能力发展层面缩小城乡公共服务差距是相对贫困治理的重要内容。一方面，补足欠发达地区和农村的基本公共服务短板。继续加大优质教育资源向原贫困地区倾斜的力度，相应提高脱贫群体的教育水平，促进义务教育均衡发展；针对较为普遍存在的健康匮乏与因病致贫问题，在进一步提高合作医疗和医疗救助水平的同时，适时推进医保和预防工作以提高脱贫群体的健康水平；加速推进综合性村属文化设施管养，弘扬民风民俗，满足低收入群体日益发展的精神需求。另一方面，强化欠发达地区和农村的公共基础设施建设。加强农村道路建设的标准化和规范化，完善农村路网结构以满足人流物流的交通需要；夯实农村水利工程配套机制，保证欠发达地区饮水安全以及农业灌溉；推进新农村建设进程，完善房前屋后植被绿化，增强农民居住条件的舒适性。

（二）资本赋能

从资本贫困的视角出发，要为转向相对贫困之后的乡村振兴工作提供相应的方法路径，就要识别并修补乡村振兴和新型城镇化的能力短板和弱项，增强人力资本、生计资本、社会资本以及基建公服的可得性，缓释脱贫人口与相对贫困人口贫困脆弱性，提升其发展能力。

人力资本是指存在于人体中具有经济价值的知识、技能、体力等质量因素之和。在职高教育方面，提升职业教育质量，适当加强后义务教育阶段通识教育内容，有效提升农村学生人力资本，帮助学生为将来深造、就业和发展打下更坚实的基础。在成人教育方面，完善农业职业教育与培训体系，建立涉农职业学校、农业科研院所、农业企业等多主体积极参与的农业职业教育与培训体系，以市场需求和农民需求为导向建立多层级培养机制，针对不同培养对象和目标，分类、分层次进行培养，推进农业相关职业资格认证制度，保障教育与培训的标准与质量。在技能培训方面，将送出去集中办班与请到家门口培训相结合，开展培训与推荐就业相结合。

所谓生计就是指通过能力、资源和行动来维持生活的手段和方式。从个体或家庭的视角出发分析生计能力，则可以定义为个人或家庭通过某种手段或方式来优化谋生技能、提升经济物质财富的能力。在金融可得性上，农户户均年度纯收入不高，主要来源于务工收入，自营农业收入较少；家庭教育负担和医疗负担成为制约农户金融资本的重要因素；农户申请小额信用贷款积极性不高。因此，要合理引导农户调整农业生产结构，鼓励农户外出务工；持续鼓励农户申请小额信用贷款，有利于其扩大农业生产规模；对于教育和医疗负担较重的农户，鼓励其申请国家助学贷款，持续对其实行医疗救助帮扶政策。在土地资源上，人均耕地面积较小，耕地分散程度较大，利用效率整体不高，甚至有的耕地被撂荒已久或出现"非粮化"现象。因此，地方农业部门要严格落实相关政策文件，促进"良田"回归"粮田"，增加耕地产能和粮食产量；充分发挥农业专业合作社和龙头企业的带动效应，提高农业组织化程度。在生产性资产上，还存在着权属不明晰、过度闲置等问题。应当尽快完成生产性资产核算，并明确产权归属；引进专业机构和经营主体，盘活用好生产性资产。

社会资本是指个体或团体之间的关联，即社会网络、互惠性规范和由此产生的信任，是人们在社会结构中所处的位置给他们带来的资源。社会资本作为无形的资产，对农户其他资本的运用产生积极的作用，对社会资本的投资重点在于提升农户的社会参与度。现阶段，农户的社会交际网络主要集中于当地村域，农户社会资本总体不足，体现在农户的人情支出高、外出机会少、家庭有干部的农户占比低等方面。为进一步提升农户社会资本总量，需要着力构建新型的多元化社会网络关系，通过增加宣传移风易俗，摒弃人情支出高居不下、互相攀比的陋习，减轻农户人情支出压力；鼓励农户外出，打造外出务工、经商、从政的区域性社交网络，为农户外出务工和返乡就业创业搭建纽带关系。

农村基础设施是农村经济社会发展的重要基础。根据资金投向的不同，农村基础设施建设大体分为交通、水利、数字基建等方面。在交通方面，要推进交通与乡村产业融合发展，加强资源路、旅游路等的建设；加强农村交通安全隐患排查，强化安全监管；提高物流综合服务水平，统筹利用交通、邮政、快递等资源。① 在水利方面，要大力开展乡村河湖库塘渠综合整治，推进重点区域水土流失综合治理，开展河流湖泊湿地生物多样性保护，整治和修复乡村水生态环境；加强大中型水源调蓄工程建设，推进大中型灌区建设与改造，加快排涝设备更新改造，推进流域蓄滞洪区建设，提升乡村抗旱防涝能力（吴

---

① 《交通运输部关于巩固拓展交通运输脱贫攻坚成果全面推进乡村振兴的实施意见》，http://www.gov.cn/zhengce/zhengceku/2021-06/04/content_ 5615513.htm，2021年5月28日。

海峰，2021）。在数字基建方面，应当加强政府顶层设计，落实配套扶持政策，激发市场主体活力；完善乡村人才培养模式，提升乡村居民数字化素养；构建全面的数字安全体系，保障"数字弱势"群体的权益（刘俊英，2022）。

（三）体系赋能

1. 农业现代化与协同治贫相结合

中国的乡村振兴和帮扶发展由来已久，发展理念也经过了几次转型。总体来说，战略理念从外援型帮扶到内生型帮扶，由"输血"式帮扶向"造血"式帮扶转化。全面小康时代，要构建欠发达地区乡村振兴"外援—内生"体系，推动乡村振兴外部推力与内生动力有机结合。从乡村发展的内在驱动力看，乡村振兴内生动力在于发挥好乡村资源和产业优势。换言之，要培育发展农业社会化服务组织，将脱贫人口有效接入现代农业产业链和供应链，使之在产业振兴共治共享中协同实现相对贫困管控和脱贫成果巩固。

"大国小农"是基本国情农情，人均一亩三分地、户均不过十亩田的小农生产方式，是我国农业发展需要长期面对的基本现实。发展多元化、多层次、多类型的农业社会化服务，是实现小农户和现代农业有机衔接的基本途径和主要机制，是激发农民生产积极性、发展农业生产力的重要经营方式，为全面推进乡村振兴、缓解相对贫困提供有力支撑。但目前农业社会化服务还面临产业规模不大、能力不强、领域不宽、质量不高、引导支持力度不够等问题，迫切需要加快发展，不断提升服务能力和水平。

从服务主体来看，要推动各种农业社会化服务主体共同规范发展。要把专业服务公司和服务型农民合作社作为社会化服务的骨干力量，推进其服务专业化和规模化；把农村集体经济组织作为组织小农户接受社会化服务的重要力量，充分发挥其居间服务的优势；把服务专业户作为重要补充力量，发挥其贴近小农户的优势，弥补其他服务主体的不足。同时，要鼓励各类服务主体以资金、技术、服务等要素为纽带，加强联合合作，促进融合发展。并推动服务主体与银行、保险、邮政等机构深度合作，实现优势互补、互利共赢。还可以建立全国性或区域性的农业社会化服务行业协会、行业联盟等，发挥其联系政府、服务会员、整合资源、自律规范的功能。

从服务内容和机制来看，要拓展服务领域，创新服务机制。一方面，要引导服务主体积极开辟新的服务领域，探索开展社会化服务的有效方法路径，推动服务范围从粮棉油糖等大宗农作物向果菜茶等经济作物拓展，从种植业向养殖业等领域推进，从产中向产前、产后等环节及金融保险等配套服务延伸，使农林牧渔各产业的农民都积极参与到现代农业中来。另一方面，鼓励服务主体积极创新服务模式和组织形式，大力发展多层次、多类型的专业化服务。因地制宜发展单环节、多环节、全程生产托管等服务模式，有效满足多样化的服务需求。大力推广行之有效的"服务主体+农村集体经济组织+农户""服务主体+各类新型经营主体+农户"等组织形式；推动农资企业、农业科技公司、互联网平台等各类涉农组织向农业服务业延伸，采取"农资+服务""科技+服务""互联网+服务"等方式，提高农户的经营效率，增加农户的经营收入，降低农户的资金风险。

2. 共同富裕与扩大内需一体化牵引

"共同富裕""扩大内需"和"相对贫困治理"都是关系我国发展的重要战略，相对贫困治理为实现共同富裕目标打下基础，而共同富裕则有利于提高相对贫困治理的质量；相对贫困治理同时也是扩大内需的重要手段，而扩大内需又能促进相对贫困治理的进程。因此，在共同富裕与扩大内需一体化牵引下，要推动相对贫困人口充分融入城乡经济循环，实现个体全面发展与高水平城乡关系构建的有效融合。

实现共同富裕，使一切创造社会财富的源泉充分涌流，是相对贫困治理所要实现的一种理想状态。一是形成人人享有的分配格局和有效的激励制度安排。要深化收入分配制度改革，构建初次分配、再分配、三次分配协调配套的制度安排，动员社会力量的广泛参与，更加注重生产要素的公平分配，通过基本公共服务均等化，保障相对贫困群体的机会与权利的公平，鼓励市场主体、社会组织和个人参与志愿行动与慈善事业。二是实施就业优先战略，提高相对贫困群体的经济活动参与率。实施将劳动力市场制度和公共就业服务良好结合的积极就业政策，破除各种体制机制障碍，加快推进户籍制度改革，拓宽转移劳动力的社会上升渠道，通过增加居民收入来提高相对贫困群体的广义经济活动参与率。三是促进我国社会保障事业的高质量发展。政府要强化普惠性社会保护职能，健全社会保障体系、劳动力市场制度和社会共济机制，实现社会保护的全覆盖，进一步织密社会保障"安全网"，推动实现共同富裕的美好愿景。

同时，要注意到对于刚刚实现脱贫的地区而言，最为关键的是如何尽快形成强劲的市场需求。可以预见，乡村振兴背景下的消费帮扶，将受益于内需战略的种种利好政策而一并提振。首先，乡村振兴离不开乡村建设。"十四五"期间，乡村建设的关键是"完善乡村水、电、路、气、通信、广播电视、物流等基础设施"，这些对刺激国内市场需求而言堪称重要。其次，公共服务是缓解预防性储蓄、激活消费潜力的重要环节。当前，城镇居民特别是新进入城镇的农业转移人口在教育、住房等方面仍然负担较重，推高了居民预防性储蓄，不利于内需的进一步释放。县级政府通过强化公共服务供给，可以降低居民支出负担，有效激活消费潜力，进而真正推动扩大内需。总之，乡村振兴意在推动乡村地区追赶城镇发展步伐，弥合城乡二元结构下的发展差距，最终实现内需战略下国内统一大市场的构建目标。

第二节 新发展阶段巩固提升脱贫质量：返贫风险防控与乡村振兴融入

在全面消除贫困、建成小康社会之后，中国贫困性质与贫困治理矛盾也在发生新的变化，疫情防控常态化带来新挑战，双循环新发展格局正在形成，巩固拓展脱贫攻坚成果，提升脱贫质量、管控返贫风险考验中国制度效能的持续性。

长期来看，着眼于巩固脱贫成果与乡村振兴的精准衔接，推动减贫治贫的战略重心从物质基建、要素输入驱动的超常规脱贫，转向科技基建、制度供给主导的乡村振兴与贫困治理，构建全面小康时代的相对贫困治理体制机制，实现贫困治理能力和治理体系现代化，是高质量脱贫的深化要求。

一 精准补齐脱贫质量短板、有效防控返贫致贫风险

（一）"制度刚性"

坚持精准帮扶"制度刚性"，形成中央普查与群众监督的治理合力，补齐脱贫质量短板，提升边缘贫困村户发展能力，确保"应扶尽扶、应脱尽脱"。

一是针对"三区三州"原深度贫困乡村，严守高质量脱贫标准，坚持精准帮扶制度刚性，强化中央集成支持、东西部协作帮扶与地方自主发展的脱贫合力，确保"三保障"和饮水安全等脱贫短板得到补齐。二是针对潜在的边缘易致贫人口、不稳定脱贫人口以及受疫情和灾情冲击的生计脆弱人口，进行分类识别与综合施策，推动其内生脱贫、稳定脱贫；将没有劳动能力的特殊困难群众纳入由低保医保、养老保险、救助供养、临时救助构筑的综合社保兜底体系。三是"全面扫清"帮扶短板、脱贫死角，统筹安排专项帮扶资金，支持非贫困县（村）的"插花"贫困村户、边缘贫困村户发展脱贫。除继续强化以党建促脱贫的政治动能、中央督导普查的实际成效，全面增强人民群众在帮扶考核评价中的参与度，发挥脱贫主体的治理与监督功能。

（二）"制度韧性"

强化综合减贫"制度韧性"，适应疫情防控常态化形势，减少洪涝灾害影响，完善返贫风险监测预警与长效防治机制，精准追踪、有效管控因产业失败而群体返贫等风险。

当前一些脱贫地区存在产业基础薄弱、项目同质化、就业不稳定、转移收入占比过高的情况；边缘人口存在返贫风险；在疫情突发及防控常态化的形势下，部分行业务工人员"失岗"，特色农产品"滞销卖难"，"三区三州"地区特色旅游产业因疫情防控而客流受限，造成贫困农户工资性收入与经营性收入出现缺口；有的地方脱贫摘帽后对脱贫攻坚的重视程度、工作力度减弱、资金投入增速变缓，有的脱贫人口收入甚至下降，有的贫困村退出后第一书记和驻村工作队实际不在岗（刘永富，2020）。绝对贫困问题的解决是一个系统工

程，难以做到一劳永逸的100%消除，保证脱贫人口生计能力长期提升，做好返贫风险及新增贫困管控才是科学的应对之策。政府应主动作为，发挥综合减贫的制度韧性，构建返贫风险识别、防控与帮扶的常态化机制。一是完善疫情防控常态化下的精准防疫与巩固脱贫的协同治理长效机制，强化市场经济供需修复与循环再造；精准追堵可能导致疫情反弹的治理漏洞，瞄准疫情伤害民生影响脱贫质量的关键渠道，精准施策和长效赋能，识别返贫风险人群，给予分类帮扶和靶向施策；利用大数据及智能技术，做好贫困农民工城乡流动追踪引导，强化务工防疫协同支持。二是必须从结构改革、治理改进、基建完善、科技赋能路径上重振经济动能，为巩固拓展脱贫攻坚成果、最小化管控返贫风险提供经济支撑；构建风险预判和未雨绸缪长效机制，推进帮扶产业转型升级与接续替代，洪涝地质灾害抗御能力提升，为乡村经营主体进行市场赋能，为易受疫情灾情冲击农户进行生计赋能。

(三)"制度柔性"

强化脱贫攻坚"制度柔性"，聚焦"三区三州"脱贫地区，精准识别与补齐帮扶工作短板、脱贫质量弱项，消除返贫风险隐患。

在脱贫攻坚质量的评估督查中，突出多维质量导向，精准识别隐性贫困和脱贫盲点，补齐短板、分类施策，切实解决"两不愁三保障"以及饮用水安全隐患，全面巩固精准帮扶与发展减贫的综合施策成果。一是边远民族地区基建困难。高寒藏区乡村海拔高、气候恶劣、地质灾害多发，基建成本高，凉山地区地域辽阔，贫困村落散布，即使接入高速公路，内部基建及公共服务短期难以连接成网，对此应从"三区三州"帮扶资源的空间配置最优出发，统筹搬迁脱贫与基建网络建设，提升基建经济性与效率。二是改变结果导向的帮扶考核方式，基于劳动力结构与收入结构的匹配状况，构建科学的识别标准，精准甄别精神贫困与能力贫困，降低全劳动力家庭转移性收入比例。应加快民族地区普通话培训进程，解决技能培训和进城务工的语言难题，坚决遏制极端宗教势力和不良文化的冲击和影响。三是帮扶产业能否经受市场风险，实现可持续发展。如凉山地区一些原深度贫困村的家庭种养业和畜牧业，受制于技术限制和市场风险，规模上不去、经营无效益。四是如何平衡特色畜牧业发展与环境保护的关系。如甘孜州贫困户选择养牦牛作为脱贫生计,但对天然草场形成一定破坏作用。易地搬迁或生态移民后,却忽略对居住原址的生态修复。应加强这些区域的退耕还林还草论证与实施工作。五是部分贫困县帮扶资金的使用,仍然缺乏效率。一些曾经的深度贫困县,使用涉农资金、帮扶资金,用于修建博物馆、无明显益贫效应的农业示范点。六是警惕互联网金融在原深度贫困地区的扩张风险,避免其对脱贫资金资源的侵蚀吸转效应。开展移风易俗、乡风建设,控制人情支出与非生产活动对资源的过度占用。

专栏 A 返贫风险测度及影响因素:基于甘洛县的考察

脱贫质量不高不稳定,贫困的阴影就会再次侵袭,疾病、上学、残疾、自然灾害等都可能使已脱贫群众出现返贫风险。做到"脱贫"不返贫,是落实精准帮扶,切实提高脱贫攻坚质量的必然要求,也是保证脱贫攻坚成果不受损害、圆满完成目标任务的内在需要。解决问题的前提是发现问题,精准识别返贫风险,将返贫"扼杀在摇篮之中"是减缓返贫多发的有效方法之一。正如致贫原因的多样性,返贫的表现也可能是多方面的,诸如收入降低、生活环境恶化、重大疾病发生、生计方式退化等都属于返贫范畴。精准识别返贫风险,瞄准返贫表现,精准帮扶,稳定脱贫效果,预防脱贫又返贫风险出现是打赢脱贫攻坚战的要点。兼顾多维致贫因素,测量农户的贫困脆弱性有助于实现稳定的可持续脱贫,具有一定的返贫风险防范能力。课题组通过对四川凉山这一原深度贫困地区的调查,提出相对返贫风险的度量体系,并结合 Logistic 模型设计返贫风险的多维量化框架进行实证检验,构建返贫风险的长效管控机制。

我们引入"相对返贫"风险的概念,提出相对返贫风险测度方法,将主观自评和家庭收入的客观测度相结合评估脱贫家庭"相对返贫"风险的情况。具体而言,主观自评上,将相对贫困程度划分为 5

个层次：贫困、较贫困、一般、较富裕、富裕，分别赋值为1—5。比较近3年前后抽样家庭的相对贫困程度主观自评值，评定家庭贫困深度的变化情况：若3年后自评值相对3年前自评值降低，则认定为贫困深度主观加深（主观恶化）；若自评值不变，认定为贫困深度主观不变（主观不变）；若升高，认定为贫困深度主观降低（主观优化）。客观测度上，家庭收入水平分层为（1000，3000）；[3000，6000）；[6000，10000）；[10000，20000）；[20000，50000）五个区间，且分别赋值为1—5，形成农户家庭近3年收入的动态变化的数据基础。比较近3年前后的家庭收入变化：若3年后家庭收入指标相对于3年前家庭收入指标降低，认定为贫困深度客观加深（客观恶化）；若处于同一区间，认定为贫困深度客观不变（客观不变）；若层次升高，认定为贫困深度客观降低（客观优化）。我们认为收入指标更具有可控性及客观说明性，因此采用客观测度评定结果来佐证主观自评结果。两项指标结果一致的，直接认定为最终评定结果；一个指标显示为贫困深度不变，另一个指标显示为贫困深度加深的，最终评定为相对返贫风险；一个指标显示为贫困深度降低，另一个指标显示为贫困深度加深的，以客观测度结果为最终评定结果。

对于致贫因素，基于研究视角不同而结论各异，获取收入的能力、良好的教育和健康的身体、社会歧视等多维因素都会诱致贫困现象的发生。本课题组结合生计风险理论和相关研究，对农户家庭健康、教育、所掌握的经济资源和社会资本等微观指标进行测度，作为影响相对返贫风险的解释变量。

使用的样本农户数据是课题组对凉山甘洛县团结乡瓦坪村及罗马村入户调研所得。调研采取抽样选择村户开展面对面访谈的方法获取样本农户相关数据信息。采集有效样本农户数据137份，构成本节用以经验实证分析的样本数据系列。统计分析结果表明，病残因素与文化技能欠缺最有可能导致贫困，缺少产业或市场以及文化技能欠缺较易导致返贫风险发生；医疗救助的帮扶政策惠及大多数群众，而接受教育培训帮扶后返贫风险依然较高；由经济环境所支持的务农与外出打工占生计倾向主导，生计倾向为务农对应的返贫概率较高。

采用 Logistic 模型对导致返贫概率的相关返贫风险因素进行实证分析，由此得出结论如下：

（1）农户学历与返贫风险概率存在正相关关系。农户的教育程度越高，其面临的返贫可能性越小。因此，为文化程度相对较低者提供更好更多的接受教育的机会，可以降低返贫风险。

（2）初始贫困深度与返贫风险概率呈正相关性。初始贫困深度越大，农户返贫可能性越高。原因可能是初始深度贫困农户面对风险时的脆弱性越大，故初始贫困深度越大，其返贫概率越高。

（3）信贷供给与返贫风险概率呈正相关关系。信贷供给越大，农户返贫概率也随之增大。信贷供给中可分为正规信贷供给和非正规信贷供给。正规信贷供给并没有实现对贫困农户的精准供给，对农户提供的信贷供给越多反而增加了债务负担。非正规信贷供给主要表现为向亲朋邻里借贷，过多的非正规借贷可能导致农户自力更生能力下降，其面对返贫风险时的应对能力则相对较弱。故而供给量越大与农户返贫风险呈显著正向影响。因此，应高度重视"因债返贫"风险。

表 5-1　农户返贫风险概率与相关返贫风险因素的实证结果

自变量	系数	p 值	标准差	z 值
学历	-0.68**	0.03	0.32	-2.15
技能	0.09	0.75	0.28	0.32
健康	0.17	0.42	0.21	0.81
家庭社会资本	-0.13	0.62	0.25	-0.49
抚养比	-0.24	0.81	0.99	-0.24
经济资源	0.47*	0.10	0.29	1.63
初始贫困深度	0.43***	0.01	0.18	2.45
信贷供给	0.64**	0.03	0.29	2.20
常数项	-2.27*	0.06	1.20	-1.88

二　引导脱贫农户融入乡村产业发展，推动脱贫地区全面振兴

习近平总书记指出，"要保持现有帮扶政策总体稳定，接续推进全面脱贫与乡村振兴有效衔接，推动贫困地区走向全面振兴"[1]。推进

---

[1] 刘杨：《习近平在安徽考察》，http://www.gov.cn/xinwen/2020-08/21/content_5536435.htm，2020 年 8 月 21 日。

第五章　巩固提升脱贫质量：返贫风险防控与相对贫困施治 | 163

乡村产业振兴，把小农生产引入现代农业发展轨道，确保脱贫农户"有业可续"，使之实现与外部市场的有效衔接，既是破解乡村产业不兴、劳动力难留的关键，也是当前稳定脱贫成效、提升脱贫质量、管控返贫风险的重要保障。

（一）脱贫农户融入乡村产业是乡村振兴接续精准脱贫内在要求

脱贫攻坚战取得全面胜利之后，亟待以产业振兴巩固高质量脱贫成果，保持农户生产就业稳定。在相当一部分贫困退出村，外出务工构成农户脱贫的主要收入来源，集体经济增收贡献有限（杨光，2017）；一些农户的小规模种养业遭遇技术与市场困境，经营风险正在显现（潘文轩，2018）。在一些产业不兴、空心化严重的乡村，农户大多选择"打工脱贫"，短期内有助于加快脱贫进度，但却影响了乡村产业根基；长期看一些农民工因人力资本层次不高，务工增收不稳，有可能转化为城市隐性贫困，或者滋生"回乡返贫"的风险。

产业兴旺是乡村振兴的重要基础，是解决农村一切问题的前提。[1] 一方面，乡村振兴的目标取向是农民的全面发展，乡村产业振兴承载农户的生计保障功能与生计发展使命。通过产业振兴与联农带农，把农业产业链的增值收益、就业岗位赋予农民，有助于发挥支农惠农、强农富农效应。另一方面，乡村振兴的微观动能源自农民的现代化与市场化转型，产业振兴离不开新型经营主体的培育。促进小农户与现代农业发展有机衔接，与城乡市场有效对接，推动脱贫农户融入乡村产业振兴，既是农户现代化与农民全面发展的内在需求，又是乡村产业振兴的根本保障。在精准脱贫的战略视角下，以就业效应大、附加值高的乡村新业态为载体，促进乡村产业振兴与农户生计转型的融合，是提升产业脱贫质量与可持续性的根本途径（贺立龙，2019）。

以乡村振兴接续与巩固精准帮扶，必须主动推进脱贫农户融入乡村产业发展。乡村振兴带动脱贫农户致富不是一个自发市场过程，增长减贫的"涓滴效应"有时会失效，乡村产业发展未必总能惠及生计

---

[1] 国务院：《国务院关于促进乡村产业振兴的指导意见》，http://www.gov.cn/zhengce/content/2019-06/28/content_5404170.htm，2019年6月28日。

能力弱的那部分脱贫人口。一些地区以区域发展之名上项目、要资金、搞产业，经济增长了、社会服务水平提高了，贫富差距却拉大了（习近平，2017）。脱贫人口参与少，乡村产业发展缺乏劳动活力，影响乡村振兴的经济动能；脱贫人口不能融入乡村产业，难以获得长效生计，可能出现返贫风险。因此，积极推动脱贫人口在乡村振兴中的产业融入，关系到稳定脱贫与防控返贫，影响高质量脱贫成效，决定全面小康社会的成色与乡村振兴战略的实施效果。

（二）脱贫农户与乡村产业融合共生的经济性质

1. 乡村产业与脱贫农户具有存续发展的内生契合性

一方面，乡村产业是一个多层次的业态综合体，既包括作为国民经济基础的农业（如粮食生产及其他种养业），也包括作为现代产业增长点的乡村工商业和一二三融合新业态。单一的农业生产具有先天弱质性，分工组织难以有效展开，存在生产率的相对劣势（高帆，2006），偏向于吸纳收益率要求不高、人力资本层次较低的劳动力，其中相当一部分是来自半（弱）劳动力集中的脱贫农户；家庭农场、种养大户经营的有一定规模的现代农业，农产品深加工、乡村旅游、工商经营等非农产业，要由人力资本层次较高的乡村创业者来主导——产业脱贫与务工脱贫农户是其潜在主体。另一方面，脱贫农户呈现显著的结构化特征。以半（弱）劳动力为主甚至无劳动力的贫困户，要实现稳定脱贫，除了政策兜底，也离不开来自农业生产或集体收益的生计保障；而缺少发展机会致贫的全劳动力家庭，在通过务工或生产摆脱贫困之后，只有融入乡村现代产业链，才能实现生计可持续。自2012年以来，中国已有1亿农村人口摆脱绝对贫困，但经估算仅20%的脱贫人口能实现稳定城镇化，绝大多数脱贫农户要以乡村产业作为生计保障与现代化载体支撑。①

2. 乡村产业与脱贫农户具有成长共生的条件一致性

其一，乡村产业培育中的市场机会捕捉、业务空间扩张，与脱贫

---

① 全国人民代表大会常务委员会专题调研组：《关于脱贫攻坚工作情况的调研报告》，http://www.npc.gov.cn/npc/c30834/201902/2fa7dac1e49f4a458c08314e0a7c8fb5.shtml，2019年2月28日。

第五章　巩固提升脱贫质量：返贫风险防控与相对贫困施治 ▎165

农户生计选择的视野拓展，都要以破除信息藩篱为前提，根本路径是信息科技赋能（如电子商务培训与电商平台对接）。其二，乡村产业运行中的交易时距压缩、流通成本消解与脱贫农户商品生产的市场可达，要以完善基建交通为支撑，关键节点在乡村冷链物流（如农产品冷链物流的供应链前置，解决乡村"最先一公里"问题）。其三，乡村产业发展中的虫害疫灾防治、市场风险缓释，与脱贫农户规模化经营的商业存续，都以补齐公共服务短板为保障，核心诉求是农技精准服务（如家禽牲畜疫病防治、特色种植技术指导）。其四，乡村产业扩张中的产业链成长、城乡连接融通，与脱贫农户产业链的内生融入，均以龙头企业与生产性服务业为牵引，着力点是农企契约设计与农业服务模式创新（如返租倒包、农业生产托管）。① 五是乡村产业现代化中的创新精神集聚、人力资本提升，与脱贫农户产业经营能力的生成，均以精神脱贫与技能学习为动能，有效策略是能人带动与农户"干中学"（如种养大户示范效应、产业瞄准的技能培训）。② 上述条件的实现，从电商平台、冷链物流建设到生产性服务在乡村集聚，都需农户生产经营达到一定规模阈值、质量门槛与分工边界；但是农户经营规模化又离不开上述条件支持——在产业贫瘠乡村，二者互为因果累积，容易陷入低水平均衡陷阱。③破解陷阱需要综合施策，实现全产业链、供应链与技术链培育，促成脱贫农户在龙头企业带动下的

---

① 美国农业劳动力只占劳动力的2%，但农业服务人数占劳动力的10%以上，农业服务业分工外包，将是现代农业发展的基本规律。见张天佐《农业生产性服务业是振兴乡村的大产业》，《农民日报》2018年11月18日。
② 农村"能人"个人条件较好，凭借经济优势在当地形成一定威望，在信息闭塞的贫困乡村和农户群体中，更容易产生带动效应。钱学明：《产业扶贫要用好"能人"》，《人民日报》2017年11月8日。
③ 在一些乡村调研发现，贫困农户受限于土地条件、经营能力，大多从事小农经济与分散经营，农副产品规模小、质量参差不齐，不符合电商上线要求，达不到冷链物流与农业服务发展的市场容量；这些因素又制约贫困农户生产的规模化与产业化，陷入产业与农户分散并存的低水平均衡陷阱。这里借鉴了发展经济学"循环累积因果""低水平均衡陷阱"的理论。参见 Myrdal, G., *Economic Theory and Underdeveloped Regions*, London: Gerald Duckworth and Co., 1957, pp.3-6. Richard R. Nelson, "A Theory of the Low-Level Equilibrium Trap in Underdeveloped Economies", *The American Economic Review*, Vol.46, No.5, 1956, pp.894-908.

规模化生产。

  3. 乡村产业与脱贫农户的融合发展，由城乡融合的双向动能驱动

  一般有三个路径：进城务工脱贫与返乡创业经营；城市产业链与供应链接入乡村产业及小农户，形成城乡产业链；工商资本下乡，创新产业组织，优化基建与公共服务，带动农户就业或经营。从战略支持上，考虑乡村产业多功能与脱贫农户异质性的分层契合，应发挥政府的战略集成功能，给予精准政策支持。一是依托城乡融合动能，从基建公服打造到产业链培育、农户能力提升，推动乡村产业资源集成配置与业态创新；二是甄别不同类型的脱贫户与乡村业态，着眼于生计保障与生计发展，选择不同的产业链融入目标，识别融入的关键制度与资源障碍、技术及能力短板，给予精准施策。从国际案例看，政府给予科技支援、资金支持的农业现代化改造，乡村产业的非农化与多样化发展，是产业振兴与农户发展的重要路径。例如，美国自20世纪中叶，通过廉价土地供给、财政援助，从城镇引入制造业，实现乡村产业的多样化；生物研究所之类的科研机构进行农业新品种研发，普及农业机械化，推进了农田经营的集约化、信息化与自动化；2015年联邦政府实施"乡村发展"计划向乡村产业经营者提供了2970亿元贷款和津贴，并进行技术援助。乡村服务业和制造业为乡村居民提供了超过70%的就业岗位（李晴、叶勉，2018）。

  （三）产业链经营及能力转型是农户融入乡村产业振兴的有效路径

  1. 脱贫农户融入乡村产业振兴，最有效的融入方式是产业链融入

  中共中央、国务院关于实施乡村振兴战略的意见指出，大力开发农业多种功能，延长产业链、提升价值链、完善利益链，通过保底分红、股份合作、利润返还，让农民合理分享全产业链增值收益。[①] 脱贫农户融入乡村产业链，应是一种有效的产业链经营：第一，脱贫农户不是零散、偶发的个体经营或就业参与，而是一种深入稳定的产业

[①] 国务院：《关于实施乡村振兴战略的意见》，http：//www.gov.cn/zhengce/2018-02/04/content_ 5263807.htm，2018年2月4日。

链经营，只有占据乡村产业链的某一生产经营环节，脱贫农户才能获得长效收益。第二，脱贫农户不是被动联系产业链，而是通过生产经营或技术能力的提升，主动经营产业链并分享收益。若缺少融入内生动力以及对产业链的经营能力，脱贫农户就难以进入乡村产业链"核心环节"，被排斥在乡村产业振兴的"圈层之外"。

2. 脱贫农户融入乡村产业链，要有一定的内生动力、联结方式与实现条件

脱贫农户作为刚摆脱贫困、发展能力弱的小农群体，受限于人力资本及务农经商技能不足，生计资本、市场渠道、社会关系匮乏，往往缺少产业经营内生动力，发展生产也多处于产业链低端环节，由于市场视野与产业意识不足，容易造成产业链融入的"动力桎梏"。乡村区位、资源禀赋、基建与公共服务、产业组织发育与政策环境、乡村信息网络与文化习俗，也会影响脱贫农户的产业融入成效。全国工商联调研发现，很多地方产业帮扶只开发初级产品，没有深加工，脱贫户在政策倡导下开展产业经营，也多是种植、养殖等初始环节，收益率低且不稳定。① 脱贫农户能否实现高质量脱贫，能否有效融入乡村产业链，生计能力的转型提升是关键，如务工脱贫人口回乡创业的动力激发、产业经营的能力获得，本地生产脱贫人口从事规模化产业经营的素质提升。

3. 农户从参与产业脱贫，到主动经营产业链，是农户获得、运用与提升产业链能力的"干中学"强化过程

脱贫农户的产业链经营能力，涵盖产业融入内生动力、市场机会识别能力、产业链特定环节的经营能力。第一，脱贫农户融入乡村产业链，是增收动机驱动下的市场机会识别与产业经营行为。通过政策奖补或先富带动，激发农户动力，是至关重要的一步。第二，农户产业链经营能力的获得，来自于技能培训、能人带动、政策引导下的农户"干中学"过程。相比"给股份、发种苗，包市场、送收益"的

---

① 郝红波：《代表委员谈产业扶贫，结合市场是难点也是关键点》，http://bgimg.ce.cn/xwzx/gnsz/gdxw/201703/08/t20170308_20813330.shtml，2017年3月8日。

短期帮扶、产业孵化、创业示范、技能培训，更有助于农户产业链经营能力的内生获取与可持续增进。第三，不同类型的脱贫农户，如外出务工者，或本地务农者，又如半（弱）劳动力农户、全劳动力农户，融入产业链的动力、深度、环节、路径也是不同的。应从城乡产业链体系构成及其市场运行中，区分农户类型，审视其参与产业链经营的主体特性，精准引导其在产业链内外的分工协作与经营行为。

（四）脱贫农户融入乡村产业振兴的分类实现与机制设计

1. 不同类型脱贫农户的产业融入与产业链经营有显著的差异性

人力资本异质性、脱贫生计分化均影响农户产业链融入路径与效率。农户资源禀赋（劳动力、资金、社会资本）不同，对产业链的要素投入不同，将形成多元化的产业融入路径、产业链经营类型与持续增收渠道。其一，残疾人、孤寡老人、长期患病者三类"无业可扶"农户，脱贫主要靠政策兜底，具有显著的公共收益配给特征，一方面进行资源确权，使之借助土地入股、帮扶资金"折股量化"、集体经济分红等资产收益渠道，融入养殖、光伏、水电、乡村旅游产业链；另一方面因地制宜，给予公益岗安置，引导发展庭院经济。其二，文化水平低、技能缺乏的农户，通过教育与技能培训为之生计赋能，强化生计信息供给，增加生计资本，引导其与现代产业和市场对接。其三，有一定文化与技能，通过务工或生产脱贫的农户，产业融入能力强，有望成为产业链主导力量。一方面针对在城市经商、从事管理或技术工种的脱贫农户家庭成员，定向引导、精准施策，推进其回乡创业，经营产业链；另一方面针对扎根乡村从事规模种养、工商经营而脱贫的农户，充分发挥其作为致富带头人经营乡村产业链的带动作用。切实推进乡村企业家精神培育，推动有经营潜力的农户向创业农户转型。

2. 不同生计能力的脱贫农户，如何实现在乡村产业的内生融入与长效增收

脱贫农户的产业融入不是一个自发市场过程，而是在一系列制度安排与政策引导下，农户产业能力提升与乡村产业链培育的交互影响、融合提升过程。一方面应发挥市场决定作用，按产业链的形成与

演化规律，形成脱贫农户与产业链的内生融合共生机制；另一方面通过政策引导、制度保障，提升农户议价能力，避免脱贫农户遭受资本剥夺，出现"产业旺、农民穷"。脱贫农户在产业链中的有效融入，有赖于合理的制度安排、有效的机制设计。

一是惠农强农型乡村产业链的选择与培育机制。因地制宜，发展市场广阔、农户受益的高附加值产业链，如特色种养、乡村旅游、特色资源加工业和农业服务业等。绘制乡村产业链技术路线图，通过"选链、补链、升链"，引导一二三产业融合与城乡对接。发挥规模化的区域市场优势，推进乡村特色产业的品牌塑造，培育全球竞争力。

二是脱贫农户融入产业链的动力与能力内生机制。通过乡村用地与集体产权制度改革、新型经营主体培育、产业链经营的定向技能培训，激发脱贫农户自觉融入产业链的内生动力，提升脱贫农户的产业链经营能力。引导农户能力与产业链形态的交互演化。

三是脱贫农户融入产业链的利益联结与成果共享机制。因地制宜推进以合作社、基地、园区为中间环节的产业链经营模式创新，采用订单、共营、托管契约形式，实现小农户与现代产业、城乡市场的内生融合与衔接。分类引导推进以农户+市场（市场契约）、农户+合作社+市场/公司（中介契约）、农户+公司（组织合作契约）为载体的产业链组织创新，加强小农户与龙头企业市场合作。因户施策，支持龙头企业与小农户建立契约型、分红型、股权型合作方式，推广"订单收购+分红""农民入股+保底收益+按股分红"收益模式，强化契约效力与集体组织功能，保证农户合理议价与成果分享。

四是农户产业链经营的要素供给与风险保障机制。农户参与乡村产业链经营，面临基建、物流、融资、市场、技能等系统性因素制约。做好乡村基础设施、公共服务、普惠金融的有效供给，有助于强化产业支撑，降低交易成本。瞄准产业振兴需求，定向进行实用技术培训，推进"农超对接"构建产销一体化，可帮助农户补齐技术短板，融入乡村产业（张建斌、徐世明，2017）。通过电商赋能，扭转"农商不联、产销脱钩"局面。多管齐下，综合采用商业保险、政策性产业风险补偿金、社员入股风险抵押等手段，构建脱贫农户参与产业链经营的风险缓释机制。

五是乡村产业振兴中的农户治理参与机制。脱贫农户作为乡村产业振兴的微观主体，在乡村产业链的选择与治理中发挥参议与监督功能，有助于提升产业链选育的适宜性。可依托集体经济组织、农业合作社，完善脱贫农户在乡村产业链中的治理参与机制。

（五）实现精准帮扶战略和工作体系转型升级，推动脱贫地区全面振兴

1. 突出党建的政治引领作用，精准配置帮扶接续力量，强化村组干部正向激励，系统营造高质量脱贫与乡村振兴的良好政治生态

面对国内外风险挑战增多的复杂形势，增强党的政治领导力、思想引领力、群众组织力、社会号召力，是坚定三农发展的政治方向，发挥社会主义制度优势巩固提升脱贫质量、推动乡村振兴的根本保障。在民族、宗教因素与贫困交织的"三区三州"乡村，应借助脱贫与振兴的历史契机，党建与法治建设结合，进一步夯实党建的信息化、网格化管理，进一步引导宗教适应社会主义社会，全面促进感恩教育内生化，全面推行爱国主义教育，全面提升中华民族的向心力、凝聚力。在党组织软弱涣散、党建与三农发展疏离的原深度贫困乡村，将党建考核与三农发展质量成效全面挂钩，切实改变党建的形式主义，切实扭转庸政、懒政、怠政的政治生态，切实发挥党组织在高质量脱贫与乡村振兴中的领导核心与战斗堡垒功能。

2. 突出市场的超大规模优势，精准补齐乡村产业链短板，激发并保护企业家精神，内生培育农企共享与城乡融合的现代产业体系

随着电商等新兴业态下沉，乡村供需潜力正不断释放，交通物流发展让城乡互补加强，城乡融合激发的超大规模市场优势，为乡村产业振兴提供了强大势能。在精准帮扶与乡村振兴战略衔接期，应推动精准帮扶向精准育业转变，瞄准区域市场，发掘比较优势，用好科技赋能，精准选育市场韧性强、高附加值、高共享度的乡村产业链。从产业资金投入、经营主体培育、人才科技支撑、建设用地激活、物流基建配套等方面，综合施策，改造小农经济，补齐产业链断点和短

板，推动乡村现代产业体系内生发展。在产业基础环境上，聚力攻坚、精准施策，解决冷链物流、虫害病疫防治等突出短板问题。精准识别与有效防控乡村产业帮扶中的安全风险、市场风险与利益摩擦；打好农业基础能力提升、乡村产业链现代化的攻坚战，保持核心产业链自主性，维护主粮安全与农业稳定，当务之急稳定恢复生猪生产，确保猪肉市场基本稳定；保护和发展中国大豆产业，修复大豆产业链条；强化产业链选育的市场前瞻性与技术可行性，防控市场风险与生态风险；优化农户与企业契约，完善风险分担机制，坚守农户权益不受损的底线。

专栏 B 农户产业链融入的测度及影响因素：基于凉山地区的考察

产业链融入，其内涵是以市场为导向，以效益为中心，对农业和农村经济进行专业化生产、一体化经营、社会化服务和企业化管理，形成贸工农一体化、产加销一条龙的农村经济的经营方式和产业组织形式。农户产业链融入的目的是使贫困农户真正得利，实现真正意义上的高质量脱贫。农户融入产业链，即使农户经营的产业与当地支柱产业高度融合，实行产加销一体化，使农民不仅获得生产环节的效益，而且能分享加工、流通环节的利润，使得农产品的生产与市场流通有效地结合起来，适应社会发展，促进当地经济建设，实现自身的跨越式发展。

2017年8月与2018年7月，课题组先后前往地处四川大凉山地区的凉山州甘洛县、西昌市开展贫困村户生计调查，调研农户产业融入的测度及影响因素。我们选用农户的生计方式指标对农户产业链融入进行测度。采集样本农户目前的生计方式，作为农户是否融入产业链的因变量。将生计方式中待业零工、自给自足这一类对于本地经济发展没有影响的生计方式作为"没有融入"，将务农（但是将农产品送入加工厂或者卖出）对于本地经济起到一定作用但是存在产业链上中下游脱节的生计方式视为"部分融入"，将小规模工商自营对于本地经济和产业融入产生较大作用但是存在合作组织服务层次低、产业规模小、经济实力弱、辐射带动能力差的缺陷的生计方式视为"基本融入",将当地产业项目、生产科技园对于本地经济和产业融入产生极大影响,使得产加销一体化的生计方式,视为"完全融入",并分别赋值为1、2、3、4。由于外出打工行为特殊,既没有对于本地经济起到一定作用,同时造成人才流失,因此赋值为0。

相对贫困程度是决定农户能否融入产业链的关键变量。我们通过村户主观自评方法确定其贫困程度的5个层级,再用客观的收入指标将村户分为5层,与主观自评的相对贫困分层比较,验证主观自评的精准性。然后通过计算客观的收入指标的加权平均值,确定该地区的收入平均值,从而划分为原始深度贫困户以及原始一般贫困户。最终我们得到经过修正的全部样本农户的相对贫困程度分层赋值(1—5)。

由此采用多元线性回归方法,进行农户产业融入影响因素的实证分析。结果表明,农户产业链融入程度受制于初始贫困程度、家庭人力资本、家庭经济资源以及家庭社会资本。具体分析如下:

1. 农户产业链融入未体现出政策和产业环境支持贫困农户的精确性。农户产业链融入与该地帮扶政策及基础设施和产业环境有益于哪种生计方式关系不大,产业链融入程度深的农户并未比产业链融入程度浅的农户表现出明显的受益于帮扶政策与基础设施和产业环境。

2. 初始贫困程度未体现出对农户产业链融入的正向影响。初始贫困程度对于农户产业链融入存在显著的负向影响,其中外出打工起到了很重要的影响,外出打工相对于本地村民收入要高,但是并没有对农户产业链融入产生任何的正面影响,反而成为产业链融入的障碍。

3. 农户产业链融入主要受家庭特征的影响。家庭人力资本、经济资源、社会资本均对农户产业链融入存在显著的正向影响,可能是由于受教育程度高的家庭更容易获得信息,更富有市场开放理念,更容易接受新的改革理念,因此家庭更愿意进行产业链融入。同时当家庭拥有经济资源和社会资本更多的时候,家庭拥有更多的资本进行产业链融入的转变,以及有更多的渠道获得各种金融政策以及产业链融入的信息,更有利于融入产业链,包括上游的技术培训、科技研发,以

第五章　巩固提升脱贫质量：返贫风险防控与相对贫困施治

及下游的加工、销售。

上述结论对进一步提高农户产业链融入的精准性和有效性提供政策启示：

一是发展特色产业，创建特色品牌，促进产业链条延伸和一二三产业融合，提高农产品深加工水平；引导和培育龙头企业，发展各类专业合作组织，健全社会化服务体系，鼓励返乡创业。

二是构建农业产业链信息链共同平台与风险补偿机制，扩大农业保险，降低产业链融资风险。

三是加大对规模农户技术投入的补贴，推广农业先进技术和农业科技培训，加强农业科技创新人才培养和教育投入。

四是构建农村金融服务链，完善财政投入稳定增长机制和财政转移支付长效机制，强化信贷帮扶政策和业务宣传，消除信息不对称，做好农户信贷引导，解决农户产业链参与的资金难题。

三　用准用好用活到户型帮扶资金，为脱贫农户生产经营赋能

以帮扶小额信贷和家庭产业扶持金为典型形式的到户型产业帮扶资金已成为实施精准帮扶战略、助力产业帮扶的重要金融工具。小额信贷是精准扶贫的重要金融工具，打响脱贫攻坚战以来我国帮扶小额信贷累计发放7100多亿元，发挥了助力农户产业脱贫的资金功效。但是，部分地区也出现信贷或产业扶持资金发放对象失准、产业支持实效不足的问题。在新形势下强化到户型帮扶资金（小额信贷和产业扶持金）直达农户"货币资本池"的精准性和有效性，关系到产业高质量脱贫成果巩固，是金融创新推动乡村产业振兴之举。

（一）提升小额信贷助力农户高质量脱贫的精准性和有效性

针对发放对象不够精准问题，统筹政策导向与商业准则，引导信贷资金直达货币资本紧缺的经营主体、市场前景可期的生产用途。帮扶小额信贷面临可持续运行与质效提升要求，应进一步完善信贷申请与发放标准，改变粗放发放局面，并简化办理手续和流程，推动信贷资金向有产业经营意愿和技术能力的脱贫农户"精准直达"，转化为经营性货币资本。支持放贷机构权衡公益目标与商业回报，瞄准刚脱

贫或边缘贫困的创业农户、经营大户进行支农小额信贷发放；构建事前审核、事中监督和事后评估的全流程管理体系。

针对产业扶持功效不足问题，优化产业配套和营商环境，引导有创业潜力农户投身生产经营，激发其对资金的内生需求，使资金充分发挥效能。优化小额信贷宣传，使之辐射外出务工人员，优化产业环境，吸引本籍企业家及外出务工者回乡创业，激发脱贫农户产业经营热情，可增加对小额信贷的有效需求，并使之转化为货币资本，发挥小额信贷的支农富农功效。完善乡村水利设施、病虫害专业化统防统治体系，健全电商网络、冷链物流以及社会化服务体系，强化科技赋能和保险保障，提升农户产业经营的竞争力与抗风险能力，可为小额信贷支农富农提供支撑、配套与协同。

在巩固拓展脱贫攻坚成果与全面推进乡村振兴的衔接过渡期，搞活小额信贷产业支持机制，使之由集中投放助力农户生产脱贫，转向长效运行支持农户产业致富，激发农户主体内生性动力实现高质量稳定脱贫。积极推动政策性帮扶小额信贷向商业型支农惠农小额信贷转变。基于商业运行准则和可持续运营考量，设计乡村小额信贷品种及发放条件、运行程序。

（二）进一步用好到户型产业扶持金，使之助力乡村产业振兴

到户型产业扶持金是一种重要的产业帮扶资金类型。相比小额信贷，产业扶持金具有普惠性和无偿性，因而一般被用作产业启动资金发放给农户，有时也以产业奖补金的形式出现。

课题组在2020年深入地处秦巴地区的原国家贫困县，抽样选择716户建档立卡户进行调查，分析到户型产业帮扶资金的运行问题，并就新形势下用好这类资金提出建议。调查结果显示，产业扶持金在有产业发展意愿的各类建档立卡贫困户中都有发放，其中，受教育水平较高、有技能培训经历的贫困农户更容易获得。但是在该资金配置发放中，一些处于隐性贫困、边缘贫困的村户群体获得的支持力度较弱。到户型产业扶持金的支农质量成效显著。获得产业扶持金的农户中有近一半家庭的经营收入是新增收入最大部分，超过未获得产业扶持金的农户，其中有七成以上家庭收入质量超过贫困线1.5倍，实

现收入的高质量脱贫。但是，家庭经营性收入提升相比工资性收入提升，对高质量脱贫的影响较弱。乡村产业发展的支农富农动能不如城镇化及劳动力外出务工，制约了到户型产业扶持金的经济功效。此外，课题组在调研中发现，由于缺乏必要的规划和监督，农户获得产业扶持金之后，存在非生产性的消费挤占情况，一些农户将其视为一种免得所得的"现金福利"，并未将之转化为生产性货币资本，造成资金浪费。

在巩固拓展脱贫攻坚成果与乡村振兴衔接的新发展阶段，优化到户资金产业帮扶体系，严格规范到户型产业扶持金的使用标准，既要遵循产业发展规律、尊重农户经营自主性，又要严格约束农户对这类资金的消费挤占行为，尽可能提升其产业扶持质效。严格按照"两个精准和一个有效"原则，用好用活到户型产业扶持金。一是严把"对象识别关与资金发放关"，使帮扶资金精准流向"有经营动机与潜力、项目与条件，但又缺乏货币资本"的留乡创业农户，定向用于有市场前景的乡村产业经营。比如，到户型产业扶持资金中用于补助种养产业发展的部分，应重点用于农户购买种子（种苗、种畜禽）、农药、肥料、地膜、农机具等生产资料的补助，以及产业扶持标准发展规模化种植、养殖的奖励补助等。二是创新与搞活产业帮扶资金的配置与使用方式，如采用"先培育、再资助"方式，或改"扶持金"为"奖补金"，避免出现套扶、骗补，真正发挥资金的产业支持功效。

专栏 C 哪类农户会因帮扶陷入"福利陷阱"：基于不同贫困深度地区的考察

2020年年底，中国完成了全面脱贫的历史性成就。但是仍有部分贫困户存有"等、靠、要"的精神贫困现象，坐等帮扶、缺乏内生动力，有的"坐在墙根晒太阳，等着别人送小康"，陷入"福利陷阱"。有些低收入者甚至抛弃工作而依靠救助生活，缺乏摆脱贫困的主动性和积极性，实质上属于"自愿性贫困"。课题组（贺立龙、王馨悦、马路欣）通过对四川省不同地区贫困村户的调查，识别村户"福利陷阱"是否存在，揭示其影响因素，以期找到破解之策。

对于每个样本家庭，我们以"家庭有劳动能力但未参与劳动人数/家庭有劳动能力人数"作为被解释变量，衡量家庭陷入福利陷阱的程度，该变量值越大则陷入福利陷阱情况越严重。自变量中，包括家庭初始贫困程度，以及家庭特征变量。相对贫困测度作为自变量时，不对四种类型贫困家庭做区分，对于总体每一个样本，根据已测度结果"非常贫困""较为贫困""中等""中等偏上""相对富裕"，分别赋值为1—5。家庭人口特征中，家庭总人口关乎家庭支出，负担人口制约生计，病残人口、就学人口影响福利收入、家庭支出和劳动力的就业积极性。与干部关系紧密度以及与亲朋好友关系良好度属于社会资本，影响脱贫人口就业信息的取得，以及其可获得经济支持的程度。商业收入占比与工资收入占比通过工作性质的区别影响就业积极性。户主受教育程度影响人口素质以及对帮扶政策的理解。

使用的样本农户数据是课题组前往曾作为深度贫困和一般贫困区域的四川省凉山地区和秦巴山区的乡村调研所得。抽样选择村户，开展面对面访谈的方法，获取样本农户数据信息，共采集样本农户数据177份，作为用以经验实证分析的样本数据系列。

由此采用多元线性回归方法，进行村户是否陷入福利陷阱影响因素的实证分析。实证结果表明，贫困家庭的户主受教育程度、就学人口、相对贫困程度、非商业收入占比都对该家庭陷入福利陷阱的程度有显著影响，由此得到的结论与启示如下：

（1）福利陷阱与户主受教育程度的正相关性。贫困农户户主受教育程度越高，其家庭陷入福利陷阱的可能性反而越高，这可能意味着这类农户有利用帮扶政策主动获取帮扶福利的能力，这种倾向在原一般贫困地区村户中的影响比在原深度贫困地区中更大。

（2）就学人口对陷入福利陷阱的影响在不同地区有分化。在原深度贫困地区，由于帮扶政策的摊薄效应，家庭就学人口的增加，会给家庭带来相对更大的经济压力，也会迫使家庭中的劳动力去寻求就业机会，或者取得其他收入，支持家庭成员的就学，因此其反而规避了福利陷阱。原一般贫困地区，由于助学政策的支持和其他帮扶政策的供给，就学人口的增加会给家庭带来福利收入，就是说就学人口越多，家庭因此而来的福利收入更多。其家庭劳动力寻求就业的积极性不会更高，因此更可能会陷入福利陷阱。

（3）非商业收入占比对陷入福利陷阱可能性影响的分化。在原深度贫困地区，非商业收入占比越高即其工资性收入或者土地农业经营性收入的占比越高，其家庭劳动力必须要投入到工作和农业生产经营中去，其陷入福利陷阱的可能性也随之降低。在原一般贫困地区，当非商业收入占比越高，意味着其家庭接受帮扶政策帮扶力度也就越高，取得福利收入的可能性越大，其家庭陷入福利陷阱的可能性也越高。

（4）相对贫困程度与陷入福利陷阱可能性的正相关性。相对贫困程度越高其陷入福利陷阱的可能性会相对较大。在原深度贫困地区和原一般贫困地区都表现出，随着相对贫困程度的改善，家庭由福利陷阱中摆脱的机会或者避免落入福利陷阱的可能性更大。

第六章 从中国方案到全球启示：全面高质量脱贫的制度优势及影响力

党的二十大报告指出，中国共产党领导中国人民推进反贫困事业的伟大征程取得历史性胜利，通过实施精准帮扶方略最终完成了脱贫攻坚、全面建成小康社会的宏大任务，成为新时代十年的伟大成就。[①] 中华民族高质量打赢了脱贫攻坚战、历史性解决了绝对贫困问题，全面建成小康社会的伟大荣光，彰显出"中国之制"的强大优势与显著效能。

科学揭示与阐释中国精准帮扶方略赖以成功的政治优势与制度优势，强化中国特色脱贫攻坚道路自信、理论自信、制度自信、文化自信，提炼高质量脱贫的政治经济学学理思想，一方面有助于面对复杂严峻新形势以及贫困性质新变化，进一步优化精准治贫方略，发挥党的领导的政治优势与社会主义制度优势，高质量巩固拓展脱贫攻坚成果，推动贫困治理现代化；另一方面有助于以中国智慧和中国方案引领全球反贫困征程，增强中国全球话语权。

第一节 中国特色社会主义高质量减贫的制度优势与效能

贫穷不是社会主义，社会主义要消灭贫穷（邓小平，1993）。消

[①] 习近平：《高举中国特色社会主义伟大旗帜 为全面建设社会主义现代化国家而团结奋斗——在中国共产党第二十次全国代表大会上的报告》，http：//www.gov.cn/xinwen/2022-10/25/content_5721685.htm，2022年10月25日。

除贫困、改善民生、实现共同富裕,是社会主义的本质要求(习近平,2012)。绝对贫困问题的历史性解决,是中国特色社会主义制度优势与治理效能的一次集中体现,它向全球展现了中国共产党治国理政的卓越智慧。精准帮扶"中国之治"的独特优势,是中国共产党领导的政治优势与中国特色社会主义制度优势的叠加。全面高质量脱贫的"中国之制",呈现出发展减贫的路径特征、精准帮扶的施策逻辑,并将市场化脱贫与调节不平等以抑制贫困结合,实现了市场决定与政府作用发挥的有效协同。

一 绝对贫困问题的历史性解决,证明"中国之治"的有效性

中国历史上第一次消除绝对贫困,成为全球第一个实现联合国2030年可持续发展议程减贫目标的发展中国家,"为全球减贫事业做出了重大贡献"[①],证明了中国特色社会主义制度对解决人类绝对贫困问题的有效性。

只有社会主义制度才能从根本上解决摆脱贫穷的问题(邓小平,1993)。按照国务院扶贫办数据,2020年年底,中国脱贫攻坚战取得了全面胜利,现行标准下9899万农村贫困人口全部脱贫,832个贫困县全部摘帽,12.8万个贫困村全部出列,区域性整体脱贫的历史性目标已经全面实现。

中国解决绝对贫困问题彰显了中国特色社会主义制度在全球发展减贫上的显著优势。《联合国2030年可持续发展议程》设定了到2030年消除极端贫困、让所有人的生活达到基本标准的目标,但全球总体减贫速率放缓,引发了国际社会对2030年人类消除贫困目标能否如期实现的担忧,而中国提前10年、第一个实现2030年可持续发展议程的减贫目标,为全球消除贫困目标的实现注入了动能与信心。按照世界银行测算的人均日支出1.9美元的国际贫困标准,1978年以来中国减少贫困人口约8.8亿人,对全球减贫贡献率超过70%;联合国开发计划署《2021—2022年人类发展报告》指出,中国人类发展

---

① 习近平:《高举中国特色社会主义伟大旗帜 为全面建设社会主义现代化国家而团结奋斗——在中国共产党第二十次全国代表大会上的报告》,http://www.gov.cn/xinwen/2022-10/25/content_ 5721685.htm,2022年10月25日。

指数从 1990 年的 0.501 跃升至 2021 年的 0.768，增长 53.3%，是唯一从"低人类发展水平"跃升到"高人类发展水平"的国家，为解决人类不平等问题做出巨大贡献。

二 中国特色反贫困的制度效能表现于脱贫进度、质量与效率

中国解决绝对贫困问题的制度效能不仅体现在脱贫进度上，还体现在质量、效率与经济动能上，体现为绝对贫困问题解决的系统性、根本性与稳健性，相应的评价指标体系不仅包括脱贫规模及速度、贫困发生率降低等总量与进度指标，还包括原贫困地区（人口）脱贫退出的内生动力、可持续性、经济效率等质量与效率及动能指标。

从评价方法看，贫困户脱贫标准设定与质量考评，突破"收入贫困线"单一标准，逐渐纳入住房医疗及生活保障、文化教育及人力资本、精神脱贫及主观获得感、金融及生产生活资产、社会资本与信息网络及市场机会可得性、社会福利与公共政策及发展权利的多维标准，集中反映为"一超、两不愁、三保障"及饮用水安全指标；[①] 贫困村（县）退出标准及质量测度也从贫困发生率指标拓展到集体经济与公共设施拥有度，即"一低、五有"或"一低、三有"指标。[②] 上述贫困对象脱贫退出的识别与度量方法，从单维的收入标准转向以能力为内核的结构化标准，还引入内生动力与精神脱贫、脱贫稳定性与返贫风险防控等可持续性质量标准，并强化了对村户脱贫退出真实性及质效的考核要求，从而在"到人到户"层次上强化了绝对贫困问题解决的考核"硬约束"。随着脱贫攻坚进入收官阶段，中国脱贫退出的成效普查与工作考核愈加重视对收入脱贫层次的核算、对"三保障"实效的考评、对农户脱贫生计平稳性及其可耐受外生冲击（如疫

---

① 按照国家实施的贫困对象退出验收评价指标及标准，贫困户脱贫"一超"指超过现行的扶贫（收入）标准，"两不愁"指不愁吃、不愁穿，"三保障"指义务教育、基本医疗和住房安全有保障。

② 贫困村退出"一低"指贫困发生率低于3%，"五有"指有集体经济、硬化路、卫生室、文化室、通信网络。贫困县摘帽"一低"指贫困发生率低于3%，"三有"指乡有标准中心校、达标卫生院、便民服务中心。

情）的评价、对脱贫施策效率及经济性的评估①，如国家脱贫攻坚普查重视收入略高于建档立卡户的群体的生计稳定、各地帮扶资金使用效率。

从现实成效看，中国精准帮扶的制度效能体现为脱贫退出的质量、效率与经济动能上：第一，建档立卡农户实现了收入与"三保障"多维脱贫，返贫风险可控。农户"两不愁"质量水平明显提升，"三保障"问题总体解决；工资性收入和生产经营性收入占比上升，转移性收入占比逐年下降，自主脱贫能力提高；返贫人口逐年减少。但要看到，脱贫成果仍有波动，一些乡村医疗与用水安全存在质量短板，疫情和灾情对务工增收与产业脱贫有冲击，政策配置失衡引发局部"福利效应"与"悬崖效应"。

第二，原贫困地区脱贫退出质量提升，内生动能增强。贫困退出地区生产生活条件明显改善，10.8万所义务教育薄弱学校办学条件得到完善，农网供电可靠率达到99%，原深度贫困村通宽带比例达到98%，960多万贫困人口通过易地帮扶搬迁摆脱生存困境（习近平，2020）；贫困区域发展活力增强，产业帮扶、电商帮扶、光伏帮扶、旅游帮扶取得可持续成效，脱贫奔康与乡村振兴有序衔接；通过帮扶搬迁、生态帮扶，生态环境质量提升。中国共产党领导的政治优势与社会主义制度优势，保证了精准帮扶的脱贫实效，打破"戴贫困县帽子的越扶越多"的救济依赖。建档立卡户内生脱贫动力提升，90%以上得到产业帮扶和就业帮扶支持，2/3以上靠外出务工和产业脱贫，工资性收入和生产经营性收入占比上升，转移性收入占比逐年下降（习近平，2020）。

第三，以党建促脱贫政治动能得到充分激发，各级党组织帮扶治贫能力得到提升，党在农村的执政基础得到巩固。25.5万个驻村工作队、290多万名县级以上党政机关和国有企事业单位干部驻村帮扶，围绕脱贫攻坚与乡村振兴，构筑起常态、系统、长效的乡村治理

---

① 扶贫资源配置要考虑投放到穷人身上的精准性、给穷人带来的减贫效果及对其工作积极性的影响。

体系。

但应当指出,中国解决绝对贫困问题的制度效能评价,还缺乏反映脱贫均衡性、隐性贫困、生计脆弱性的考核指标,由此制约对结构化、高质量脱贫的综合成效评价以及返贫风险度量。在全面小康与相对贫困治理时代,对反贫困制度优势与效能的评价将更为强调制度运行效率与市场动能激发的均衡,重视相对贫困群体获得感、幸福感等主观指标的应用,并在全球视野下审视中国减贫制度与方案的比较优势。

三 全面高质量脱贫的"中国之治",彰显贫困治理的国际比较优势

中国共产党的领导为脱贫攻坚赋予强大的政治动能。相比其他发展中国家与新兴市场国,"中国之制"在解决绝对贫困问题上产生更为全面系统的高质量脱贫成效,表现出显著的国际比较优势。

马克思主义政党的领导与社会主义制度是中国解决绝对贫困问题的制度优势保障。2019年诺贝尔经济学奖获得者阿比吉特·班纳吉(Abhijit V. Banerjee,2011)认为,并没有确凿证据表明西方多党民主制是发展减贫的最佳体制,无论是自由市场,还是民主制,都未必能立竿见影解决发展中国家贫困难题;相比代议制民主国家的减贫表现,一些并非所谓民主政体的国家表现出更好的增长减贫绩效。印度、印尼、巴西等多党轮流执政的资本主义新兴市场国家在增长减贫及不平等调节上取得一定成果,但因陷入"选票政治"、追求短期政绩,缺乏政府主导和统一连贯的帮扶战略,导致减贫施策碎片化、政策反复摇摆,制约绝对贫困问题的解决。布吉尼翁(Bourguignon,2003)等的实证研究表明,经济增长不一定带来国民福利增进。例如,巴西、墨西哥在城市化和城乡二元结构变更的过程中也经历过高速增长,但在此期间贫民窟也在大都市周围形成并蔓延开来。

与资本主义多党制国家相比,中国坚持共产党的统一领导,实行多党合作,以广大人民群众共同富裕为核心使命,依托中国共产党的政治动员力量与社会主义市场经济的资源配置动能,发挥集中力量办大事体制优势,采取超常规帮扶战略,实现了对绝对贫困问题的根源

性、系统性解决。中国共产党是代表人民群众整体利益的使命型政党，不是代表部分利益的掮客型政党。习近平（2017）指出，中国共产党人从党成立之日起就确立了为天下劳苦人民谋幸福的目标，这是党的初心。中国共产党的领导是中国特色社会主义制度的本质特征，坚持党的领导，发挥社会主义制度集中力量办大事的优势，是解决绝对贫困问题的最大政治优势，否则社会主义脱贫攻坚就缺乏根本的政治保证，更不可能发挥集中力量办大事的优势。中国共产党充分发挥理论优势、政治优势、组织优势、制度优势、密切联系群众的优势，特别是坚持民主基础上集中和集中指导下民主的结合，既避免了帮扶战略决策的盲目性、非理性，又避免了西方政府"互相牵扯、议而不决、决而不行"的弊端，保持了党在领导全面脱贫中的团结统一和蓬勃动力，如坚持发挥各级党委总揽全局、协调各方的作用，落实脱贫攻坚一把手负责制，省市县乡村五级书记一起抓，为精准帮扶和高质量脱贫提供了坚强政治保证。

中国发挥社会主义制度优势，坚持共同富裕，实现增长减贫、结构化减贫与不平等调节减贫的高质量脱贫机制耦合，相比印度"有增长、缺平衡"、巴西"重分配、弱增长"的非均衡减贫模式，表现出更为全面系统的发展脱贫质量成效，相比撒哈拉沙漠以南非洲"援助扶贫"模式，体现出贫困治理的制度长效性。中国帮扶成效与减贫贡献显著优于其他发展中国家与新兴市场国家。根据世界银行数据，1981年世界贫困发生率高达41.9%（中国、印度、印度尼西亚明显高于世界平均水平），经过中国等人口大国减贫的努力，2019年世界贫困发生率降至9.7%，减少了31.2个百分点——中国的贫困发生率从1981年的88.3%降至2019年的0.6%，减少了87.7个百分点，减贫8.53亿，在世界各国中减少幅度最大；印度尼西亚从1984年的70.3%下降至2019年的9.4%，减少60.9个百分点，减贫1.66亿；印度从1983年的53.9%降至2019年的10%，减少43.9个百分点，减贫1.13亿。中国与印度尼西亚、印度等国相比，最初贫困发生率最高，但后期贡献了最大份额的减贫人口，成为过去30多年全球发展脱贫的主要引擎。从多维减贫成效的国际比较看，联合国开发署发布的2019年度《全球多维贫困指数》报告显示，中国的多维贫困指数为0.016，低于印度（0.128）、南非（0.025）等金砖国家，也低于越南（0.028）、印尼（0.019）等在东南亚发展中国家。至2020年年底，中国如期完成了新时代脱贫攻坚的宏大目标和消除绝对贫困的艰巨任务，取得了脱贫攻坚战的历史性胜利。

中国对绝对贫困问题的解决，及脱贫退出的质量、效率与经济动能，证明中国特色社会主义在推进人类发展脱贫中的制度优越性，证实了邓小平关于社会主义可以更好地消除贫困的论断——"在世界上我们算贫困的国家，就是在第三世界，我们也属于比较不发达的那部分。我们是社会主义国家，社会主义制度优越性的根本表现，就是能够允许社会生产力以旧社会所没有的速度迅速发展，使人民不断增长的物质文化生活需要能够逐步得到满足。按照历史唯物主义的观点来讲，正确的政治领导的成果，归根结底要表现在社会生产力的发展上，人民物质文化生活的改善上。如果在一个很长的历史时期内，社会主义国家生产力发展的速度比资本主义国家慢，还谈什么优越性？"（邓小平，1993）

第二节　全面高质量脱贫的中国经验、全球启示及国际影响力

中国以精准帮扶方略解决了困扰中华民族千年的绝对贫困问题，向全球展现了中国帮扶之治的优势、智慧与经验。当前应积极主动发挥高质量脱贫的政治文化功能，突出中国帮扶的道路自信，精准揭示中国制度优势，做好中国减贫制度文化的世界展示，以提升国家形象、增进国际话语权。通过科学总结、有效宣传与交流展示，将中国特色社会主义帮扶事业赖以成功的政治优势与制度优势，转化为减贫、民生、人权领域的全球话语权优势，倡建反贫困的人类命运共同体。

一 中国实现全面高质量脱贫的成功之源发掘与阐释

科学解码中国共产党领导下的"减贫成功之治"。中国对绝对贫困问题的历史性解决,是中国特色社会主义制度优势向国家治理效能转化在人类反贫困事业进展上的重大标志性成就——这一制度优势及其治理效能,源自以人民为中心追求高质量发展脱贫的反贫困制度取向、市场决定与政府功能发挥有机耦合的反贫困制度体系,实现为绝对贫困的系统消除、返贫风险的制度管控、全面小康社会相对贫困的长效治理,但根本上取决于中国共产党的集中统一领导。

中国共产党领导是中国特色社会主义最本质特征和最大优势(习近平,2020)。健全总揽全局、协调各方的党的领导制度体系,把党的领导落实到国家治理各领域各方面各环节,这是党领导人民进行革命、建设、改革最可宝贵的经验,也是中国历史性解决绝对贫困问题、推进贫困治理能力与治理体系现代化的根本政治保证。

第一,中国共产党人基于对绝对贫困问题复杂矛盾的科学认知,致力于系统解决这一矛盾的制度取向,是马克思辩证唯物主义与历史唯物主义在当代中国的创造性运用。马克思(Marx,1843,1859,1867)将人的贫困视为生产方式的贫困——可能表现为生产力发展不足导致的普遍贫困,如小农生产对生产集聚、分工协作及科学应用的排斥,"只同生产和社会的狭隘的自然产生的界限相容"而陷入"平均化贫困""普遍平庸";也可能表现为社会化大生产背景下由资本主义对抗性质支配的无产者贫困化,如原始积累剥夺小农土地使之"成为需要救济的贫民",资本主义农业进步造成农业工人退步,"随着资本的积累而恶化"。此外,贫困问题不是静态、单一的贫困痼疾,而是动态、复杂的矛盾集合,如马克思描述,"在社会的衰落状态中,工人的贫困日益加剧;在财富增进的状态中,工人的贫困具有错综复杂的形式"。

以人民为中心推动生产关系变革和生产力发展,消除绝对贫困,实现共同富裕,是科学社会主义的本质要求,也是社会主义制度优越性的底线标准。按照历史唯物主义观点,推动生产力和人的发展是判断一种制度优越的标准。马克思与恩格斯(Marx and Engels,1848)

指出,"代替那存在阶级对立的资产阶级旧社会的,将是这样一个联合体,在那里,每个人的自由发展是一切人的自由发展的条件",通过发展生产力"为一个更高级的、以每个人的全面而自由的发展为基本原则的社会形式创造现实基础"。邓小平(1993)提出,社会主义的优越性归根到底要体现在发展生产力的基础上不断改善人民的物质文化生活,建设对资本主义具有优越性的社会主义,首先必须摆脱贫穷。中国特色社会主义进入新时代,实现以人民为中心的高质量发展与共同富裕关系到中国特色社会主义制度的先进性。习近平(2015)指出,"让老百姓过上好日子是我们一切工作的出发点和落脚点",中国特色社会主义是不是好,要看事实,要看中国人民的判断,而不是看那些戴着有色眼镜的人的主观臆断。中国共产党人和中国人民完全有信心为人类对更好社会制度的探索提供中国方案。以中国共产党领导为政治保证的精准帮扶行动扭转了形式主义帮扶趋向,相比其他发展中国家与新兴市场国家,表现出更系统、彻底的脱贫质量成效。

第二,绝对贫困问题的根本解决,离不开中国特色社会主义反贫困制度建构及治理体系建设——这一"制度化"减贫治贫逻辑,体现了马克思以生产关系变革消除贫困的思想。马克思(Marx,1843)将贫困归因于生产条件的丧失,即劳动能力"缺乏实现劳动能力的客观条件","完全被排除在对象的财富之外",即使个别人打拼脱贫,但多数人难以改变贫困,只有通过生产关系变革,如"在协作和对土地及靠劳动本身生产的生产资料的共同占有的基础上,重新建立个人所有制",才能打破贫困积累,实现人的全面自由发展。另一方面,中国特色精准帮扶制度及贫困治理体系是中国特色社会主义制度和国家治理体系的组成——对其的建构是一场制度集成创新过程,只有做到系统集成、协同高效,由单一制度建设上升为系统性、整体性、协同性的制度体系建设,才能在全面消除贫困上"行得通、真管用、有效率"。习近平指出,中国特色社会主义制度是一个严密完整的科学制度体系,"我们无论是编制发展规划、推进法治建设、制定政策措施,还是部署各项工作,都要遵照这些制度,不能有任何偏差",要"抓紧制定适应国家治理体系和治理能力现代化急需的制度、满足人民对美好生活新期待必备的制度"（习近平，2020）。集成性反贫困制度体系正是这一"必备制度"。

中国的绝对贫困是发展不平衡不充分下的结构性贫困，兼有市场失灵与不平等所致的弱势群体贫困。根治这一复合性贫困痼疾，须有一套系统完备的反贫困制度体系，并基于这一制度安排进行综合性帮扶治贫方案设计，强化市场机制运行与政府功能发挥的协同互补，外生干预与内生赋能及政策兜底的有机耦合，实现绝对贫困问题的系统解决。中国特色精准帮扶制度是一个系统完备、运行有效且不断动态优化的制度体系，涵盖了基础性的反贫困制度安排和具体的反贫困机制。基础性反贫困制度界定了政府、市场、社会在国家发展减贫中的权利与功能关系，主要涉及政府与市场在帮扶资源配置利用中的权能分配。中国采取超常规战略集中解决绝对贫困问题，坚持政府在帮扶资源配置与贫困治理中的主导地位，同时注重激发贫困对象的内生脱贫动力与市场主体的自主减贫力量，形成政府先导、市场决定、贫困对象内生脱贫的基础性制度安排。具体反贫困机制是指对政府、市场、社会、贫困对象等行为主体的激励约束机制。中国探索施行了一系列具有激励相容功效的减贫机制，如超常规战略下市场制度供给、国有经济投资参与、宏观政策运用的功能耦合；中央统筹推动、地方对口支援、原贫困地区内生发展的协同脱贫攻坚；政治动员、组织派遣、政绩考核综合驱动的人才支援；跨部门、跨层级的帮扶资源整合与集成投入；市场、行业、社会协同发力的"大帮扶"运作；集中脱贫攻坚、应急贫困救助与长效贫困治理的动态耦合。

第三，中国特色社会主义制度的生命力在于其实践性和与时俱进的创新品格，即通过改革推动制度的自我完善和发展，将社会主义制度优势转化为贫困治理效能。邓小平（1993）提出："我们的制度将一天天完善起来，它将吸收我们可以从世界各国吸收的进步因素，成为世界上最好的制度。"习近平（2014）指出，中国特色社会主义制度是具有鲜明中国特色、明显制度优势、强大自我完善能力的先进制度。正是中国特色社会主义制度不断创新的理论品格，推动中国帮扶制度不断因应时代要求和反贫困事业的内生诉求变化，由区域帮扶开发走向精准帮扶，由集中性解决绝对贫困问题走向常态化进行贫困长效治理，巩固提升高质量脱贫成果，在帮扶方略转型升级中，不断推进贫困治理能力与治理体系现代化。

二 倡建减贫人类命运共同体，竞争国际话语权，提升国家形象

中国脱贫攻坚取得巨大成就，已得到全球认可，对全球产生了积极的"溢出效应"，如联合国秘书长古特雷斯所言，中国精准帮扶是"帮助最贫困人口、实现2030可持续发展议程宏伟目标的唯一途径"（林鄂平、高原，2017）。通过实施精准帮扶方略，中国历史性地解决了绝对贫困问题，消除了中华民族的数千年贫困标签，彰显了社会主义的本质要求及制度优越性，为中国倡建人类命运共同体，提供了脱贫攻坚伟大成就的现实支撑。脱贫攻坚成为中国特色社会主义道路自信、理论自信、制度自信、文化自信的生动写照，丰富了对外传播的话语体系，拓宽了外交工作的领域范围，增强了向世界说明中国的话语权。

中国提前完成联合国减贫目标的伟大成就与中国在国际帮扶领域的话语权分配极不匹配，这是掌握话语权的欧美国家抱守西方民主体制及自由主义信条，对中国特色社会主义制度优势以及中国减贫模式成效进行选择性忽视的结果，① 但也与中国对自身精准帮扶方略的智慧、方案及其制度优势缺乏系统性阐释与宣传有关。②

在中国历史性解决绝对贫困问题的重要时代节点，应突出帮扶的中国道路自信，精准揭示中国全面高质量脱贫的成功之源，科学阐释中国解决绝对贫困问题的政治优势与制度优势，发挥中国特色社会主义减贫的制度影响力，倡建反贫困的人类命运共同体，积极争取减贫、民生与人权领域的全球话语权。增强中国在人类发展减贫领域的

---

① 不仅如此，美国一些政客出于敌对的意识形态或狭隘的国家利益观念，长期攻击中国共产党的领导和中国社会主义制度。例如，美国国务卿蓬佩奥屡次攻击中国政治制度，声称来自中国的风险同共产党政权有关。

② 欧美国家和国际组织习惯于在现有国际秩序和欠发达国家不完整经济基础上"嫁接"区域市场经济和民主政治，辅之以改善基础设施和福利的发展援助。但在摆脱贫困上，亚非拉等发展中国家难以走发达国家老路，而是必须生发出基于自身发展实践的帮扶路径。中国的减贫制度安排及方略为之提供了参考与借鉴。

国际领导力,进一步提升国家制度文化形象。

一是系统总结与精准阐释中国特色社会主义帮扶事业赖以成功的制度优势,将其转化为减贫、民生、人权领域的全球话语权优势,引领人类命运共同体建设。中国精准帮扶取得伟大成就正凸显五大贫困治理优势,即中国共产党领导的政治优势、社会主义市场经济的制度优势以及集中力量办大事的体制优势,中央统筹、地方主导、区域协作的资金投入与人才动员优势,超常规方式推进高质量脱贫的战略优势,普惠与精准结合、开发与保障结合的综合施策优势。

二是推动党建与高质量脱贫的内生融合与功能强化,巩固社会主义在乡村的经济基础,发挥脱贫攻坚对青少年的爱国主义教育功能。通过新媒体宣传、校园教育、思政课堂、党建等多元渠道,建构符合时代特征、常态化运行的减贫文化宣传体系,打造脱贫攻坚爱国主义实践教育平台,推出一批能够反映减贫规律、有科学性、富含教育启迪意义的学术及文化成果。通过通识教材增编、大学生实习平台建设、全国及港澳台学生赴原贫困地区交流体验活动,充分发挥高质量脱贫事业承载的爱国主义教育和中华民族凝聚力提升功能。

三是在国际上借助与新兴经济体及发展中国家的文化交流,尤其是通过"一带一路"国际合作,聚焦减贫共同使命与焦点话题,倡建开放合作的减贫交流平台,融入全球减贫文化话语圈与国际语境,展示中国贫困治理思想与智慧,讲好中国减贫故事,倡建人类发展与减贫命运共同体,展现中华民族包容性、人本性的减贫观。

四是抓住人类发展减贫这一主题,与发展中国家以及发达国家展开制度文明对话,展现中国共产党领导和社会主义制度的优势,以及有效市场与有为政府结合的减贫智慧,提升中国特色社会主义制度在人类发展与人权保障领域的影响力与话语权。通过发布《中国的减贫行动与人权进步》白皮书,邀请境外媒体参加政府组织的脱贫采访活动,与联合国等全球机构共同举办减贫与发展高端论坛等方式,在倡建人类命运共同体的框架理念下,将中国减贫的社会主义优势,转化为中国制度的形象力量,向全球展示与传播。

主要参考文献

［德］卡尔·马克思、［德］弗里德里希·恩格斯：《马克思恩格斯选集》第4卷，中共中央马克思恩格斯列宁斯大林著作编译局译，人民出版社1995年版。

［美］阿瑟·奥肯：《平等与效率——重大的抉择》，王奔洲等译，华夏出版社1987年版。

［美］阿瑟·刘易斯：《二元经济论》，北京经济学院出版社1991年版。

［美］埃莉诺·奥斯特罗姆：《公共事物的治理之道：集体行动制度的演进》，余逊达等译，上海译文出版社2012年版。

［美］保罗·萨缪尔森、［美］威廉·诺德豪斯：《经济学》，萧琛译，人民邮电出版社2007年版。

［美］道格拉斯·C. 诺思、约翰·约瑟夫·瓦利斯、巴里·R. 韦格斯特：《暴力与社会秩序——诠释有文字记载的人类历史的一个概念性框架》，杭行等译，格致出版社2013年版。

［美］格里高利·曼昆：《经济学原理》，梁小民等译，北京大学出版社2012年版。

［美］纳克斯：《不发达国家的资本形成问题》，谨斋译，商务印书馆1966年版。

［美］西奥多·W. 舒尔茨：《改造传统农业》，梁小民译，商务印书馆2006年版。

［美］约瑟夫·阿洛伊斯·熊彼特：《经济分析史（第2卷）》，杨敬年译，商务印书馆1992年版。

［瑞］西斯蒙第：《政治经济学研究》，胡尧步等译，商务印书馆

1989年版。

［印］阿比吉特·班纳吉、［法］埃斯特·迪弗洛：《贫穷的本质》，景芳译，中信出版社2013年版。

［英］阿尔弗雷德·马歇尔：《经济学原理》，朱志泰等译，商务印书馆2010年版。

［英］阿瑟·塞西尔·庇古：《福利经济学》，金镝译，商务印书馆2007年版。

［英］大卫·李嘉图：《政治经济学及其赋税原理》，郭大力译，商务印书馆1962年版。

［英］狄帕克·拉尔：《发展经济学的贫困》，刘泸生译，上海三联书店1992年版。

［英］马尔萨斯：《人口原理》，朱泱等译，商务印书馆1992年版。

［英］亚当·斯密：《国民财富的性质和原因的研究》（下卷），郭大力等译，商务印书馆1981年版。

［英］约翰·梅纳德·凯恩斯：《就业、利息和货币通论》，陆梦龙译，中国社会科学出版社2009年版。

［英］约翰·穆勒：《政治经济学原理》（下），朱泱等译，商务印书馆1991年版。

《马克思恩格斯全集》第16卷，中共中央马克思恩格斯列宁斯大林著作编译局译，人民出版社1972年版。

《资本论》第1卷，郭大力等译，人民出版社1975年版。

阿马蒂亚·森：《贫困与饥荒》，王宇等译，商务印书馆2001年版。

常瑞等：《深度贫困地区农业产业资本形成推动乡村振兴的路径探究——基于凉山州脱贫乡村产业发展视角》，《西南金融》2019年第1期。

陈飞、翟伟娟：《农户行为视角下农地流转诱因及其福利效应研究》，《经济研究》2015年第10期。

陈良敏：《农户家庭生计策略变动及其影响因素研究——基于CF-

PS 微观数据》,《财经论丛》2020 年第 3 期。

陈谦、肖国安:《我国乡村振兴与城乡统筹发展关联分析》,《贵州社会科学》2021 年第 12 期。

陈全功、李忠斌:《少数民族地区农户持续性贫困探究》,《中国农村观察》2009 年第 5 期。

陈为雷:《马克思的贫困结构范式及其对当代中国的启示》,《社会主义研究》2017 年第 5 期。

陈正川等:《普惠金融视角下"三农"综合保险提质增效研究——以福建省龙岩市为例》,《福建金融》2019 年第 10 期。

陈志钢等:《中国扶贫现状与演进以及 2020 年后的扶贫愿景和战略重点》,《中国农村经济》2019 年第 1 期。

邓维杰:《精准扶贫的难点、对策与路径选择》,《农村经济》2014 年第 6 期。

邓小平:《邓小平文选》(第 2 卷),人民出版社 1994 年版。

邓小平:《邓小平文选》(第 3 卷),人民出版社 2001 年版。

傅帅雄:《深度贫困地区扶贫开发思考——以四川凉山彝族自治州为例》,《云南民族大学学报》(哲学社会科学版)2018 年第 7 期。

高帆:《中国农业弱质性的依据、内涵和改变途径》,《云南社会科学》2006 年第 5 期。

高明、唐丽霞:《多维贫困的精准识别——基于修正的 FGT 多维贫困测量》,《经济评论》2018 年第 2 期。

高若晨、李实:《农村劳动力外出是否有利留守家庭持久脱贫?——基于贫困脆弱性方法的实证分析》,《北京师范大学学报》(社会科学版)2018 年第 4 期。

葛霆:《贫困农民群体的脱贫路径研究——基于 CGSS2010 的实证分析》,《经济问题探索》2014 年第 5 期。

顾婷婷、杨德才:《马克思人力资本理论刍议》,《当代经济研究》2014 年第 8 期。

郭华、黎洁:《城镇安置模式对陕南移民搬迁农户生计活动影响研究——基于广义精确匹配模型》,《中国人口资源与环境》2019 年第 7 期。

郭建宇、吴国宝：《基于不同指标及权重选择的多维贫困测量——以山西省贫困县为例》，《中国农村经济》2012 年第 2 期。

郭军等：《贫困地区脱贫质量及其影响因素研究》，《宏观质量研究》2021 年第 3 期。

郭克莎：《马克思论"质量"的经济问题及其现实意义》，《兰州学刊》1988 年第 1 期。

郭熙保：《"三化"同步与家庭农场为主体的农业规模化经营》，《社会科学研究》2013 年第 3 期。

郭熙保、周强：《长期多维贫困、不平等与致贫因素》，《经济研究》2016 年第 6 期。

韩佳丽等：《贫困地区劳动力流动对农户多维贫困的影响》，《经济科学》2017 年第 6 期。

韩峥：《脆弱性与农村贫困》，《农业经济问题》2004 年第 10 期。

郝文渊等：《农牧民可持续生计资本与生计策略关系研究——以西藏林芝地区为例》，《干旱区资源与环境》2014 年第 10 期。

何仁伟等：《可持续生计视角下中国农村贫困治理研究综述》，《中国人口资源与环境》2017 年第 11 期。

何仁伟等：《贫困山区农户人力资本对生计策略的影响研究——以四川省凉山彝族自治州为例》，《地理科学进展》2019 年第 9 期。

何欣、朱可涵：《农户信息水平、精英俘获与农村低保瞄准》，《经济研究》2019 年第 12 期。

贺立龙：《乡村振兴的学术脉络与时代逻辑：一个经济学视角》，《四川大学学报》（哲学社会科学版）2019 年第 1 期。

贺立龙、杨祥辉：《易地搬迁农户的乡村产业可惠及性——湖南湘西的微观实证》，《西北农林科技大学学报》（社会科学版）2020 年第 3 期。

贺立龙、朱方明：《精准扶贫的一个经济学解释》，《经济研究参考》2019 年第 15 期。

贺立龙等：《结构视角下的深度贫困研究进展》，《经济学动态》

2020 年第 2 期。

贺立龙等：《易地搬迁破解深度贫困的精准性及施策成效》，《西北农林科技大学学报》（社会科学版）2017 年第 6 期。

贺雪峰：《精准治理的前提是因地制宜——精准扶贫中的四个案例》，《云南行政学院学报》2020 年第 3 期。

侯亚景：《中国农村长期多维贫困的测量、分解与影响因素分析》，《统计研究》2017 年第 11 期。

胡晗等：《产业扶贫政策对贫困户生计策略和收入的影响——来自陕西省的经验证据》，《中国农村经济》2018 年第 1 期。

胡原、曾维忠：《深度贫困地区何以稳定脱贫——基于可持续生计分析框架的现实思考》，《当代经济管理》2019 年第 12 期。

黄承伟：《论习近平新时代中国特色社会主义扶贫思想》，《南京农业大学学报》（社会科学版）2018 年第 3 期。

黄国武等：《深度贫困地区健康扶贫研究：以四川凉山州分级诊疗为例》，《中央民族大学学报》（哲学社会科学版）2018 年第 5 期。

黄薇：《医保政策精准扶贫效果研究——基于 URBMI 试点评估入户调查数据》，《经济研究》2017 年第 9 期。

江泽林：《精准方略下的稳定脱贫》，《中国农村经济》2018 年第 11 期。

蒋南平、郑万军：《中国农民工多维返贫测度问题》，《中国农村经济》2017 年第 6 期。

焦娜、郭其友：《农户生计策略识别及其动态转型》，《华南农业大学学报》（社会科学版）2020 年第 2 期。

卡尔·马克思：《1844 年经济学哲学手稿》，中共中央马克思恩格斯列宁斯大林著作编译局译，人民出版社 1963 年版。

卡尔·马克思：《政治经济学批判大纲（草稿）》，刘潇然译，人民出版社 1978 年版。

冷崇总：《构建经济发展质量评价指标体系》，《宏观经济管理》2008 年第 4 期。

黎洁等：《可持续生计分析框架下西部贫困退耕山区农户生计状

况分析》,《中国农村观察》2009年第5期。

李波等:《高寒藏区农村反贫困政策依赖性研究:基于分位数回归模型的经验分析》,《中央民族大学学报》(哲学社会科学版)2017年第5期。

李博等:《中国收入贫困和多维贫困的静态与动态比较分析》,《数量经济与技术经济研究》2018年第8期。

李聪:《易地移民搬迁对农户贫困脆弱性的影响——来自陕南山区的证据》,《经济经纬》2018年第1期。

李棉管:《J县开发式扶贫的瞄准机制研究》,浙江省社会学学会2006年年会暨理论研讨会论文,2006年9月。

李棉管:《技术难题、政治过程与文化结果——"瞄准偏差"的三种研究视角及其对中国"精准扶贫"的启示》,《社会学研究》2017年第1期。

李实、古斯塔夫森:《八十年代末中国贫困规模和程度的估计脱贫》,《中国社会科学》1996年第6期。

李伟、冯泉:《金融精准扶贫效率实证分析——以山东省为例》,《调研世界》2018年第4期。

李文明等:《农业适度规模经营:规模效益、产出水平与生产成本——基于1552个水稻种植户的调查数据》,《中国农村经济》2015年第3期。

李小云等:《新中国成立后70年的反贫困历程及减贫机制》,《中国农村经济》2019年第10期。

李艳军:《农村最低生活保障目标瞄准机制研究——来自宁夏690户家庭的调查数据》,《现代经济探讨》2011年第11期。

李艳军:《农村最低生活保障目标瞄准研究——基于代理财富审查(PMT)的方法》,《经济问题》2013年第2期。

李永军、许鹤:《乡村振兴战略下相对贫困治理时代问题解析》,《太原理工大学学报》(社会科学版)2022年第4期。

李勇进等:《甘肃省石羊河流域农民家庭生计多样化及其影响因素的实证研究》,《科学经济社会》2014年第4期。

李雨等：《产业帮扶对农户脱贫及减贫效果稳定性的影响——来自贵州毕节烟草种植计划调减的经验证据》，《经济地理》2019年第8期。

李玉山、陆远权：《产业扶贫政策能降低脱贫农户生计脆弱性吗？——政策效应评估与作用机制分析》，《财政研究》2020年第5期。

李志平、吴凡夫：《继续增加财政转移性支出可以提高脱贫质量吗？》，《农业经济问题》2020年第11期。

列宁：《列宁全集》第18卷，中共中央马克思恩格斯列宁斯大林著作编译局译，人民出版社1985年版。

林鄂平、高原：《联合国秘书长盛赞中国精准减贫方略 期待中国持续发挥领导作用》，《经济日报》2017年10月9日。

刘冬梅：《对中国二十一世纪反贫困目标瞄准机制的思考》，《农业技术经济》2001年第9期。

刘俊英：《数字"新基建"在乡村振兴中的发展研究》，《社会科学战线》2022年第7期。

刘卫柏等：《产业扶贫对民族地区贫困农户生计策略和收入水平的影响》，《经济地理》2019年第1期。

刘彦随等：《中国农村贫困化地域分异特征及其精准扶贫策略》，《中国科学院院刊》2016年第3期。

刘永富：《坚决克服新冠肺炎疫情影响 全力啃下脱贫攻坚硬骨头》，《求是》2020年第9期。

刘子宁等：《医疗保险、健康异质性与精准脱贫——基于贫困脆弱性的分析》，《金融研究》2019年第5期。

柳建平等：《劳动力非农就业的减贫脱贫效应及影响因素分析——基于甘肃14个贫困村的调查数据》，《西安财经学院学报》2019年第4期。

罗连发等：《提高脱贫质量的理论、政策与测算框架》，《宏观质量研究》2021年第1期。

罗庆、李小建：《国外农村贫困地理研究进展》，《经济地理》2014年第6期。

罗玉辉、侯亚景：《中国农村多维贫困动态子群分解、分布与脱贫质量评价——基于 CFPS 面板数据的研究》，《贵州社会科学》2019年第 2 期。

马小虎：《农村贫困问题与反贫困政策分析》，《广西科技师范学院学报》2016 年第 2 期。

宁泽逵：《农户可持续生计资本与精准扶贫》，《华南农业大学学报》2017 年第 1 期。

欧阳慧、李智：《迈向 2035 年的我国户籍制度改革研究》，《经济纵横》2021 年第 9 期。

潘竟虎、冯娅娅：《中国农村深度贫困的空间扫描与贫困分异机制的地理探测》，《地理学报》2020 年第 4 期。

潘文轩：《积极防范与化解产业扶贫风险》，《学习时报》2018 年 3 月 9 日。

彭清华：《凉山脱贫攻坚回访调查》，《学习时报》2021 年 2 月 24 日。

萨比娜·阿尔基尔等：《贫困的缺失维度》，刘民权、韩华为译，科学出版社 2010 年版。

沈扬扬等：《扶贫政策演进下的中国农村多维贫困》，《经济学动态》2018 年第 7 期。

沈扬扬等：《中国多维贫困的测度与分解》，《南开经济研究》2018 年第 5 期。

史志乐、张琦：《少数民族深度贫困地区脱贫的绿色减贫新构思和新路径》，《西北民族大学学报》（哲学社会科学版）2018 年第 3 期。

斯丽娟、王超群：《区域扶贫质量测度及其时空演变——基于贫困县夜间灯光数据的研究》，《宏观质量研究》2020 年第 6 期。

苏芳等：《不同帮扶措施执行效果的差异分析——基于可持续生计分析框架》，《中国软科学》2020 年第 1 期。

苏芳等：《生计资本与生计策略关系研究——以张掖市甘州区为例》，《中国人口资源与环境》2009 年第 6 期。

孙伯驰、段志民：《非农就业对农村家庭贫困脆弱性的影响》，《现代财经》（天津财经大学学报）2019 年第 9 期。

孙春雷、张明善：《精准扶贫背景下旅游扶贫效率研究——以湖北大别山区为例》，《中国软科学》2018 年第 4 期。

孙晗霖等：《贫困地区精准脱贫户生计可持续及其动态风险研究》，《中国人口·资源与环境》2019 年第 2 期。

孙晗霖等：《生计策略对精准脱贫户可持续生计的影响有多大——基于 2660 个脱贫家庭的数据分析》，《中国软科学》2020 年第 2 期。

孙群力、朱良华：《精准扶贫背景下财政专项扶贫资金的使用效率评价——基于广西 54 个贫困县的实证分析》，《经济研究参考》2017 年第 41 期。

檀学文：《贫困村的内生发展研究——皖北辛村精准扶贫考察》，《中国农村经济》2018 年第 8 期。

檀学文、白描：《论高质量脱贫的内涵、实施难点及进路》，《新疆师范大学学报》（哲学社会科学版）2021 年第 2 期。

童星、林闽钢：《中国农村贫困标准线研究脱贫》，《中国社会科学》1994 年第 3 期。

王春超、叶琴：《中国农民工多维贫困的演进——基于收入与教育维度的考察》，《经济研究》2014 年第 12 期。

王峰明：《悖论性贫困：无产阶级贫困的实质和根源》，《马克思主义研究》2016 年第 6 期。

王富珍等：《基于可持续生计分析框架的山区县域脱贫稳定性评价》，《农业工程学报》2019 年第 2 期。

王汉杰等：《深度贫困地区农村金融与农户收入增长：益贫还是益富？》，《当代财经》2018 年第 11 期。

王汉杰等：《深度贫困地区农户借贷能有效提升脱贫质量吗？》，《中国农村经济》2020 年第 8 期。

王健康：《支农资金使用中的农民需求瞄准机制研究》，《兰州学刊》2010 年第 11 期。

王君涵等：《易地扶贫搬迁对贫困户生计资本和生计策略的影响——基于 8 省 16 县的 3 期微观数据分析》，《中国人口资源与环境》

2020年第10期。

王美英：《凉山彝族农民工城市适应性困境及解决路径——基于凉山彝族成都务工者调查》，《北方民族大学学报》（哲学社会科学版）2018年第2期。

王小林、Sabina Alkire：《中国多维贫困测量：估计和政策含义》，《中国农村经济》2009年第12期。

王小林、冯贺霞：《2020年后中国多维相对贫困标准：国际经验与政策取向》，《中国农村经济》2020年第3期。

王增文、邓大松：《倾向度匹配、救助依赖与瞄准机制——基于社会救助制度实施效应的经验分析》，《公共管理学报》2012年第4期。

王祖祥等：《农村贫困与极化问题研究——以湖北省为例脱贫》，《中国社会科学》2009年第6期。

威廉·刘易斯：《经济增长理论》，上海三联书店1990年版。

吴海峰：《论强化乡村振兴的水利保障》，《农村经济》2021年第1期。

吴雄周：《精准扶贫：基于"三权"视角的扶贫多维瞄准和多步瞄准融合研究》，《农村经济与科技》2018年第3期。

吴雄周、丁建军：《基于成本收益视角的我国扶贫瞄准方式变迁解释》，《东南学术》2012年第5期。

吴雄周、丁建军：《精准扶贫：单维瞄准向多维瞄准的嬗变——兼析湘西州十八洞村扶贫调查》，《湖南社会科学》2015年第6期。

伍艳：《贫困山区农户生计资本对生计策略的影响研究——基于四川省平武县和南江县的调查数据》，《农业经济问题》2016年第3期。

伍艳：《生计资本视角下农户稳定脱贫的动态测度》，《华南农业大学学报》（社会科学版）2020年第2期。

习近平：《坚持和完善中国特色社会主义制度推进国家治理体系和治理能力现代化》，《求是》2020年第1期。

习近平：《在河北省阜平县考察扶贫开发工作时的讲话》，引自习近平《做焦裕禄式的县委书记》，中央文献出版社 2015 年版。

习近平：《在解决"两不愁三保障"突出问题座谈会上的讲话》，《求是》2019 年第 16 期。

习近平：《在决战决胜脱贫攻坚座谈会上的讲话》（单行本），人民出版社 2020 年版。

习近平：《在庆祝中国人民政治协商会议成立 65 周年大会上的讲话》，人民出版社 2014 年版。

习近平：《在深度贫困地区脱贫攻坚座谈会上的讲话》，《党建》2017 年第 9 期。

习近平：《在中央扶贫开发工作会议上的讲话》，引自中共中央党史和文献研究院主编《十八大以来重要文献选编》（下），中央文献出版社 2018 年版。

习近平：《在中央政治局常委会会议审议〈关于二〇一六年省级党委和政府扶贫开发工作成效考核情况的汇报〉时的讲话》，引自《习近平扶贫论述摘编》，中央文献出版社 2018 年版。

谢金华等：《不同农地整治模式对农户生计策略的影响研究——以江汉平原和鄂西南山区部分县市为例》，《中国农村经济》2018 年第 11 期。

邢成举、李小云：《超越结构与行动：中国特色扶贫开发道路的经验分析》，《中国农村经济》2018 年第 11 期。

熊惠平：《基于穷人信贷权的小额信贷瞄准机制及其偏差研究》，《新金融》2006 年第 12 期。

熊惠平：《农村新型金融组织建设深层障碍的新解读——以农村小额信贷对贫困农户"瞄而不准"为视角》，《未来与发展》2013 年第 5 期。

徐超、李林木：《城乡低保是否有助于未来减贫——基于贫困脆弱性的实证分析》，《财贸经济》2017 年第 5 期。

徐定德等：《西南典型山区农户生计资本与生计策略关系研究》，《西南大学学报》（自然科学版）2015 年第 9 期。

徐伍达：《西藏打赢深度贫困地区脱贫攻坚战的路径选择》，《西南民族大学学报》（人文社会科学版）2018 年第 5 期。

徐月宾等：《中国农村反贫困政策的反思——从社会救助向社会保护转变脱贫》，《中国社会科学》2007 年第 3 期。

许汉石、乐章：《生计资本、生计风险与农户的生计策略》，《农业经济问题》2012 年第 10 期。

许源源、徐圳：《公共服务供给、生计资本转换与相对贫困的形成——基于 CGSS2015 数据的实证分析》，《公共管理学报》2020 年第 4 期。

荀旸：《关于马克思的生产力理论》，《辽宁大学学报》（哲学社会科学版）1986 年第 4 期。

严金明等：《党的十八大以来农村土地制度改革的进展、成效与展望》，《改革》2022 年第 8 期。

颜鹏飞、李酣：《以人为本、内涵增长和世界发展——马克思主义关于经济发展质量的思想》，《宏观质量研究》2014 年第 1 期。

杨光：《壮大农村集体经济助力脱贫攻坚》，《农民日报》2017 年 2 月 21 日。

杨龙、汪三贵：《贫困地区农户的多维贫困测量与分解——基于 2010 年中国农村贫困监测的农户数据》，《人口学刊》2015 年第 2 期。

杨龙等：《农业产业扶贫的多维贫困瞄准研究》，《中国人口资源与环境》2019 年第 2 期。

印子：《"三权分置"下农业经营的实践形态与农地制度创新》，《农业经济问题》2021 年第 2 期。

余政：《马克思政治经济学质全分析法之管见——〈资本论〉第一卷第一章学习笔记》，《兰州学刊》1985 年第 1 期。

张栋浩等：《金融普惠可以提高减贫质量吗？——基于多维贫困的分析》，《南方经济》2020 年第 10 期。

张建斌、徐世明：《农户参与农村产业扶贫项目的阻滞因素分析——基于内蒙古自治区 X 旗的实地调研》，《内蒙古财经大学学报》2017 年第 5 期。

张建华、杨少瑞:《反贫困随机对照实验研究新进展》,《经济学动态》2017年第3期。

张藕香、栾敬东:《后小康社会的农业农村发展:国际经验与转型方向——中国国外农业经济研究会第八次会员代表大会暨2020年学术研讨会综述》,《中国农村经济》2020年第12期。

张鹏瑶等:《生计策略对贫困地区精准脱贫户可持续生计的影响研究》,《山东师范大学学报》(自然科学版)2019年第2期。

张全红、周强:《中国贫困测度的多维方法和实证应用》,《中国软科学》2015年第7期。

张润君、张锐:《社会治理视角下西北深度贫困地区脱贫攻坚研究——以临夏回族自治州为例》,《西北师大学报》(社会科学版)2018年第6期。

张维达:《〈资本论〉的定量分析及其现实意义》,《经济研究》1983年第4期。

张永丽、陈建仲:《基于农户生计脆弱性视角的防返贫应对策略》,《华南农业大学学报》(社会科学版)2022年第5期。

赵微、张宁宁:《生命周期与农户生计策略》,《中国人口资源与环境》2019年第5期。

赵雪雁:《地理学视角的可持续生计研究:现状、问题与领域》,《地理研究》2017年第10期。

赵雪雁等:《贫困山区脱贫农户的生计可持续性及生计干预——以陇南山区为例》,《地理科学进展》2020年第6期。

郑秉文:《"后2020"时期建立稳定脱贫长效机制的思考》,《宏观经济管理》2019年第9期。

郑长德:《论民族地区的贫困与反贫困》,《西南民族大学学报》(人文社会科学版)1997年第3期。

郑长德:《深度贫困民族地区提高脱贫质量的路径研究》,《西南民族大学学报》(人文社会科学版)2018年第12期。

周迪等:《脱贫群体的内生动力与返贫风险——来自广东省相对贫困村的微观证据》,《财经研究》2022年第8期。

周丽:《易地扶贫搬迁农户生计资本对生计策略选择的影响——基于湖南搬迁农户的调查》,《经济地理》2020年第11期。

周文、彭大峰:《民族地区扶贫工作实践及其对乡村振兴战略实施路径的启示:以黔东南州为例》,《贵州农业科学》2019年第10期。

朱方明、李敬:《中心市场偏离度、交易参与度与贫困程度》,《四川大学学报》(哲学社会科学版)2020年第1期。

朱建军:《农地转出户的生计策略选择研究——基于中国家庭追踪调查(CFPS)数据》,《农业经济问题》2016年第2期。

庄天慧等:《少数民族地区村级发展环境对贫困人口返贫的影响分析——基于四川、贵州、重庆少数民族地区67个村的调查》,《农业技术经济》2011年第2期。

左停等:《突破能力瓶颈和环境约束:深度贫困地区减贫路径探析——以中国"四省藏区"集中连片深度贫困地区为例》,《贵州社会科学》2018年第9期。

左停等:《相对贫困视角下的贫困户脱贫质量及其自我发展能力——基于六个国家级贫困县建档立卡数据的定量分析》,《华南师范大学学报》(社会科学版)2021年第2期。

Alexander Peyre Dutrey, "Successful Targeting? Reporting Efficiency and Costs in Targeted Poverty Alleviation Programmes", *Social Policy and Development Programme Paper*, No. 35, 2007.

Amartya Sen, "Poverty: An Ordinal Approach to Measurement", *Econometrica*, Vol. 44, No. 2, 1976, pp. 219-231.

Azariadis, C. and J. Stachurski, "Poverty Traps", *Economics Department of Melbourne University Working Paper*, No. 913, 2004.

Azariadis, C., "The Economics of Poverty Traps, Part One: Complete Markets", *Journal of Economics Growth*, Vol. 1, No. 4, 1996, pp. 449-496.

Bahiigwa, G., "Right Target, Wrong Mechanism? Agricultural Modernization and Poverty Reduction in Uganda", *World Development*, Vol. 33,

No. 3, 2005, pp. 481-496.

Banerjee, A. V., Newman, A, "Poverty, Incentives, and Development", *American Economic Review*, Vol. 84, No. 84, 1994, pp. 211-215.

Besley, T., Kanbur, R., *The Principles of Targeting, Policy, Research, and External Affairs Working Papers*, Washington, D. C.: The World Bank, 1993.

Bigsten, A., Shimeles, A., "Poverty Transitions and Persistence in Ethiopia: 1994-2004", *World Development*, Vol. 36, No. 9, 2008, pp. 1559-1584.

Binswanger, Hans P., Shahidur, R., Khandker, and Mark R., "Rosenzweig, How Infrastructure and Financial Institutions Affect Agricultural Output and Investment in India?" *Policy Research Working Paper*, No. 163, 1989.

Birdsall, N. and J. L. Londono, "Asset Inequality Matters: An Assessment of the World Bank's Approach to Poverty Reduction", *The American Economic Review*, Vol. 87, No. 2, 1997, pp. 32-37.

Bourguignon, F., *The Growth Elasticity of Poverty Reduction: Explaining Heterogeneity across Countries and Time Periods*, Inequality and Growth, Cambridge: MIT Press, 2003.

Brady, D., Burroway, R., "Targeting, Universalism, and Single-Mother Poverty: A Multilevel Analysis Across 18 Affluent Democracies", *Demography*, Vol. 49, No. 2, 2012, pp. 719-746.

Bulte, E., Xu L, Zhang X, "Post-disaster Aid and Development of the Manufacturing Sector: Lessons From a Natural Experiment in China", *European Economic Review*, 2018, pp. 441-458.

Burcu Yakut-Cakar, Burcay Erus, Fikret Adaman, "An Inquiry on Introducing a Minimum Income Scheme in Turkey: Alternating Between Cost Efficiency and Poverty Reduction", *Journal of European Social Policy*, 2012.

Cao, S. et al., "Development and Testing of A Sustainable Environmental Restoration Policy on Eradicating the Poverty Trap in China's Changting County", *PNAS*, Vol. 106, No. 26, 2009, pp. 10712-10716.

Chakravarty, S. R., D'Ambrosio, C., "An Axiomatic Approach to the Measurement of Poverty Reduction Failure", *Economic Modelling*, Vol. 35, 2013, pp. 874-880.

Cho, Y., Ruthbah, Ummul, H., "Does Workfare Work Well? The Case of the Employment Generation Program for the Poorest in Bangladesh", *IZA Discussion Paper*, No. 11473.

Coady, D., Grosh, M., Hoddinott, J., "Targeting Outcomes Redux", *The World Bank Research Observer*, Vol. 19, No. 1, 2002, pp. 61-85.

Douglass. C. North, "Institutional Change and Economic Growth", *The Journal of Economic History*, Vol. 31, No. 1, 1971, pp. 118-125.

Du, Y., Park, A., Wang, S., "Migration and Rural Poverty in China", *Journal of Comparative Economics*, Vol. 33, No. 4, 2005, pp. 688-709.

Dzanku, Fred M., "Transient Rural Livelihoods and Poverty in Ghana", *Journal of Rural Studies*, Vol. 40, 2015, pp. 102-110.

Emran, M. S., Hou, Z., "Access to Markets and Rural Poverty: Evidence from Household Consumption in China", *Social Science Electronic Publishing*, Vol. 95, No. 2, 2013, pp. 682-697.

Fan, et al., "Reforms, Investment, and Poverty in Rural China", *Economic Development and Cultural Change*, Vol. 52, No. 2, 2004, pp. 395-421.

Fan, Mingming, Li, Yanbo, Li, Wenjun, "Solving One Problem by Creating a Bigger One: The Consequences of Ecological Resettlement for Grassland Restoration and Poverty Alleviation in Northwestern China", *Land Use Policy*, Vol. 42, No. 5, 2015, pp. 124-130.

Fan, S., Hazell, P., "Returns to Public Investments in the Less-Favored Areas of India and China", *American Journal of Agricultural Econom-*

ics, Vol. 83, No. 5, 2001, pp. 1217-1222.

Fisher, M. G. , "On the Empirical Finding of a Higher Risk of Poverty in Rural Areas: Is Rural Residence Endogenous to Poverty?" *Journal of Agricultural & Resource Economics*, Vol. 30, No. 2, 2005, pp. 200-201.

Fosu, A. K. , "The Effect of Income Distribution on the Ability of Growth to Reduce Poverty: Evidence from Rural and Urban African Economies", *American Journal of Economics and Sociology*, Vol. 69, No3, 2010, pp. 1034-1053.

Ge, Y. , Yuan, Y. , Hu, S. , et al. , "Space-time Variability Analysis of Poverty Alleviation Performance in China's Poverty-stricken Areas", *Spatial Statistics*, Vol. 21, No. 2, 2017, pp. 460-474.

Geranda Notten, "How Poverty Indicators Confound Poverty Reduction Evaluations: The Targeting Performance of Income Transfers in Europe", *Social Indicators Research*, Vol. 127, No. 3, 2016, pp. 1039-1056.

Gerschenkron, A. , *Social Attitudes, Entrepreneurship and Economic Development*, Palgrave Macmillan UK: Economic Progress, 1987.

Glauben, T. , Herzfeld, T. , Rozelle, S. , et al. , "Persistent Poverty in Rural China: Where, Why, and How to Escape?" *World Development*, Vol. 40, No. 4, 2012, pp. 784-795.

Hirschman, A. O. , *The Strategy of Economic Development*, New Haven: Yale University Press, 1958, pp. 1331-1424.

Hoddinott, J. , *Targeting: Principles and Practices*, Technical Guide, Washington, D. C. : The International Food Policy Research Institute, 1999.

Houssou, N. , Zeller, M. , "To Target or Not to Target? The Costs, Benefits, and Impacts of Indicator-based Targeting", *Food Policy*, Vol. 36, No. 5, 2011, pp. 627-637.

Jiantuo, Y. , "Multidimensional Poverty in China: Findings Based on the CHNS", *Social Indicators Research*, Vol. 112, No. 2, 2013, pp. 315-336.

Jose G. Montalvo, Martin Ravallion, "The Pattern of Growth and Poverty Reduction in China", *Journal of Comparative Economics*, Vol. 38, No. 1, 2010, pp. 2–16.

Jyotsna Jalan, Martin Ravallion, "Geographic Poverty Traps? A Micro Model of Consumption Growth in Rural China", *Journal of Applied Economics*, Vol. 17, No. 4, 2002, pp. 329–346.

Kakwani, N., B. Prakash and H. Son, "Growth, Inequality, and Poverty: An Introduction", *Asian Development Review*, Vol. 18, No. 2, 2000, pp. 9–13.

Kanbur, S. M. R, "Targeting, Transfers and Poverty", *Economic Policy*, Vol. 2, No. 4, 1987.

Khanam, D., Mohiuddin, M., Hoque, A., "Financing Micro-entrepreneurs for Poverty Alleviation: A Performance Analysis of Microfinance Services Offered by BRAC, ASA, and Proshika from Bangladesh", *Journal of Global Entrepreneurship Research*, Vol. 8, 2018.

Kundu, Amit, "Effectiveness of Microfinance Under SGSY Scheme to Reduce Poverty and Vulnerability of Rural Households: A Natural Experiment", *Journal of Financial Economics*, Vol. 9, No. 3, 2011, pp. 40–54.

Labar, K., Bresson, F., "A Multidimensional Analysis of Poverty in China from 1991 to 2006", *China Economic Review*, Vol. 22, No. 4, 2011, pp. 646–668.

Leibenstein, H., *Economic Backwardness and Economic Growth: Studies in the Theory of Economic Development*, Wiley: New York, NY, USA, 1957.

Liu, Y., Guo, Y., Zhou, Y., et al., "Poverty Alleviation in Rural China: Policy Changes, Future Challenges and Policy Implications", *China Agricultural Economic Review*, Vol. 10, No. 2, 2018, pp. 241–259.

Liu, Y. H., Xu, Y., "A Geographic Identification of Multidimensional Poverty in Rural China under the Framework of Sustainable Livelihoods Analysis", *Applied Geography*, Vol. 73, No. 8, 2016, pp. 62–76.

Lo, K., Xue, L., Wang, M., "Spatial Restructuring through Poverty Alleviation Resettlement in Rural China", *Journal of Rural Studies*, 2016, pp. 496-505.

Martin Ravallion, Shaohua Chen, "China's (uneven) Progress against Poverty", *Journal of Development Economics*, Vol. 82, No. 1, 2007, pp. 1-42.

Martin Ravallion, Shaohua Chen, "Is Transient Poverty Different? Evidence for Rural China", *Journal of Development studies*, Vol. 36, No. 6, 2000, pp. 82-99.

Martin Ravallion, "A Comparative Perspective on Poverty Reduction in Brazil, China, and India", *World Bank Research Observer*, Vol. 26, No. 1, 2011, pp. 71-104.

Matsuyama, K., "Financial Market Globalization, Symmetry-breaking, and Endogenous Inequality of Nations", *Econometrica*, Vol. 72, No. 3, 2004, p. 853-884.

Myrdal, G., *Economic Theory and Underdeveloped Regions*, London: Duckworth, 1957.

Norton, A., Foster, M., *The Potential of Using Sustainable Livelihoods Approaches in Poverty Reduction Strategy Papers*, London: Overseas Development Institute, 2001.

Olga Cantó., "Climbing out of Poverty, Falling back in: Low Income Stability in Spain", *Applied Economics*, Vol. 34, No. 15, 2002, pp. 1903-1916.

Park, A., Wang, S., Wu, G., "Regional Poverty Targeting in China", *Journal of Public Economics Volume*, Vol. 86, No. 1, 2002, pp. 123-153.

Payne, R., "Poverty Does Not Restrict a Student's Ability to Learn", *Phi Delta Kappan*, Vol. 90, No. 5, 2009, pp. 371-372.

Polsky, C., Neff, R., Yarnal, B., "Building Comparable Global Change Vulnerability Assessments: The Vulnerability Scoping Diagram",

Global Environmental Change, Vol. 3, 2007, pp. 472-485.

Qi, D., Wu, Y., "Child Poverty in China-A Multidimensional Deprivation Approach", *Child Indicators Research*, Vol. 7, No. 1, 2014, pp. 89-118.

Qin, C., Chong, T. T. L., "Can Poverty be Alleviated in China?" *Review of Income and Wealth*, Vol. 64, No. 1, 2018, pp. 192-212.

Richard, R., Nelson, "A Theory of the Low-Level Equilibrium Trap in Underdeveloped Economies", *The American Economic Review*, Vol. 46, No. 5, December 1956, p. 894-908.

Rogers, S., "Betting on the Strong: Local Government Resource Allocation in China's Poverty Counties", *Journal of Rural Studies*, Vol. 36, No. 10, 2014, pp. 197-206.

Roling, N., Zeeuw, H. D., "Improving the Quality of Rural Poverty Alleviation", *Improving the Quality of Rural Poverty Alleviation*, 1983.

Rosenstein-Rodan, P. N., "Problems of Industrialization in Eastern and South-eastern Europe", *Economic Journal*, 1943, pp. 202-211.

Rudra Shrestha et al., "Efficiency of Small Scale Vegetable Farms: Policy Implications for the Rural Poverty Reduction in Nepal", *Agricultural Economics*, Vol. 62, No. 4, 2016, pp. 181-195.

Sabina Alkire, James Foster, "Counting and multidimensional poverty measurement", *Journal of Public Economics*, Vol. 95, 2011, pp. 476-487.

Sabina Alkire, Maria Emma Santos, "Measuring Acute Poverty in the Developing World: Robustness and Scope of the Multidimensional Poverty Index", *World Development*, Vol. 59, 2014, pp. 251-274.

Sabine Iva Franklin, "Aid, Growth and Poverty", *Medicine, Conflict and Survival*, Vol. 32, No. 3, 2016, pp. 249-250.

Sadler, M. A., "Escaping Poverty: Risk-Taking and Endogenous Inequality in a Model of Equilibrium Growth", *Review of Economic Dynamics*, Vol. 3, No. 4, 2000, pp. 704-725.

Sati, V. P., Vangchhia, L., "Sustainable Livelihood Approach to Poverty Reduction", *Springer Briefs in Environmental Science*, 2017.

Skoufias, E., Vincenzo, D. M., "Conditional Cash Transfers, Adult Work Incentives, and Poverty", *Journal of Development Studies*, Vol. 44, No. 7, 2008, pp. 935-960.

Smith, J. W., *Spending on Safety Nets for the Poor: How Much, for How Many? The Case of Malawi*, Africa Region Working Paper, Washington, D. C.: The World Bank, No. 11, 2001.

Soltani, A., et al., "Poverty, Sustainability, and Household Livelihood Strategies in Zagros, Iran", *Ecological Economics*, Vol. 79, 2012, pp. 60-70.

Stephan Klasen, "Economic Growth and Poverty Reduction: Measurement and Policy Issues", *Oecd Development Centre Working Papers*, Vol. 500, No. 3-4, 2005, pp. 702.

Stephen Kidd, "The Political Economy of Social Protection in Asia", in Sri Wening Handayani, eds. Social protection for Informal Workers in Asia, *Asian Development Bank*, 2016, pp. 120-171.

Stiglitz, J. E., *Economic Organization, Information, and Development*, In Chenery, H. and Srinivasan, T. N. (eds.), Handbook of Development Economics. North Holland: Elsevier Science Publishers, 1998, p. 105.

Thandika Mkandawire, T., "Transformative Social Policy and Innovation in Developing Countries", *The European Journal of Development Research*, Vol. 19, No. 1, 2007, pp. 13-29.

Trommlerová, Sofia Karina, Klasen S., Le Mann O., "Determinants of Empowerment in a Capability Based Poverty Approach: Evidence from The Gambia", *World Development*, Vol. 66, 2015, pp. 1-15.

Tshitangoni, M., Okorie, A., Francis, J., "Performance of Poverty Alleviation Projects in South Africa: The Case of Vhembe District in Limpopo Province", *Scientific Research and Essays*, Vol. 6, No. 5, 2011, pp. 1005-1012.

Wang, Y., Chen, Y., "Using VPI to Measure Poverty-Stricken Villages in China", *Social Indicators Research*, 2017.

Wang, Y., Qian, L., "A PPI-MVM Model for Identifying Poverty-Stricken Villages: A Case Study from Qianjiang District in Chongqing, China", *Social Indicators Research*, Vol. 130, No. 2, 2017, pp. 497-522.

Wijesiri, Mahinda, Yaron, Jacob, Meoli, Michele, "Assessing the Financial and Outreach Efficiency of Microfinance Institutions: Do Age and Size Matter?" *Journal of Multinational Financial Management*, Vol. 40, 2017, pp. 63-76.

World Bank, *Extreme Poverty to Fall Below 10% of World Population for First Time*, 2015.

Xu, D., et al., "Influences of Migrant Work Income on the Poverty Vulnerability Disaster Threatened Area: A Case Study of the Three Gorges Reservoir area, China", *International Journal of Disaster Risk Reduction*, No. 22, 2017, pp. 62-70.

Zarocostas J., "Poverty Reduction Policies Targeting Poor People are not Enough, UN Warns", *BMJ British Medical Journal*, 2010.

Zhou, Y., Guo, Y., Liu, Y., et al., "Targeted Poverty Alleviation and Land Policy Innovation: Some Practice and Policy Implications from China", *Land Use Policy*, Vol. 74, No. 5, 2018, pp. 53-65.

Zhu, N., Luo, X., "The Impact of Migration on Rural Poverty and Inequality: A Case Study in China", *Agricultural Economics*, 2010.